GARETH KNIGHT

GUIA PRACTICA AL
SIMBOLISMO QABALISTICO

LAS ESFERAS DEL ARBOL DE LA VIDA

LUIS CARCAMO, editor
San Raimundo, 58
MADRID-20

Esta edición de *A PRACTICAL GUIDE TO QABALISTIC SYMBOLISM* se publica por contrato con Helios Book Service (Publications) Ltd, 8, the Square, Toddington, CHELTENHAM, Gloucestershire, Inglaterra.

© para la lengua española: Luis Cárcamo, editor
1ª edición 1980

Traducido de la 3ª edición inglesa por
Manuel Algora Corbí

Depósito Legal: M-37302-1980
ISBN: 84-85316-44-4

Impreso por Luis Cárcamo

CONTENIDO

Página

PARTE I

Capítulo I: Los usos de la Qábalah 15
Capítulo II: Un yoga para Occidente 27
Capítulo III: Un bosquejo del Arbol de la Vida 39
Capítulo IV: Las Atribuciones Sefiróticas 53

PARTE II

Capítulo V: Lo Inmanifestado y los velos de existencia negativa 69
Capítulo VI: Kether-La Corona 81
Capítulo VII: Chokmah-Sabiduría 93
Capítulo VIII: Binah-Entendimiento 105
Capítulo IX: Daath-Conocimiento 119
Capítulo X: Chesed-Misericordia 131
Capítulo XI: Geburah-Severidad 143
Capítulo XII: Tifareth-Belleza 155
Capítulo XIII: Netzach-Victoria 169
Capítulo XIV: Hod-Gloria 183
Capítulo XV: Yesod-El Fundamento 195
Capítulo XVI: Malkuth-El Reino 209

PARTE III

Capítulo XVII: La Flexibilidad del Arbol 227
Capítulo XVIII: Relaciones de los Sefiroth 233
Capítulo XIX: Los grados esotéricos 239
Capítulo XX: Atribuciones Misceláneas 249
Capítulo XXI: Los Qlifoth 255
Capítulo XXII: Aplicaciones prácticas 261

DIAGRAMAS

Página

El Arbol de la Vida
1. El árbol de la vida 40
2. El rayo relampagueante 41
3. Los Pilares 27
4. a) Los tres anillos primarios 70
   b) Las Nubes-Velo de Existencia Negativa 71
   c) Signo t'ai chi t'u chino 71
5. El Caduceo 126
6. Ritual del Pentagrama
   a) Apertura 265
   b) Cierre 266

TABLAS

I. Las letras hebreas 268
   (Nombre, transliteración, traducción y número) 269
II. Los Sefiroth
   a) Título, Nombre Divino, Arcángel, Orden de Angeles, Chakra Mundano 270
   b) Versiones castellanas de lo de arriba 271
   c) Traducciones usuales de lo de arriba 272

PREFACIO A LA PRIMERA EDICION INGLESA

Este libro y su sucesor tratan de los Sefiroth y los Senderos del Arbol de la Vida como base para un estudio de muchas ramas del simbolismo esotérico. Debe recalcarse que el simbolismo es un buen servidor, pero un mal maestro, y que preocuparse indebidamente de él puede servir para ocultar la verdad más que para revelarla. Es a la realidad detrás del simbolismo a lo que hay que apuntar.

Además, este libro está esctito desde un punto de vista teosófico porque se pretende que se use como una guía práctica hacia la apertura de los aspectos superiores del alma del hombre. No se intenta que sea un tratado académico o histórico.

El autor desea agradecer a The Society of the Inner Light (*) (La Sociedad de la Luz Interna) su permiso para incorporar extractos de varios ensayos no publicados guardados en los archivos de la Sociedad. Esto se aplica particularmente al Volumen I. El Volumen II es más el resultado de una investigación individual. Debería sin embargo entenderse claramente que esta obra representa sólo sus propios puntos de vista, basados en su propia comprensión del tema, y que ninguna opinión expresada en este libro es necesariamente la de la Sociedad o sus miembros.

Cualquiera que desee seguir cursos de estudio a lo largo de las líneas de esta obra es invitado a escribir a los

---

(*) N. del T.: Escuela oculta fundada por Dion Fortune de la que el presente autor formó parte hasta 1965.

editores, Helios Book Service Ltd., 8, The Square, Toddington, Cheltenham, Glos., Inglaterra, quienes tendrán gusto en aconsejar sobre grupos, cursos o instructores conocidos por ellos que se especialicen en este campo.

G. K.

PREFACIO A LA SEGUNDA EDICION INGLESA

Hace ahora unos siete años que esta obra fue escrita, y hay algunas opiniones y actitudes expresadas que no sostendríamos ya necesariamente. Sin embargo, el libro queda como un ejemplo de trabajo meditacional sobre el plano básico del Arbol de la Vida Qabalístico, y en tanto en cuanto que revela esta importantísima estructura del Arbol, ha hecho su trabajo, subterfugios individuales de interpretación aparte.

A los estudiantes serios se les recomienda estudiar también los otros pocos excelentes textos que son asequibles sobre el tema, tales como *Mystical Qabalah* de Dion Fortune (*La Cábala Mística*), *Garden of Pomegranates* de Israel Regardie (*Un Jardín de Granadas*), *Ladder of Lights* de W. G. Gray (*Escalera de Luces*), *Magic and the Qabalah* de W. E. Butler (*La Magia y la Qábalah*) y, para una apreciación cristiana muy interesante sobre el tema *The Christ, Psychotherapy and Magic* por A. D. Duncan. (Cristo, la Psicoterapia y la Magia).

Si escribiéramos el libro de nuevo, alentaríamos (en vez de mirar con sospecha) el uso de capillas privadas, seríamos menos ingenuamente optimistas sobre los méritos de la cientología, y nuestra teología y escatología especulativas serían ciertamente revisadas muy de cerca. Sin embargo, cualesquiera revisiones de actitud han de registrarse en nuevos libros sobre el tema más que en un intento por revisar la Guía Práctica, que ya se ha establecido como libro de referencia para muchos estudiantes.

Algunos ocultistas expertos han escrito para decir que usan otras correspondencias distintas de las que usamos nosotros, y no dudamos que otros sistemas puedan ser usados con éxito. Sin embargo, creemos esencial, en un libro de texto general tal como éste, adherirse estrechamente a la tradición ensayada y probada, al menos tal como nosotros mismos la hemos recibido. Es improbable en cualquier caso que ningún sistema particular de atribuciones sea «el único verdadero».

G. K. 14-4-1969

PREFACIO A LA TERCERA EDICION INGLESA

Desde que el manuscrito de este libro fue escrito por primera vez, hace diez años, mis opiniones sobre mucho de lo que contiene han cambiado inevitablemente. He contemplado la posibilidad de escribir una nueva edición, pero como algunos de los cambios son básicos tendría virtualmente que ser un nuevo libro.

Si fuera escrito hoy en día, aparte de ser alteradas radicalmente sus asunciones teológicas, se daría menos autoridad a «The Cosmic Doctrine» (La Doctrina Cósmica, de Dion Fortune) (*), o a «el Tibetano», y se pondría menos fe en la cientología como una panacea psicológica, aunque los tres tienen su valor si se usan con precaución y discreción. Se prestaría también más atención al Qabalismo tradicional, tanto Cristiano como Judío.

Brevemente, el trabajo tal como se presenta asume una filosofía y una visión del mundo que está más cerca del Hinduísmo o el Buddhismo que de la revelación de la Biblia, de la que la Qábalah debería surgir. Además, sus descubrimientos prácticos tienden a ser más los de una intelectualización del inconsciente colectivo que los de una experiencia mística genuina.

Sin embargo, forma un paso intermedio entre un monismo oriental (la influencia de H. P. Blavatsky) y una posición oculta verdaderamente Cristiana —y puede por tanto ser menos tergiversante que algunos otros libros sobre el mismo tema. Fue escrito con sinceridad —si es que

---

(*) Obra publicada en castellano por *Luis Cárcamo, editor* (Madrid, 1980).

con alguna ingenuidad— por uno que había pasado recientemente a través de los Grados de una escuela oculta basada en las líneas de la Golden Dawn (una síntesis de sistemas paganos mágicos y de Misterios, y tradiciones Masónica y Rosacruz) en la que la experiencia mística Cristiana había comenzado a infiltrarse —como casi siempre lo hace.

Las organizaciones que usan el libro como libro de texto de su curso pueden estar seguras de que continuará publicándose en su forma presente, mientras exista demanda, sin alteración radical alguna. Las nuevas opiniones e investigaciones del autor aparecerán en obras nuevas más que en una reforma de la vieja. Hasta que éstas aparezcan, una lectura de *The Christ, Psychotherapy and Magic* por A. D. Duncan (*Cristo, la Psicoterapia y la Magia*) puede ser de valor para el lector discerniente, o, en términos más generales, las obras de C. S. Lewis (ciencia ficción, literatura juvenil, autobiografía o apologéticos).

Finalmente, resulta apropiado repetir las consideraciones del prefacio original de este libro. Los puntos de vista expresados son los propios del autor, y ninguna parte debería ser tomada como autoritativa o dogmática —incluso cuando pueda parecerlo inconscientemente. Con respecto a las atribuciones subsidiarias, particularmente aquellas de astrología y Tarot, el sistema usado es básicamente el tradicional de la Golden Dawn. Es trabajable —pero no es necesariamente el único sistema— o siquiera el mejor. *Chacun a son gout*. Tampoco tiene el libro ningunas pretensiones académicas. Es sólo un ejemplo ampliado de una meditación sobre el Arbol de la Vida —un sistema simbólico tradicional de aplicaciones únicas y amplias. Los méritos son los del Arbol —las faltas son las mías. Espero que el trabajo pueda ser de alguna utilidad a buscadores sinceros, pese a lo graves o sutiles que puedan ser sus defectos.

Kyrie Eleison
G. K. 19-2-1972

Parte I

CAPITULO I

LOS USOS DE LA QABALAH

1. «Si queremos conocer la naturaleza interna del hombre por su naturaleza externa; si queremos entender su cielo interior por su aspecto exterior; si queremos conocer la naturaleza interna de árboles, hierbas, raíces, piedras, por su aspecto exterior, debemos perseguir nuestra exploración de la naturaleza sobre el fundamento de la Qábala. Porque la Qábala abre el acceso a lo oculto, a los misterios; nos capacita para leer libros y epístolas sellados, así como la naturaleza interna de los hombres». Así escribía Philippus Aureolus Theophrastus Bombastus von Hohenheim, llamado Paracelso, el médico, filósofo, y místico medieval.

2. El propósito de este libro es probar que lo que Paracelso reivindicaba para la Qábala, es tan verdadero en nuestros días como lo era en los suyos. El método de prueba no será por un intento dirigido a la historia de sus costumbres, o a un análisis de dónde surge; porque la prueba de cualquier budín está en comerlo, y no en cualquier catálogo de los anteriores ilustres participantes de él, ni en un tratado sobre el origen de los diversos ingredientes.

3. Como sistema teosófico, la Qábalah y su diagrama básico, el Arbol de la Vida, trabajan. El único propósito de estas páginas es poner al lector en posición de intentarlo por sí mismo, y hacer después su propio juicio a partir de su propia experiencia. Este libro es por lo tanto una guía práctica, así como un tratado teórico. Se halla dirigido a aquellos que buscan una investigación psíquica y una aventura espiritual, más que a los que buscan meramente una adquisición de conocimiento.

4. Pero a fin de prevenir cualquier malentendido inicial, será conveniente examinar la afirmación de Paracelso con mayor detalle.

5. Su primera afirmación es que por medio de la Qábalah podemos conocer la naturaleza interna del hombre por medio de su naturaleza externa, y entender su cielo interior por su aspecto exterior. Continúa luego incluyendo al mundo externo de árboles, hierbas, raíces, piedras y naturaleza en general.

6. De todo esto podemos colegir el concepto básico de que hay una realidad interna, o esencia de las cosas, aparte de su apariencia externa, y más aún, que la naturaleza de las interna puede ser deducida a partir de la externa. Este no es en absoluto un concepto excepcional; se halla completamente en línea con toda filosofía idealista. Incluye sin embargo los refinamientos de las escuelas herméticas de que Dios hizo al hombre a Su propia imagen, de modo que el examen del hombre puede conducir al conocimiento de Dios. Y así como Dios creó a la Naturaleza, así ella, al mismo tiempo, oculta y revela a Dios.

7. De este modo, toda manifestación en el mundo material es un efecto de causas que operan desde un plano superior, y estas causas pueden ser deducidas a partir de los efectos producidos, hasta retrotraernos a la Causa Primaria, Dios Mismo. Esto se halla de acuerdo con el axioma Hermético «Como es arriba —es abajo».

8. Es obvio que dentro del hombre el nivel de causación es superior al mundo material, salvo que uno considere al hombre como un autómata. Por ejemplo, las acciones de un hombre están regidas por sus decisiones mentales o direcciones emocionales. Puede decirse que sus decisiones y direcciones son a su vez un efecto del ambiente, y esto desde luego es verdad, porque todos los que viven en el mundo material se hallan afectados por él —aunque unos más que otros. La gran mayoría de la humanidad está regida por circunstancias externas, pero el hombre superior es aquel que trabaja su propia dirección, y entonces cambia su ambiente, o su reacción ante él, acordemente. El es un maestro de su destino.

9. Del mismo modo, las múltiples formas de la Naturaleza pueden ser concebidas como diversos experimentos

en lo que ha sido llamado el Gran Laboratorio de la vida. La hipótesis materialista de la «selección natural» es muy lógica en su propio nivel, pero empuja a la lógica un buen trecho, casi tan lejos como el brazo de la coincidencia, probervialmente largo. Se le pide a uno que mire a una rosa, o a la belleza iridiscente de la cola de un pavo real por ejemplo, y crea que una era la forma más atractiva para ciertos insectos, y la otra el patrón particular que más excita los deseos eróticos de la pava, y que todas las otras variaciones murieron. Similarmente, se invoca a la coincidencia para explicar cómo la naturaleza física de este planeta llegó a ser justo aquella en la que la vida podría existir. Ciertamente, ¿no es acaso la existencia de un Plan detrás de todo ello la explicación más lógica y satisfactoria? (Algunos dirán que la lógica y la satisfacción no son necesariamente criterios de verdad, y desde luego esto es cierto por lo que respecta a la especulación filosófica. Si se lleva la mente suficientemente lejos, uno se enfrenta finalmente con la elección del nihilismo o la fe. Entonces vuelve uno a la lógica y a la satisfacción para justificar a uno u otra —de acuerdo con la elección irracional.)

10. Sin embargo, la creencia en un Plan Divino —excepto quizá para un *christian scientist* (*)— no supone un intento de negar las limitaciones que impone el mundo físico. Las Leyes del mundo físico no pueden ser contradichas, y cualquier cosa que va contra ellas sufre acordemente. Las Leyes de la física, la química y la biología anteceden a la venida de la vida, y la vida tiene que adaptarse a ellas. Pero estas leyes no impiden la manifestación de una gran belleza, o cualquier otro propósito de la vida, más de lo que puedan causarlo. Son, a lo sumo, condicionantes.

11. A la vista de esto, es posible concebir que haya formas de vida en otras estrellas y planetas, que se hayan adaptado a florecer en esas condiciones. Uno puede concebir seres con cuerpos de fuego en el Sol, por ejemplo.

(*) N. del T.: literalmente, *científico cristiano,* es decir, seguidor del movimiento Christian Science (Ciencia Cristiana), que pretende subsanar la falta de armonía en el plano físico, creándola en el plano mental, en un trabajo de imaginación creativa.

Esto es ciertamente más probable que la idea de que el nuestro es el único planeta habitable dentro de miles de años luz. Si la vida desea manifestarse, se manifestará, cualquiera que sean las condiciones; y habiéndose adaptado entonces a esas condiciones, proseguirá su propio camino de expresión de acuerdo con, no como un resultado de, esas condiciones.

12. Esto nos devuelve a la declaración de Paracelso de que la naturaleza interna, que causó la forma externa, puede ser deducida a partir de la forma externa. El método que recomienda es el de la Qábalah, el cual, aun siendo un sistema construído sobre las correspondencias simbólicas, no tiene nada que ver con las pseudociencias que crecieron durante la Edad Media, excepto que estas últimas son aplicaciones ignorantes de su doctrina general. Incluso Paracelso, siendo un hombre de su tiempo, fue culpable de esta clase de error. El creyó, por ejemplo, que como las hojas del cardo son picantes, era una excelente hierba para la cura de la picazón interior, y que como otra hierba tenía sus raíces envueltas en una funda que era como una armadura, daría protección contra las armas. Se necesitaría mucha fe hoy en día para confiar en tales curas y prevenciones, pero hay muchos que pagan un buen dinero por libros que proponen decir el carácter o la fortuna a partir de las letras del nombre, el residuo en sus tazas de té, sus tazas de café y demás, supersticiones todas que surgen de la misma fuente.

13. Lo lastimoso de ello es que tales manifestaciones hacen que mucha gente inteligente de hoy condene como tontería cualquier cosa que huela a ocultismo, así como nuestros abuelos, menos tolerantes, lo condenaban como brujería. Lo moral en ambos casos es no arrojar al bebé con el agua del baño —aunque nuestros antecesores lo quemaron en la estaca como buena medida.

14. Paracelso continúa estableciendo que «la Qábalah abre el acceso a lo oculto, a los misterios; nos permite leer epístolas y libros sellados, así como la naturaleza interna del hombre».

15. Es interesante notar que después de su catálogo de «oculto», «misterios», «epístolas y libros», él vuelve al hombre de nuevo. El hombre es la clave completa para

todas estas cosas, porque el famoso lema escrito en oro a la entrada del Oráculo Délfico —GNOTHI SEAUTON (Conócete a tí mismo, o Llega a conocerte a Tí mismo)— es el comienzo, y también el final, de todo desarrollo espiritual.

16. La palabra «oculto» significa escondido, y se usa a menudo sinónimamente con la palabra «esotérico» —para los pocos. Y ambas se usan en conjunción con la que es llamada a menudo «La Enseñanza de los Misterios». Será conveniente ampliar un poco estos conceptos.

17. En el uso común, la palabra «misterio» puede significar algo secreto o inexplicable. En su sentido eclesiástico, es una verdad religiosa por encima de la razón humana, pero revelada por Dios; y en su sentido arcaico, era un oficio o gremio. Al hablar de los Misterios como una escuela de iniciación, se está usando la palabra como una combinación de todos estos significados.

18. Las enseñanzas de los Misterios, en cuanto que muchos de ellos son verdades religiosas, están más allá de la mente racional. Para los procesos mentales lógicos, con los que tanta gente insiste en operar enteramente, pueden muy bien parecer carentes de sentido. El Misterio de la Santísima Trinidad, por ejemplo, es una verdad religiosa que se halla más allá del alcance de la mente. Muchos la han aceptado por fe, pero para los pocos, los místicos de la Iglesia, puede ser una gran realidad, una profunda experiencia que, posteriormente, no puede ser descrita adecuadamente por palabras. Pero las palabras son los datos sobre los que trabaja la mente racional, y los únicos medios de comunicar tales cosas en palabras es por analogía, alegoría y símbolo. E incluso esto transmite poco a los procesos normales de la mente, como puede comprobar por sí mismo cualquiera que intente interpretar el Apocalipsis, por ejemplo.

19. Es por razones similares que se usan las palabras «oculto» y «esotérico». Se han escrito muchas portentosas tonterías sobre el «secreto oculto», las «Claves de Poder» y similares, en los años pasados, principalmente para cubrir la ignorancia en el escritor, o bien por un autoengrandecimiento barato. La razón por la cual los Misterios, que son realmente el Yoga de Occidente, se dicen escondidos y

para los pocos, es porque *no pueden* ser explicados a los intrusos. La barrera es puramente de comunicación. Tratar de describir una experiencia mística es como tratar de describir el aroma de una flor; uno no puede hacerlo. Lo mejor que puede uno hacer es contarle al que inquiere cómo puede obtener la flor en cuestión, de modo que pueda olerla por sí mismo. Si él no quiere preocuparse en seguir vuestas instrucciones, o se rehúsa llanamente a creer que la flor existe, no hay nada que se pueda hacer al respecto. La Qábalah podría por tanto ser descrita como un plano del jardín de las flores de la experiencia mística. Uno puede presentarlo a un inquiridor si se halla interesado, pero depende en último término de él si lo usará o no. Esto es, no hay beneficio alguno en tener una comprensión puramente intelectual de sus ramificaciones; tiene que hacerse un uso práctico de él. La aproximación meramente intelectual es como esperar a oler las flores directamente a partir del catálogo de un vendedor de semillas.

20. Cuando llega el secreto es en el uso práctico de la Qábalah en un grupo. Es posible llegar a un buen grado de progreso por cuenta propia, pero en una Escuela de Misterios el proceso es más rápido. Aquí se establece una mente grupal, que afecta a la mente inconsciente de cada uno de sus miembros. Las ideas de cada miembro del grupo son vertidas, como si fuera, de modo que puedan ser cogidas telepáticamente por todos los otros miembros. Este es un proceso puramente automático, y ocurre en cualquier grupo de gente en mayor o menor extensión, pero más aún cuando lo que se conoce se mantiene secretto, estrictamente apartado de cualquiera que esté fuera del grupo, y particularmente cuando las cosas que se mantienen secretas son materias que afectan profundamente al subconsciente, i.e., simbolismo, creencias religiosas, imágenes mitológicas, etc. En este caso, el secreto es necesario, o el trabajo se vuelve sin valor. Pero el secreto sólo tiene valor práctico para ese grupo en particular.

21. Así, en el trabajo práctico esotérico, como en la adoración religiosa —y hay una conexión extrecha entre ambos— un grupo es una ventaja distinguida. Como dijo Nuestro Señor: «Porque donde haya dos o tres reunidos en mi nombre, allí estaré yo en medio de ellos.» Y en un

trabajo más avanzado, particularmente cuando los símbolos usados no son contemplados meramente de modo subjetivo sino ejecutados ritualmente, se necesita algún elevado grado de destreza. Hay más en una Misa Romana Católica, por ejemplo, que vestirse con vestimentas y recitar las palabras. Es en el desarrollo de esta destreza que «los Misterios» pueden ser considerados, en el significado arcaico de la palabra, como un oficio o gremio. El entrenamiento es uno de aprendizaje. Así, el formar un grupo de ritual requiere al menos una persona que sea ya experta, la cual puede entrenar a otras. Si se reúnen una multitud de amateurs y tratan de hacer trabajo ceremonial, el resultado será, o bien nada, o bien más de lo que habían pactado. Y esto último no es una broma, porque las potencias subconscientes que hay detrás del simbolismo místico son dinamita psicológica.

22. La Qábalah, pues, es un sistema de relaciones entre símbolos místicos, que pueden ser usados, como dice Paracelso, para abrir el acceso a las capacidades escondidas de la mente —más allá de las fronteras de la razón. Nos permite leer «libros y epístolas selladas», con lo que se quiere dar a entender escritos de una naturaleza mística envueltos necesariamente en lenguaje simbólico, porque la Qábalah nos da los medios de penetrar en el significado que se halla detrás del simbolismo.

23. Podría ser considerado como el proceso místico al revés. Un místico natural tendrá sus visiones por lo que él llamará sin duda «la gracia de Dios», e intentará entonces escribirlas en simbolismo o analogía —las metáforas más aproximadas al lenguaje de la mente. La Qábalah, por un estudio del simbolismo, ayuda al Qabalista a atravesar la realidad que el místico ha intentado describir.

24. Esto se aplica no sólo al misticismo cristiano sino a todas las otras fés religiosas, incluyendo la pagana. Así puede uno obtener la experiencia de lo que los Griegos daban a entender por Palas Atenea, Zeus, Demeter, y todos los otros Olímpicos; lo que los Egipcios daban a entender por Isis, Ra, Osiris, Horus; lo que los celtas daban a entender con Keridwen; los Indios Americanos por Manitú, Hiawatha, y así a lo largo de toda la historia de la búsqueda de lo Divino por el hombre. Entre «las

epístolas y libros sellados» no está sólo la Biblia, sino otros tratados místicos tales como «El Libro Egipcio de los Muertos», «La Alta Historia del Santo Grial», y «El I Ching, o Libro de los Cambios», por nombrar unos pocos.

25. En breve, aunque sea primariamente un sistema judáico, actúa, por su disposición sistemática, como una clave para el estudio de la religión comparada —y no sólo como una búsqueda académica, sino como una teosofía práctica. La razón por la que puede hacerse esto es porque, siendo la estructura interna de la psicología humana la misma cualquiera que sea la raza o credo, y siendo Dios Uno, todos los acercamientos a Dios deben ser similares. La diversidad de los hombres podría considerarse que se esparcen todo alrededor de la circunferencia de una rueda, con Dios en el centro. Entonces, aunque los acercamientos a Dios serán desde ángulos diferentes, como los radios de una rueda, y algunos aparentemente opuestos diametralmente el uno al otro, un radio será muy parecido a otro, aunque tal vez esté pintado en colores diferentes, o esculpido en una forma diferente.

26. Podría pensarse que es imposible reconciliar la Cristiandad, por ejemplo, con las religiones paganas, siendo aquella un sistema monoteísta, y al adorar las religiones paganas a una diversidad de dioses. El punto es que Dios trabaja de muchas maneras, como Padre, Hijo, Espíritu Santo, Juez de los Perversos, Redentor de los pecados, Hacedor de la lluvia, Protector de las Cosechas, por no decir nada de la Virgen María y la intercesión de los Santos. Nada de esto es incompatible con la creencia en Un Solo Dios. Y los paganos tenían muchos dioses, cada uno de los cuales era un aspecto particular del Dios Unico, Quien existía entonces tanto como ahora, excepto que entre los paganos muchos no lo realizaron. La adoración pagana y moderna son en un sentido diametralmente opuestas. El Cristiano moderno piensa sólo en un Dios, y sin embargo reza a muchos en los varios aspectos del Uno. El pagano pensó sólo en muchos aspectos de Dios, y sin embargo rezó al Dios Unico a través de ellos. Es realmente una cuestión de terminología, la realidad es la misma.

27. Donde el sistema Judáico es tan útil es en que fue uno de los primeros, si no el primero, de los sistemas

monoteístas, y por lo tanto tiene un pie en cada mundo. Dios, aun siendo Uno, se considera que se manifiesta a través de diez emanaciones, que son cuidadosamente descritas, y bajo la presidencia de cada emanación se halla un Arcángel y un Coro de Angeles. Esmeradamente, proporcionaron también todo un sistema de demonios, que se corresponden con cada emanación de Dios, para representar los aspectos adversos asociados, pero éstos no necesitan detenernos por el momento; de hecho, cuanto menos nos detengan, mejor.

28. En conexión con cada emanación o aspecto de la Divinidad, aparte de las escrituras sobre ello, se había localizado también un número de símbolos, verbales o pictóricos, alrededor de los cuales han crecido otros en el curso del estudio Qabalístico a través de las edades. De este último simbolismo, alguno es más fiable que otro, y alguno se halla sujeto todavía a la investigación y al experimento. La Qábalah es un sistema viviente, sus pruebas se hallan en el trabajo práctico, no en la investigación histórica.

29. El Simbolismo en general puede ser clasificado bajo dos cabeceras, Arbitrario y Universal.

30. Los símbolos arbitrarios son usados extensamente en muchos campos, en ciencia y matemáticas, en notación musical, en las palabras mismas. Aparecen en el arte. En tiempos medievales, Judas solía pintarse con una túnica amarilla para significar la envidia, mientras que la Virgen María tenía una capa azul.

31. El último simbolismo de estar asociada la Virgen María con el azul, es un símbolo casi universal—pero no del todo. En algunos casos no hay una línea divisoria tajante entre uno y otro.

32. El simbolismo universal es más o menos inmutable en su significado básico. El simbolismo numérico es un buen ejemplo, en cuanto que el número tres, por ejemplo, o el triángulo, significan la triplicidad en todas las cosas, el Tres-en-Uno de la Divinidad; la tesis, antítesis y síntesis, de la filosofía Hegeliana; los posibles modos de manifestación de la fuerza: activa, pasiva o equilibrada. El Sol es otro ejemplo, el centro de un sistema, una fuente de luz, el sustentador de la vida, todo lo cual puede aplicarse

también a la Deidad de la cual es un símbolo. No debería pensarse que nuestros ancestros paganos adoraron necesariamente al Sol mismo; ellos eran capaces de un alto grado de civilización y de sutileza filosófica, como lo muestran sus escritos. Uno podría acusar igual de injustamente a los Cristianos de adorar una cruz, meramente porque aparece en sus altares. De hecho, es un símbolo, y uno Universal por otra parte, aunque variando en sus formas. Una Cruz del Calvario apela a asociaciones diferentes que una Cruz de Brazos iguales o una Svástika.

33. Los ejemplos dados aquí son todos símbolos simples, pero es posible tener unos altamente compuestos. La historia de Adán y Eva, por ejemplo, es un vasto símbolo de los comienzos de la vida humana, y el Apocalipsis de San Juan uno aún más vasto sobre el final. Hay un tesoro de simbolismo en la mitología pagana, como, por ejemplo, Prometeo robando el Fuego Divino para traérselo al hombre. Esto podría tomarse a un nivel como significando el descubrimiento del fuego físico, pero hay realmente mucho más en todo ello. Arroja una luz reveladora sobre el significado del Libre Albedrío y la revelación prematura.

34. Hay dos movimientos en cabeza en el momento presente con relación a la mitología. Uno es explicarla por medio de la psicología profunda, lo que es una exploración en la dirección correcta, pero que, en el último análisis, no profundiza lo bastante. El otro es explicarla atribuyéndola a la historia de los movimientos de las tribus, con la subsiguiente elevación y caída de varias deidades y formas de adoración. Esto sin duda tiene algo de verdad, pero es una aproximación muy superficial.

35. La mayoría de los mitos guardan una amplia diversidad de significados, natural y artístico, moral y ético, filosófico y metafísico, religioso y teológico, místico y oculto. Pueden aplicarse al hombre, o al Universo, o a ambos. Lo que parece ser una historia simple, puede conducir a una comprensión de la verdad infinita con aplicaciones en todos los reinos de la conciencia.

36. Lo mismo se aplica al símbolo compuesto del Arbol de la Vida que es la base de la Qábalah. Y no sólo es un símbolo comprehensivo en sí mismo, sino que permite que otros sistemas de símbolos sean interpretados a su

luz. Por lo tanto, en su capacidad para relacionar las diversas mitologías y creencias religiosas, y sistemas simbólicos ocultos tales como astrología, numerología, alquimia y Tarot, está la piedra fundamental de la Tradición Occidental de Misterios.

CAPITULO II

UN YOGA PARA OCCIDENTE

1. La Tradicción Occidental de Misterios es la contraparte de lo que se conoce como Yoga en Oriente, y es una pena que la mayoría de la gente no haya oído nunca de la primera, y conozca muy poco sobre la segunda.

2. En Occidente, ninguno de estos sistemas recibió mucha atención, fuera de sus devotos, hasta la última parte del siglo XIX, desde la que ha habido un interés en gradual aumento sobre las vías de desarrollo interno, junto con una promulgación de tonterías que se incrementan gradualmente, como mostrará cualquier examen del grueso de las mercancías en cualquier tienda de libros ocultos. El público siempre demanda lo que es sensacional, sea verdadero o no, y hay montones de personas deseando satisfacer la demanda.

3. De acuerdo con la Qábalah, la primera cualidad requerida antes de que pueda hacerse cualquier progreso espiritual es la discriminación. Y se necesita realmente la discriminación para distinguir al místico verdadero del falso.

4. En el Oriente, lo que es considerado usualmente por el occidental como un yogui, es de hecho un fakir. Un fakir subyuga su cuerpo físico, dominándolo con su voluntad a través del sufrimiento. Muchos de ellos exhiben orgullosamente brazos marchitos, producidos por sostener el brazo en el aire durante fantásticos períodos de tiempo, u ojos cegados por mirar fijamente al Sol. Son ignorantes fanáticos, que se torturan a sí mismos a fin de alcanzar la

gracia celestial, o conjuradores que realizan «milagros» basados en la destreza, la paciencia y la contorsión física. Muchos de ellos alegan ser yoguis, pero el verdadero yogui no es ni fanático ni sectario, ni realiza trucos por dinero. Es verdad que puede haber desarrollado poderes físicos anormales, particularmente si es un seguidor del Hatha Yoga, pero estos poderes son un medio, no un fin.

5. La meta del Yoga es lo que la palabra Yoga significa, Unión, la cual se corresponde con la experiencia ultérrima de la Qábalah —Unión Divina. Y la vía hacia esta meta es por el control de la voluntad y de las funciones de pensamiento, emoción y movimiento corporal interno o externo, todos los cuales operan ordinariamente sin un gran grado de control. Todo el sistema es realmente una combinación de filosofía, ciencia, religión y arte. Tiene su sistema de doctrina que constituye su filosofía, y sin embargo requiere algo más que una apreciación académica, a saber, una activa fe religiosa, y, como la práctica de la medicina, es al mismo tiempo una ciencia y un arte.

6. Lo que se ha dicho del Yoga del Oriente se aplica también al de Occidente. La meta del verdadero practicante es la misma, y en ambos casos el verdadero está enmascarado por el clamor y exhibicionismo del falso. En Occidente, la situación se ha complicado todavía más, porque la Iglesia ha machacado efectivamente cualquier exposición escrita de los Misterios. Así, la literatura que hay, los varios tratados alquímicos por ejemplo, es extremadamente críptica, cuando no engañosa, pues hubieron tantos alquimistas falsos como verdaderos, y probablemente muchos más; y de los varios Grimorios Mágicos, la mayoría son escombros medievales, o copias de copias de copias, con errores en incremento sucesivo, hasta llegar al día presente.

7. Hay poco trabajo original en la literatura del iluminismo occidental, y el que hay no es fiable, por precaución o tontería, de modo que no podemos compararnos con el Oriente y su vasta cantidad de conocimiento esotérico. Tal vez sea mejor así, pues nos arroja a nuestros propios recursos. Tenemos que derivar nuestra teoría a partir de la práctica, en vez de tener nuestra práctica limitada inconscientemente por la teoría.

8. La Qábalah, tal como se practica, se deriva casi enteramente de un simple diagrama, el Arbol de la Vida, y eso es todo lo que se necesita básicamente.

9. Los usos que se le pueden sacar al diagrama pueden ser descritos mejor por referencia al sistema de Yoga del Oriente. Este recae en cinco categorías principales:

i) *Raja Yoga* —la educación de la conciencia a través de la meditación y la contemplación.

ii) *Bhakti Yoga* —la vía religiosa del misticismo devocional.

iii) *Gnana Yoga* —la búsqueda de la iluminación a través de la especulación filosófica.

iv) *Karma Yoga* —la aplicación del Yoga a través del vivir correcto.

v) *Hatha Yoga* —el control del cuerpo, y el desarrollo de los recursos físicos internos.

10. El sistema occidental tiene paralelos con todas estas enseñanzas, pero se aplica de un modo diferente en general, pues las condiciones de Oriente y Occidente, y la constitución física y psicológica del hombre oriental y occidental, son diferentes hasta cierto punto.

Raja Yoga: Se espera de la mayoría de la gente, en el mundo civilizado de hoy en día, que tenga el suficiente control sobre sus emociones como para no desbordarse en violencia física. Incluso esto es difícil para algunos, e imposible, parece, en un grupo o a nivel nacional. El Raja Yoga es un sistema de entrenamiento por el que las emociones y la mente son situadas bajo control consciente, de modo que no se consigue meramente la armonía física, sino que no hay desenfreno en los niveles subjetivos, emocional o mental.

11. Cualquier persona corriente que se preocupe de echar una mirada honesta a la condición de sus propios procesos psicológicos, se percatará de la bulliciosa confusión que ahí hay. El proceso ha sido descrito bastante completamente en la literatura de la «corriente de la conciencia» habida entre las dos guerras. También, para asegurarse de la condición general de la conciencia humana, uno sólo tiene que contar el número de anuncios en revistas por firmas que parecen hacer un buen negocio ayudando

a la gente a superar «mentes de saltamontes», «nervios», y demás. Generalmente se reconoce también que un estómago ulcerado, por citar una enfermedad, puede tener sus raíces en la tensión emocional. Hay claramente mucho que ganar en el control de la mente, incluso desde un punto de vista de provecho material, por no decir nada de los aspectos espirituales involucrados.

12. Las técnicas del Raja Yoga, en sus primeras etapas, son puramente calisténicos de la mente, y son básicas a cualquier clase de entrenamiento oculto. De hecho, los ejercicios iniciales son precisamente aquellos que son usados por la mayoría de las firmas que anuncian curas para la mente vagabunda, voluntad débil, etc. No hay tampoco aquí un camino fácil. Si uno es blando físicamente, la única cura es el ejercicio duro, y lo mismo se aplica a los músculos de la mente.

13. Hay tres etapas en el entrenamiento de la mente por el Raja Yoga —i) concentración, ii) meditación, iii) contemplación.

14. Sin concentración, cualquier trabajo oculto es imposible, pues requiere la facultad de mantener una imagen en la mente, a menudo por largos períodos.

15. El único modo de aprender a sostener una imagen en la mente, es hacerlo. Uno puede establecerse a sí mismo un sistema graduado de ejercicios, empezando por imaginar un objeto, digamos un balón de fútbol, y sostenerlo ante el ojo mental por diez minutos. Entonces puede pasar a imágenes más complicadas, hasta que puede sostener en el ojo de la mente una pintura detallada, o un cuarto lleno de muebles. Finalmente, se puede aumentar tomando una corta historia y, habiéndola leído concienzudamente, yendo a través de ella como un espectador, viendo todas las escenas y oyendo las palabras habladas. Esto debería ser posible después de una corta práctica diaria a lo largo de tres o cuatro meses. El secreto del éxito es una corta práctica regular, más que largos asaltos a intervalos irregulares.

16. Una vez que se ha conseguido el poder de la concentración, la meditación es posible. Meditación es el examen concentrado de algo, sea una imagen o una idea, y mientras la mente se fija sobre ello, permitir que surjan

ideas a su alrededor. De esta manera se horada un pozo en el inconsciente, como si fuera, y las ideas relacionadas pueden elevarse a la superficie.

17. Este proceso permite que sea elucidado el significado de cualquier símbolo, y pueden tomarse notas de las ideas que surgen. Más aún, las ideas que vienen de la meditación son «realizaciones» más que conceptos. Tener un concepto mental es meramente tener un pedazo de información sostenido dentro de la mente, el cual puede ser útil o no, y que se olvida fácilmente. Tener una realización de algo significa que se convierte en parte de uno mismo. Uno ha tomado una idea y la ha hecho real —la ha «real-izado».

18. La meditación es por lo tanto un importante proceso mental al usar el Arbol de la Vida Cabalístico, pues permite que se comprendan y se conviertan en parte de uno mismo el significado de las ramificaciones del simbolismo que se le asigna. Y como el Arbol de la Vida es un diagrama del Plan Divino, una vida de meditación sobre él, construyendo sus conceptos en el alma, llevará a cualquier estudiante un largo camino a lo largo del Sendero de la Consecución.

19. Aquí hemos ido más allá de las puras calisténicas mentales, y la mente se usa para propósitos esotéricos. Es importante por tanto abrir y cerrar cualquier meditación con algún signo santo, tal como el signo de la Cruz, pues la mente se usa de manera receptiva en conexión con simbolismo muy profundo, parte del cual no es puro por un dudoso uso anterior.

20. La contemplación sigue a la meditación, y puede muy bien usarse en conjunción con ella. Es difícil de describir, porque es un proceso muy simple —es realmente sólo una cuestión de «percatarse». En adición a la concentración y la receptividad de la meditación, tiene en sí las cualidades de fé, amor y tranquilidad. La meditación es analítica, se detiene sobre declaraciones, principios o ideas, *respecto* a algo. La contemplación es de una naturaleza sintetizadora, es simplemente una mirada tranquila *sobre* algo que ha sido realizado previamente. Es realmente una percepción espiritual —«estáte tranquilo, y sabe...»

21. La meditación es más artificial. La contemplación

es un fácil proceso natural que no puede ser forzado. Quizá mucha gente ha contemplado durante toda su vida sin realizarlo conscientemente. Después de que ha sido labrada en la conciencia, por la meditación activa, alguna percepción de la naturaleza de las «realidades invisibles», la presencia y poder de estas realidades pueden permitirse fluir en la mente por contemplación. Es actuar como un canal para la Divinidad. Se recordará del primer capítulo del Génesis: «Y Dios vió todo lo que había hecho, y observó que era muy bueno». Es un estado similar de la mente, un estado de aceptación, una práctica de la presencia de Dios, y no tiene nada que ver con la autosatisfacción o el optimismo ciego.

22. Mientras que la meditación se hace mejor en una habitación tenuemente iluminada, libre de ruidos e interrupción, la contemplación puede quizá hacerse mejor sentándose ante una botella de cerveza y con un cigarrillo, en el patio propio —y si esta afirmación le choca a alguien le vendrá bien tener presente que, para el adepto de los Misterios Occidentales, el ocultismo es un asunto de veinticuatro horas al día, siete días a la semana, como lo es para el gurú del Oriente. Sólo que en Occidente el adepto vive en el mundo, no en un retiro monástico. Es esta consideración la que se halla realmente en la base de las diferencias entre los sistemas del Este y el Oeste, aunque ambos sistemas son seguidos con la misma dedicación y aspiraciones, y ambos conducen a la misma meta.

Bhakti Yoga: Este es el Yoga del misticismo devocional. Enseña cómo creer y cómo orar, y puede aplicarse a cualquier religión, pues para él no existen diferencias de religión, sólo hay «la Vía religiosa».

23. Ha sido dado a conocer a través de las obras de discípulos de Ramakrishna, un avanzado exponente de él. Ramakrishna empleó doce años en seguir la vía de cada gran religión por turno, y siempre llegó al mismo resultado, un estado de éxtasis divino. Afirmó por tanto probar por la experiencia personal que todas las grandes religiones son una, que todas conducen al Dios Unico.

24. Por cuanto el Arbol de la Vida puede ser usado como un compendio de religión comparada, se verá que su

uso por un místico devocional es una vía occidental de Bhakti Yoga. Es, de algún modo, similar al Raja Yoga, excepto que el acento se pone en las emociones. Para aquellos con emociones fuertes, las domeña y engancha en una dirección religiosa, mientras que al mismo tiempo puede desarrollar las emociones religiosas en aquellos en las que son débiles.

25. Puesto que en Occidente hay una literatura extensa sobre la práctica de la religión, los conceptos del Bhakti Yoga son bastante familiares para la mayoría de la gente, pero no estará de más resumirlos.

26. Para el místico devocional, la oración no es sólo arrodillarse en ciertos momentos con un recital de palabras preescritas, convertidas a menudo en insignificantes por la repetición constante, ni es una solicitud o petición detallada. La oración es un deseo ardiente del alma de unión con su origen Divino, una expresión articulada de la aspiración. Es a la vez y al mismo tiempo, aspiración, compunción, reverencia, adoración, alabanza, gratitud, comunión, invocación, deseo amoroso, oblación y veneración.

27. Los métodos de oración han sido establecidos por varios escritores místicos, pero, hablando en general, siguen un patrón básico similar:

i) Preparación por medio de una lectura sagrada preliminar, o meditación.

ii) Oración vocal, que puede ser espontánea o preescrita, pronunciada audiblemente o formulada en los pensamientos.

iii) Meditación ferviente, o aspiración silenciosa del corazón.

iv) Experiencia mística en la que el alma es llevada a la comunión interior y coloquio con la Divinidad, en silencio de palabras, pensamientos y deseos.

28. Estos son los principios de la oración a Dios en cualquier forma que se conciba la Divinidad, sea como Cristo, o en el aspecto de Dios conocido como Zeus, Isis, Woden, Ahura-Mazda, o como prefieras. No es idolatría, porque el Dios Unico está detrás de todos los aspectos que han sido formulados por el hombre, pero para los de Occidente que están bajo la dispensación cristiana y son atraídos particularmente hacia el misticismo devocional, la vía

cristiana es sin duda la mejor, pues el Señor Jesús es bastante más, por decir lo menos, que una idea del hombre de un aspecto de la Deidad, como lo eran las formas divinas de los paganos. También, Nuestro Señor dijo: «Yo soy la vía, la verdad, y la vida; nadie llega al Padre sino por mí», y «Mirad, yo estoy siempre con vosotros, incluso hasta el fin del mundo.»

29. Esto no está escrito como una concesión a la ortodoxia, sino como un resultado de experiencia mística a nivel individual y grupal.

30. Mientras estamos en el asunto del Bhakti Yoga, resulta conveniente examinar otra forma de práctica religiosa que no aparece en Oriente, sino que ha sido establecida por San Ignacio de Loyola, el fundador de la Sociedad de Jesús, en sus «Ejercicios Espirituales».

31. Este sistema de entrenamiento recomienda la fuerte visualización de estar presente durante escenas de la vida de Nuestro Señor. Tiene, sin embargo, otras aplicaciones, y se usa extensamente en escuelas ocultas. Es un desarrollo posterior de los ejercicios avanzados de concentración en el que, en vez de discurrir a lo largo de una corta historia, una obra de fantasía literaria, se está usando como base un poderoso simbolismo emotivo.

32. Puede desarrollarse posteriormente, al permitir que surjan en la conciencia hechos espontáneos, símbolos y personajes, mientras se examina una cierta escena —un templo construido en la imaginación, por ejemplo. Requiere un alto grado de desteza técnica, el fruto de mucha práctica en ejercicios más elementales, y no es una cosa con la que tontear. A algunas personas les llega más fácilmente que a otras, y se le llama a veces «visiones» o «clarividencia astral». Algunas personas encuentran más fácil construir y sostener imágenes en la imaginación, mientras que otras encuentran más simple la recepción de imágenes espontáneas. El operador altamente adiestrado puede usar ambos métodos con igual facilidad.

33. Con relación a la Qábalah, es de utilidad principalmente al recorrer los Senderos del Arbol de la Vida, y se tratará con mayor detalle en el segundo volumen de este libro. Es una técnica útil, pero puede conducir fácilmente al abuso o al auto-engaño.

Gnana Yoga: Este Yoga es la vía del conocimiento, y usa los métodos del Raja Yoga, concentración, meditación y contemplación, para llegar a un concepto de la realidad de las cosas, y sus interrelaciones.

34. Enseña a la mente a viajar en direcciones desacostumbradas y sobre nuevos planos —en otras palabras, no sobre el aspecto exterior de las cosas, sino sobre los principios internos. Enseña a un hombre que sólo lo que él ha experimentado como verdadero puede ser verdadero para él, que lo que parece verdadero a la mente lógica no necesariamente es verdadero en absoluto cuando se ve desde un nivel superior, y que las palabras pueden ser un gran obstáculo más que una ayuda hacia la verdad.

35. El Arbol de la Vida Qabalístico es un sistema *par excellence* para realizar todo esto. Como símbolo compuesto de relaciones subyacentes, permite a uno comparar lo que conoce y deducir entonces lo que no conoce, en parte por intuición, y en parte por primeros principios. Es una clase de álgebra metafísica.

36. Debe recordarse siempre sin embargo que los símbolos metafísicos, como los algebraicos, representan algo, y no son fines en sí mismos. La gran limitación del tipo intelectual es que no puede liberarse de su mente. Una vez que tiene un concepto o una etiqueta para algo, cree que lo conoce. Así, él puede percatarse del símbolo de la Isis Negra que conduce a la Isis Blanca; pero cuando se enfrenta con la realidad detrás del símbolo, el espantoso aspecto rojo-en-diente-y-garra de la Naturaleza, ya está apto para olvidar todo lo que aprendió del símbolo, y para la gloriosa revelación que está más allá de la Isis Blanca.

37. La meditación oculta, al conducir a una intuición hiperdesarrollada, es una cura para esto, por oposición a la racionalización o los malabarismos mentales que resultan tan fáciles con los símbolos. Los símbolos pueden ser de gran ayuda para la mente al conducirla en la dirección correcta, pero pueden ser también una barrera terrible. Toda la meta del simbolismo es su propia destrucción, de modo que uno pueda llegar a la realidad que representa.

38. Este es un punto que es olvidado demasiado a menudo por el tipo de persona intelectual que es atraída a esta rama de estudio y desgasta muchos libros sobre el

tema de la Qábalah, pues sin experiencia práctica todos los discursos filosóficos no son más que palabras, palabras, palabras, que como se dijo arriba, son más un obstáculo que una ayuda, particularmente para los dominios superiores de la verdad.

Karma Yoga: Este es el Yoga que enseña el correcto vivir, y en vista del hecho de que el estudiante de ocultismo occidental vive en el mundo, es sumamente importante en el Oeste. Es el opuesto directo al concepto de la «religión de los domingos».

39. Para un estudiante de la Qábalah, todo lo que aprende de ella debe ser expresado en su vida diaria. El vive su vida a la luz del principio espiritual.

40. La meta del hombre ordinario es vivir su vida evitando todas las dificultades, malestares y desagrados, dentro de los límites de su conciencia. El estudiante esotérico debería ser un hombre con una conciencia muy exigente, y por tanto su vida es más difícil. Esto no quiere decir que va buscándose o creándose dificultades, sino que se enfrenta a todos los obstáculos como una prueba, y cuanto mayor sea el obstáculo mayor será la oportunidad para él de superar los aspectos más débiles de su naturaleza.

41. Los modelos a vivir se muestran en muchas de las leyendas de héroes de una raza, por ejemplo en las aventuras del Rey Arturo y los Caballeros de la Tabla Redonda. Se espera que un estudiante esotérico desarrolle las virtudes ordinarias hasta un nivel heroico. Y en la vida moderna las dificultades son más sutiles. En las historias legendarias el mal es fácilmente identificable. Hay menos definición en la vida ordinaria, y tampoco existe el aspecto de encanto medieval. El dragón con el que tiene que enfrentarse puede ser un patrono o su mujer, la cual es una prueba mucho más sutil que la que tuvo que afrontar caballero alguno en las antiguas historias.

42. Asimismo, la dirección principal del desarrollo espiritual conduce por la Vía de la Cruz, que fue el modelo establecido por Nuestro Señor, así como en las leyendas de dioses sacrificados anteriores a él. Es una vía de autosacrificio, un Sendero sobre el Arbol de la Vida hollado

una y otra vez, y aunque la Crucifixión pueda no significar una muerte física, es en algunos aspectos mucho más duro vivir la vida por una causa que morir por ella.

43. En caso de que esto le pareciera demasiado deprimente a alguien, no debería olvidarse que después de la Crucifixión viene la Resurrección, y la posterior Ascensión.

Hatha Yoga: Este Yoga es el desarrollo de poder sobre el cuerpo, y es inadecuado para Occidente. Las diversas posturas y ejercicios respiratorios del Hatha Yoga tienen un efecto directo sobre los centros etéricos y las glándulas endocrinas, y producen una sensibilidad anormal. El desarrollar un grado tan alto de sensibilidad, mientras se vive una vida normal entre el bullicio y la animación de la civilización Occidental, es hacerle la corte a una crisis nerviosa.

44. No hay ningún régimen físico estricto que sea necesario para la persecución del ocultismo bajo los métodos occidentales. Es meramente una cuestión de sentido común; y cuestiones de vegetarianismo, abstinencia de alcoholes y de tabaco, son dejadas mejor al individuo para que las resuelva por sí mismo —después de todo, él debería saber lo que le conviene. El principio es uno de moderación y equilibrio, y los resultados en el vivir diario deberían ser la facilidad de función, de modo que no haya distracción corporal para llevar adelante la tarea a mano.

45. La sensibilidad que se consigue en Oriente por el Hatha Yoga, se induce por períodos temporales en Occidente por el ritual ceremonial. Este es un asunto de elevada destreza, como se mencionó antes, y no debería intentarse fuera de una escuela de Misterios. Para cualquiera que no sea estudiante de una, pero tenga curiosidad por ver la técnica en acción, puede verse y experimentarse asistiendo a una misa católica romana, particularmente una conducida por sacerdotes de una orden contemplativa. Puede ser también una experiencia interesante asistir a un servicio ortodoxo griego o ruso. Pero incluso aquí, poco puede ganarse si se toma la actitud de un mero espectador. Para todos los aspectos del ocultismo y el misticismo, así como para la religión, es básicamente un modo de vida; uno debe comprometerse en la participación activa.

Después de que los primeros pasos son tomados por fé, los siguientes pasos resultan llanos, y las pruebas de la validez de la enseñanza resultan evidentes.

46. Salvo que se tomen los primeros pasos, nada puede seguir. Es por ello que la ciencia, hasta ahora, ha apreciado tan poco la realidad interna que hay detrás de las apariencias.

CAPITULO III

UN BOSQUEJO DEL ARBOL DE LA VIDA

1. Hemos propuesto, por ahora, la existencia de toda una extensión de la existencia detrás de las apariencias de la realidad física. Hemos hecho también una breve inspección del método por el que puede hacerse accesible a la conciencia esta realidad. Podemos proceder ahora a un examen del Arbol de la Vida, por medio del cual pueda ser formulado un plan de dirección, de modo que estos métodos puedan usarse con el mayor provecho.

2. El Arbol de la Vida (fig. 1) consiste en diez esferas, más una undécima «invisible», con veintidós senderos que las interconectan. Se recomienda la referencia constante al diagrama básico del Arbol, y se conseguirá más ayuda aún haciendo posteriores diagramas, y situando sobre ellos la información ulterior. La meta es tener el diagrama básico bien encajado en la mente inconsciente, y el único modo de hacer esto es por trabajo consciente persistente, y el empollado del símbolo. Una vez que este cimiento ha sido bien establecido, cualquier simbolismo posterior puede ser arrojado dentro de la mente subconsciente para gestarse, en donde, después de un tiempo, tomará su lugar sobre la parte apropiada del Arbol, revelando así su significado y relación con el otro simbolismo previamente asimilado.

3. El Arbol de la Vida pretende ser un símbolo del alma del hombre y del Universo. Como dice la Biblia, Dios hizo al hombre a su propia imagen y semejanza, de modo

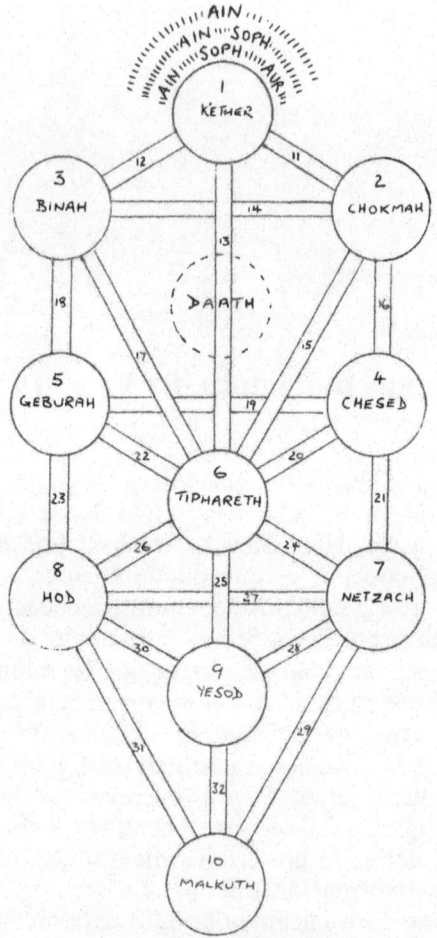

Fig. 1 EL ARBOL DE LA VIDA
Los Diez Sefiroth y los Veintidós Senderos

que todo lo que es relevante a la estructura del alma y cuerpo del hombre, es relevante al alma y cuerpo de Dios, el Universo. Así, el Arbol puede actuar tanto como una herramienta de especulación filosófica, como de descubrimiento psicológico.

4. Las esferas o Sefiroth (singular: —Sefirah) son etapas en las emanaciones del Espíritu de Dios, o el hombre en su progreso, desde la existencia noumenal hasta su

construcción de un vehículo físico en el mundo fenoménico. Cada Sefirah representa una etapa en el camino, la cual permanece como un centro de fuerza después de que se ha establecido y se desborda entonces para formar el siguiente centro. Los Sefiroth fueron establecidos en orden numérico, y esto se muestra en el jeroglífico de El Rayo Relampagueante o Descenso de Poder (fig. 2). Un jeroglífico, en el sentido en que se usa en el ocultismo Occidental, es una imagen que representa una idea o ideas; la enseñanza de los Misterios se pone en forma pictórica porque ésta es la única lengua que entiende la mente inconsciente. Puesto que Malkuth, el décimo Sefirah, representa el total de la

Fig. 2. EL RAYO RELAMPAGUEANTE

existencia física, incluyendo el cuerpo del hombre, puede vislumbrarse alguna idea de la vasta extensión de todo el símbolo.

5. En adición al jeroglífico de El Rayo Relampagueante, hay un simbolismo básico posterior que puede sobreimponerse al Arbol. Es el jeroglífico de Los Pilares de Manifestación (fig. 3). La Qábalah enseña que toda la manifestación se basa en la dualidad. El Pilar de la derecha representa el polo positivo, masculino, o activo; y el Pilar de la izquierda el polo negativo, femenino, o pasivo.

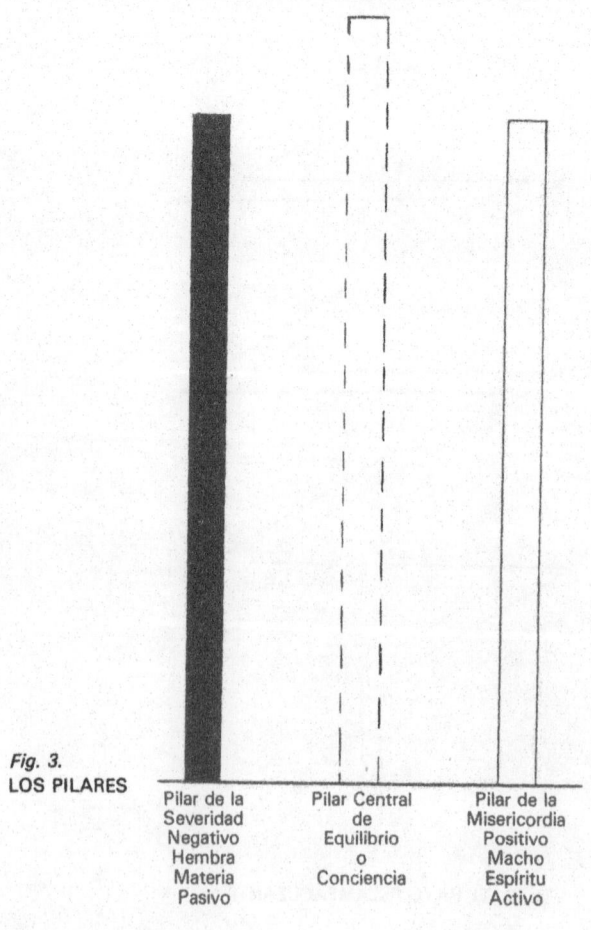

Fig. 3.
LOS PILARES

Pilar de la
Severidad
Negativo
Hembra
Materia
Pasivo

Pilar Central
de
Equilibrio
o
Conciencia

Pilar de la
Misericordia
Positivo
Macho
Espíritu
Activo

Esta dualidad está en todo; así como hay una dualidad en el Arbol, hay también una dualidad en todo Sefirah. Es el principio de polaridad.

6. Este principio puede verse en una miríada de formas en el entorno físico: la polaridad de los sexos; el núcleo y los electrones circundantes del átomo; cualquier acción física lo tiene: lo que mueve y lo movido; hay polaridad antes incluso de que se realice una acción física: el deseo de moverse o no moverse; la tesis y la antítesis de la filosofía Hegeliana; relaciones entre la gente: ejecutante y audiencia, conductor y seguidor, padre e hijo —innumerables ejemplos vienen a la mente con unos pocos momentos de reflexión.

7. El punto a recordar de toda esta variedad es que los conceptos del Arbol de la Vida no son cosas estáticas fácilmente definidas, sino conceptos de movimiento, cambio y relación. Los Pilares se presentan como cubriendo cada uno un lado del Arbol, pero debe recordarse que ellos también operan en cada Sefirah, y entre un Sefirah y cualquier otro. La única Unidad está en el Inmanifestado —el estado puro de no-existencia de donde surge la existencia— simbolizado en el Arbol por los tres velos detrás de Kether, el primer Sefirah, Los Velos de la Existencia Negativa.

8. Un velo es algo a través de lo que puedes ver aunque turbiamente, si es que puedes, de modo que uno no debe esperar llegar a una fácil comprensión del concepto de la Existencia Negativa. Está velado a la comprensión, porque nuestra comprensión es parte y parcela de la existencia positiva. Pero no es en modo alguno fútil intentar llegar a alguna comprensión. Puede alcanzarse algún tenue vislumbre. Si uno quiere intentar el experimento, podría obtener alguna realización observando cristales que se materializan en una solución saturada al enfriarse. Alternativamente, se podría visualizar una tela de araña, que simboliza la mente inmanifestada de Dios, sobre la que empieza a formarse el rocío a partir de la atmósfera como relucientes globos de cristal, hasta que es una malla radiante de luz. De ese modo pudieron formarse los mundos.

9. Queda no obstante el Pilar del Medio que, cuando se sitúa sobre el Arbol, cubre los Sefiroth centrales. Este

es el Pilar del Equilibrio, equilibrado entre los Pilares de Función.

10. Sería conveniente en este punto tomar un ejemplo a partir de los Sefiroth basales del Arbol, pues éstos deberían estar dentro del alcance consciente de cualquiera. Entre otras cosas, el Sefirah Netzach, en la base del Pilar de la derecha, representa la imaginación creativa. Hod, en la base del Pilar de la izquierda, representa la mente concreta de creación de imágenes de la mente humana. En una persona adecuadamente equilibrada, estos dos factores deberían estar equilibrados. Si una persona tiene demasiado «Netzach» y demasiado poco «Hod», tendréis el tipo llamado «artístico», altamente imaginativo, pero impráctico; y si hubiera demasiado «Hod» y poco «Netzach», el académico seco-como-el polvo, muy bueno para pasar exámenes, pero con poca imaginación. El resultado de la combinación de estos dos Sefiroth laterales se manifestará en Tifareth como la actitud filosófica o religiosa de la persona, en Yesod como su comportamiento instintivo, y en Malkuth como su ser físico y los sucesos del mundo.

11. Se verá por tanto que el Arbol puede usarse como un instrumento de diagnóstico, pero lo que es más, puede usarse también para el tratamiento. Pues si la persona fuese un estudiante del Arbol de la Vida, habiendo diagnosticado su desequilibrio, puede ponerse en regla por meditación sostenida sobre el Sefirah de cuyos poderes carece. Más aún, cuando llegamos a un estudio de los Senderos entre los Sefiroth, son posibles considerables sutilezas, pero esto debe dejarse hasta el volumen II.

12. También, como los Sefiroth superiores del Arbol representan el supraconsciente y los aspectos espirituales de la psique, por meditación sobre éstos se consigue la expansión de conciencia y el crecimiento espiritual. El Arbol es por lo tanto un instrumento por el que cualquiera puede, con el tiempo, alcanzar su potencial más completo. Su peligro es el de que gente que esté muy desequilibrada sea atraída naturalmente hacia esas partes en las que ya tiene un exceso de fuerza, originando así un mayor desequilibrio en sí misma. Es una poderosa herramienta para el bien, pero no una cosa con la que jugar frívolamente.

13. Igual que la vida es un gran complejo de relacio-

nes, así es el Arbol de la Vida. Su ventaja es que permite clasificar los aspectos de la vida y situarlos bajo el microscopio psíquico. Sin embargo, esto no facilita demasiado el proceso de entendimiento. El estudio del Arbol de la Vida demanda algo más que el trabajo de toda una vida pues, siendo lo que es, si has entendido completamente el Arbol de la Vida tienes entendimiento completo de la vida misma. Esta no es una cuestión fácil de a corto plazo, no importa lo buenas que sean tus herramientas de elucidación.

14. El meollo de la cuestión está en que, así como ningún aspecto de la vida puede ser entendido completamente fuera de su relación con un gran complejo de otros aspectos, así ningún Sefirah del Arbol puede ser descrito sin referencia a todos los otros Sefiroth. Y lo mismo se aplica a los Senderos entre ellos.

15. A fin de formarse algún tipo de base de entendimiento será necesario, por consiguiente, cubrir todo el Arbol rápidamente desde diferentes aspectos, antes de tratar con cada Sefirah en detalle.

16. Detrás de Kether está la Existencia Negativa, de la que vinieron todas las cosas. De este vacío preñado emanó Kether por medio de una especie de proceso de cristalización, simbolizado en tres etapas por Los Velos de Existencia Negativa. Estos son llamados en hebreo, Ain, Ain Sof, y Ain Sof Aur, en orden de concreción progresiva. Traducidas, estas palabras significan Negatividad, lo Ilimitado, y Luz Ilimitada. El pensamiento concreto capta muy poco de esto, aunque se recomienda la meditación, pues el inconsciente conoce mucho más de lo que se cree la mente consciente.

17. La Negatividad es nadidad. Sin embargo ya es algo, pues somos capaces de establecerla, si es que no de definirla. Entonces viene Lo Ilimitado —nadidad sin límites. Podría ser llamado infinitud —un círculo sin circunferencia cuyo centro está en todas partes. Su símbolo más cercano y puro es quizá el cero —el número antes de que comiencen los números. Entonces esta nadidad se convierte en un fulgor de luz —La Luz Ilimitada. «Dios dijo: que haya luz; y hubo luz.»

18. A partir de esta luz sin límites se cristaliza Kether

—que significa La Corona. Se ha cristalizado un centro en la nadidad —un punto, que, de acuerdo con el axioma de Euclides, tiene posición pero no tamaño. Es auto-existente, solo, y se le puede asignar por tanto el número uno.

19. Entonces, cuando se ha establecido la Corona de la Creación, ella se hace consciente de sí misma, no teniendo ninguna otra cosa de la que ser consciente, y proyecta una imagen de sí misma, el segundo Sefirah, Chokmah —que significa Sabiduría. Hay ahora en existencia una dualidad, y así tenemos el número dos. La «Experiencia Espiritual» de Chokmah es llamada «La Visión de Dios cara a cara». Puesto que se recalca muchas veces en el Antiguo Testamento que ningún hombre puede mirar a la cara de Dios y vivir, puede barruntarse que una experiencia real del Sefirah Chokmah sería conmocionante. Sólo los místicos más elevados pueden llegar a algún lugar cerca de él sin pesados velos protectores de simbolismo.

20. A continuación viene Binah, haciendo el primer triángulo, la figura plana más simple, y por tanto la idea de forma. Hasta ahora todo ha sido fuerza pura. E incluso Binah es fuerza, pero fuerza con la idea latente de forma, pues se ha creado una idea arquetípica por las tres fuerzas que, por su mismo número, hace posible la concreción en la forma. Binah ha sido descrito como la idea o la posibilidad de la forma, o de la limitación de la fuerza —cada Sefirah desarrolla una nueva «idea». El número de Binah es, por supuesto, el tres; y su nombre significa Entendimiento. Puede inferirse una idea de la sutileza de estos niveles al considerar los títulos de Chokmah y Binah, Sabiduría y Entendimiento. Entendimiento tiene una aplicación ligeramente más concreta que Sabiduría. Sabiduría puede ser un estado puro, pero Entendimiento implica que hay algo que entender.

21. Tenemos formado ahora un Triángulo que puede ser llamado el Triángulo Superno o Arquetípico, en contraste con el Triángulo Moral o Etico de Chesed, Geburah, Tifareth, y el Triángulo Astral o Psicológico de Netzach, Hod, Yesod. Malkuth, el mundo físico, se halla diagramáticamente por su cuenta, como un pendiente del Triángulo Astral o Psicológico. Estos triángulos muestran qué Sefiroth funcionales se polarizan en qué Sefiroth centrales. Se

ha dado ya un ejemplo de Netzach y Hod, que buscan su equilibrio en Tifareth, Yesod, y Malkuth. Similarmente, la fuerza pura de Chokmah y la idea arquetípica de forma de Binah tienen su punto de equilibrio en Kether, la fuente original de la presión de vida que brota del Inmanifestado; y, llegando más abajo a la concreción, tienen su equilibrio en Tifareth, el punto de equilibrio central de todo el Arbol. Los Senderos que interconectan los Sefiroth muestran la manifestación de este principio triangular.

22. Hay una división posterior del Arbol en cuatro niveles conocida como los Cuatro Mundos. Estos son Atziluth, el Mundo Arquetípico; Briah, el Mundo Creativo; Yetzirah, el Mundo Formativo; y Assiah, el Mundo Material.

23. El Mundo Arquetípico consiste sólo de Kether, el punto donde brota el impulso vital original, teniendo dentro de sí como un arquetipo de latencia de sus potencialidades futuras, igual que una semilla tiene el arquetipo de la planta crecida.

24. El Mundo Creativo consiste de Chokmah y Binah, la fuerza pura y la idea de la forma, de donde surge la creación posterior.

25. El Mundo Formativo, el mundo de las formas, contiene los restantes Sefiroth excepto Malkuth, pues aunque aún no ha tenido lugar la concreción física, toda la manifestación bajo el Triángulo Superno está en términos de forma, sean conceptos mentales, o imágenes imaginarias, o puros nodos de energía.

26. El Mundo Material, el Sefirah Malkuth, es donde tiene lugar la manifestación física.

27. Para volver al descenso del Arbol, siguiendo el curso del Rayo Relampagueante, la siguiente etapa a partir de Binah es la formación del Sefirah Chesed. Aquí lo que era fuerza superna toma forma, y el punto de transmutación se halla sobre lo que se llama el Abismo. El Abismo es el vacío entre fuerza y forma, y el lugar donde ocurre la transmutación es el Sefirah «oculto» Daath —que significa Conocimiento. Los Misterios de Daath son profundos, y fueron tocados muy poco en los primeros escritos de la Qábalah. El Sefirah no tiene número asignado, y por Conocimiento se da a entender no tanto lo que nosotros

entendemos por la palabra, sino la palabra en su uso bíblico de unión sexual, sólo que aquí el significado es una especie de Unión Divina donde diferentes planos del ser impactan, y hay un cambio de estado resultante que nace —una transformación o transmutación de poder.

28. En Chesed se establece la forma pristina. Chesed significa Misericordia o Amor, pero su título alternativo, Gedulah, Grandeza o Magnificencia, da quizá una idea mejor. Su número es el cuatro, con las asociaciones implicadas de buen asentamiento, o una piedra angular sobre la que está basado todo desarrollo posterior.

29. De esta esfera fundamental de estabilidad emana Geburah, el quinto Sefirah, que significa Fuerza, o Pachad, Temor. Es el empellón hacia adelante en la manifestación densa, y es una esfera de vasta fuerza en forma, como su opuesto diagonal, Chokmah, es una vasta fuerza sin forma. Se verá que la estabilidad de Chesed es asimismo un reflejo de su opuesto diagonal, Binah, la idea arquetípica de forma.

30. La atribución a Geburah de la palabra Pachad, Temor, puede inducir a confusión. No es el temor tal como se entiende comúnmente, sino lo que podría ser llamado el «temor de Dios», el sentimiento de respeto que uno siente en presencia de una gran fuerza cinética de la Naturaleza tal como un volcán en erupción, un mar furioso, un tornado o un temblor de tierra.

31. Chesed y Geburah son, respectivamente, la energía latente y cinética del Universo. Usamos el término energía como opuesto a fuerza, pues hemos establecido que la fuerza es el estado de vida que está más allá de la forma; por energía queremos dar a entender fuerza que habita en la forma. Y en las esferas de Chesed y Geburah las formas no están concretadas todavía en imágenes; a estos niveles la energía pura es una forma. En términos psicológicos es «voluntad de acción» antes de que se haya formulado plan de acción alguno. Las imágenes asignadas a Chesed y Geburah pueden hacer más fácil su comprensión —Chesed es representado por un rey sentado en un trono en el estado; Geburah, por un rey en su carroza.

32. A partir de la espinosa forma de cinco lados de Geburah, evolucionada simbólicamente a partir del cua-

drado estable de Chesed, tenemos la figura de seis lados de Tifareth. Tifareth es el Sefirah central sobre el Arbol, el punto de equilibrio para todo lo que ha venido antes que él y todo lo que ha de venir después. Todos los Sefiroth laterales se equilibran en él, y también mantiene el equilibrio entre Daath y Yesod, y Kether y Malkuth. Es por tanto apropiadamente llamado Belleza. Es la fuerza de los Supernos descendida a la manifestación en perfecto equilibrio.

33. El estado de equilibrio se supera finalmente en el curso del descenso del poder, y se forma el séptimo Sefirah, Netzach, que significa Victoria. Es un Sefirah activo, reflejando a su diagonal, Geburah, que hemos visto que refleja a su vez la naturaleza cinética de su opuesto diagonal superior, Chokmah. La cifra siete, atribuida a Netzach, trae a la mente las siete bandas del espectro, y es en Netzach que el poder equilibrado de Tifareth se fragmenta en aspectos diversificados.

34. Estos aspectos diversificados de la energía se desarrollan en formas en Hod. La cifra ocho puede considerarse un desarrollo de la primera venida a la forma simbolizada por el cuatro de Chesed. Hay una vínculo entre Hod y Chesed, pues son opuestos diagonalmente; son, como Binah, Sefiroth de «forma», en oposición a «fuerza».

35. De la conjunción de los poderes de Netzach y las formas de Hod, viene El Fundamento, Yesod. Como su nombre implica, es el cimiento de la forma física, el armazón de tensiones que posteriormente se concretan en el décimo Sefirah, Malkuth, el mundo físico. Con la cifra diez llega el fin de la serie de números, y también la culminación del descenso de la fuerza en la forma.

36. Recapitulando, hemos visto cómo la fuerza brota en Kether, fluye en Chokmah, toma la idea de forma en Binah, descienda a la forma a través de Daath, se manifiesta como energía, latente, cinética y equilibrada en Chesed, Geburah y Tifareth, se diversifica en Netzach, toma formas concretas en Hod, forma un patrón básico en Yesod, y se manifiesta físicamente en Malkuth.

37. Estos son los rudimentos en la filosofía del Arbol de la Vida. Aplicando los Sefiroth a la psicología del hombre, tenemos a Kether representando el ser esencial

del alma del hombre, su ente más interno, la chispa de fuego divino que llamamos el Espíritu. En Chokmah está reflejado el tipo del poder básico del Espíritu, y en Binah cómo se manifestará ese tipo en los mundos de la forma.

38. A través del Abismo, en Chesed, la fuerza del Espíritu se equilibra por primera vez en la forma, un reflejo directo, en la energía psíquica, del patrón espiritual de sí misma. En Geburah, esta imagen energetizada o «eidolon» toma forma más concreta por expresión de su naturaleza, y el equilibrio resultante de la imagen perfecta, que lleva a cabo la expresión perfecta para su naturaleza, resulta en Tifareth, la esfera que en la jerga psicológica ha sido llamada el Supraconsciente.

39. Tifareth se le manifiesta al hombre del mundo como los aguijones de conciencia, y la mayoría de las experiencias religiosas de ocurrencia más o menos común son experiencias de conciencia que tocan la esfera de Tifareth. El tratado clásico de William James «Variedades de Experiencia Religiosa» coteja muchos ejemplos de esto.

40. Puesto que un contacto genuino de la mente consciente ordinaria con Tifareth puede resultar en una conversión repentina y en una revelación mística, se colegirá que experiencias de Geburah y Chesed, dejando de lado a Daath y al Triángulo Superno, serán aún más potentes. Podrían cambiar toda la vida, e incluso quebrarla, y de aquí las advertencias en contra de jugar con la magia ceremonial, que se encuentran en libros sobre ese tema. Si la conciencia se concentra poderosamente por métodos artificiales tales como el alto ritual, puede muy bien haber un influjo de fuerza peligrosamente poderoso, salvo que todo el asunto esté cuidadosamente controlado, como en la misa católica romana, que es desde luego un ritual diseñado para evocar en el alma los poderes atribuidos al Sefirah Tifareth.

41. No debe de haber peligro para la mayoría de los estudiantes que practiquen meditación individual en el Arbol, salvo que sean ultrapsíquicos. En verdad, dados el buen sentido y la buena intención, el Arbol es una buena terapia espiritual pero, como con todas las cosas que son potentes para el bien, puede aplicarse mal. Si se experimenta cualquier difusión de conciencia como resultado de

trabajar sobre él, entonces es mejor dejarlo por un tiempo, o incluso abandonarlo del todo hasta el momento en que se pueda estudiar bajo la supervisión personal de un instructor experto. Estas palabras no se dicen por afección dramática, ni pretenden asustar a nadie —significan exactamente lo que dicen. No hay mayor riesgo para el estudiante corriente que en cualquier otro sistema de desarrollo místico, pero es bueno apercibirse de las posibilidades y potencias involucradas. No es un juego público para tontos hiperimaginativos.

42. En Netzach está la fuerza de la imaginación creativa, y las emociones en general; en Hod, las imágenes concretas de conceptos mentales, y todo lo que se da a entender usualmente por «mentalidad». Yesod contiene la mente subconsciente y los instintos, y Malkuth el hombre físico.

43. Hemos cubierto así el Arbol superficialmente en sus aspectos filosóficos y psicológicos, pero debe recordarse que el Arbol existe por propio derecho como un plan arquetípico, y que las ideas de concreción creciente en la forma implicadas por los Sefiroth pueden aplicarse a cualquier nivel. Podemos suponer un Arbol en cada Sefirah, por ejemplo. Cuando se forma al principio un Sefirah, se manifiesta primero como un punto de fuerza que brota, su propio Kether, y a partir de este nivel arquetípico, o Atziluth, procede a producir sus propios Mundos, Creativo, Formativo y Material, por la formación de sus propios Sefiroth. El término Mundo Material significa aquí su aspecto más denso posible; no hay forma física para Kether por ejemplo, pero el Malkuth de Kether es el que precede a la formación del Kether de Chokmah, y así sucesivamente hacia abajo del Arbol, aunque no se deben olvidar los análogos a los Velos de Existencia Negativa que preceden al Kether de cada Sefirah.

44. De este modo puede extenderse aún más lejos el uso del Arbol. En los abstrusos dominios de las metafísicas ocultas, por ejemplo, todo el Universo, desde el Espíritu a la Materia, puede situarse en Malkuth, esto es, se considera que Malkuth es todo el Séptimo Plano Cósmico. Kether sería entonces la Quietud Central sobre el Primer Plano Cósmico, y los otros Sefiroth las etapas intermedias. Esta

es una aplicación, sin embargo, que sólo será de uso e interés para estudiantes esotéricos avanzados.

45. Los estudiantes con algún conocimiento de otros sistemas teosóficos pueden intentar correlacionar estos sistemas con el Arbol de la Vida. Los intentos de hacer esto son una práctica muy buena para familiarizarse con los conceptos del Arbol. Como guía general, el Arbol puede fragmentarse en un sistema séptuple, tomándolo nivel por nivel: 1—Kether, 2—Chokmah y Binah, 3—Chesed y Geburah, 4—Tifareth, 5—Netzach y Hod, 6—Yesod, 7—Malkuth. Alternativamente, Daath puede incluirse como un nivel separado, y Yesod y Malkuth amontonarse juntos. Otro método es incluir a los Supernos juntos como el nivel superior, y a Yesod y Malkuth juntos como el inferior, con cada Sefirah individual como un nivel intermedio. Ya se han mencionado las tres Tríadas funcionales y los Cuatro Mundos, y éstos sugieren correlaciones con sistemas triples y cuádruples. El Pilar del Medio puede usarse también para correlacionarlo con los chakras de la enseñanza del Este. En algunos casos se encontrará que no puede hacerse una correspondencia directa que no esté abierta a debate, pero esto es para bien. Es mucho mejor para cualquiera que intenta esta clase ejercicio resolver los problemas por sí mismo, que mirar en libros y leer las opiniones de otra gente. Es mejor tener un poco de comprensión genuina sobre el Arbol de la Vida, que mucho aprendizaje de segunda mano.

CAPITULO IV

LAS ATRIBUCIONES SEFIROTICAS

1. Las atribuciones del simbolismo asignadas a los diversos Sefiroth son consideradas mejor bajo ciertos encabezamientos clasificados.

2. A primera vista algunos de los encabezamientos y atribuciones pueden parecer arbitrarios o sin sentido, pero esto es puramente una reacción de la mente consciente. El Arbol de la Vida habla a la mente inconsciente, la cual tiene sus propias líneas de razonamiento que la mente consciente no puede entender fácilmente. Se encontrará que después de trabajar con el Arbol por un tiempo, las atribuciones caerán en su sitio de modo natural, sin esfuerzo alguno de la memoria consciente. Y después de todo, si el Arbol es lo que se afirma que es, un diagrama de la estructura interna del hombre, esto es lo único que cabría esperar.

3. Debe recordarse siempre que es un *Arbol de la Vida,* y no un Arbol de Mentalidad. El mero hacer juegos malabares mentales con el simbolismo no conducirá a parte alguna; tiene que hacerse parte de uno por meditación, contemplación, oración o ayuno, vestido de saco y cenizas si es necesario. Las implicaciones del simbolismo, además de ser consideradas por la mente, deben sentirse en el corazón, ansiarse por las aspiraciones, encajarse casi en las vísceras. El Arbol de la Vida no es meramente un estudio durante toda la vida; es un modo de vida.

4. A la vista de esto resultará claro que cualquier, así

llamado, estudio «objetivo» del Arbol de la Vida, sería, si no imposible, ciertamente de poca consecuencia. Los comentarios sobre las atribuciones a lo largo de este libro deben tomarse pues, no como un intento de dar pruebas lógicas a la mente racional, sino como los resultados, a menudo sin clasificar, de la experiencia práctica, incluyendo grandes masas de simbolismo que no han sido exploradas completamente, y también intuiciones de tanteo de posibilidades posteriores. Las implicaciones del Arbol de la Vida son tan vastas que no es posible tratado definido alguno.

5. Sin embargo, se hará un bravo intento de aproximación racional, de modo que el estudiante pueda encontrar sus apoyos. Y si se encuentra algo que parece demasiado fantástico, o simplemente incomprensible, es mejor dejarlo y volver a ello de nuevo en algún momento futuro, cuando pueda haberse hecho más claro. De las atribuciones, sólo los Nombres Divinos Hebreos son parte del Arbol original, y por tanto con alegaciones de ser inspirados divinamente. El resto de las atribuciones han sido construidas por investigación posterior a través de los siglos y, tal como se incorporan aquí, incluyen algunos de los conceptos más recientes del esoterismo avanzado. Los últimos son incluidos como una posible ayuda para estudiantes ocultos de cierta experiencia; no debería permitirse que se constituyeran en una barrera para cualquiera que llega al esoterismo por primera vez a través de este libro.

6. Al contemplar los problemas implicados en pasar a través de algunos de los conceptos del Arbol de la Vida, uno está fuertemente tentado a relacionar meramente el simbolismo básico, dar unas pocas instrucciones simples sobre meditación, y decir al lector que se las apañe con ello. Esta sería quizá una aproximación demasiado pelona, pero se confía en que el lector *se asentará* e irá adelante con ello después de haber leído este libro —de otro modo habría sido escrito en vano. Lo que importa es lo que uno mismo recibe del Arbol, y uno sólo consigue eso trabajando sobre él.

7. En vista de esto, nada que aparezca dentro de estas páginas debería ser tomado como una autoridad. La única autoridad real se halla dentro de uno mismo, y ha

de buscarse: «Pedid, y se os dará; buscad, y encontraréis; llamad, y se os abrirá. Pues todo aquel que pide, recibe; y el que busca encuentra; y al que llame se le abrirá.» Y tal vez no se realiza siempre que el dar lo que se pide, y el revelar lo que se busca, y el abrir la Vía que se desea recorrer, es hecho por el mismo ser que hace la petición, la búsqueda, y la llamada —es decir, uno mismo.

8. *Título del Sefirah:* Este da, en una palabra, hasta donde es posible, una idea raíz de lo que el Sefirah representa, p. ej. Sabiduría, Entendimiento, Belleza, etc. Se da primero en hebreo castellanizado y después en castellano, y al final de este volumen se da una tabla de las letras que forman los títulos y Nombres Divinos hebreos.

9. Es bueno familiarizarse con las letras hebreas, porque ellas juegan una parte importante en el trabajo práctico sobre los Senderos entre los Sefiroth, lo cual se tratará en el Volumen II. Se le dio mucha importancia por los primeros Cabalistas al valor numérico asignado a cada letra, y decían revelarse significados ocultos y enseñanza secreta por un elaborado sistema de códigos y anagramas.

10. Como ejemplo, Génesis xviii 2, «Y mirad, tres hombres», tiene en el original hebreo un valor numérico de 701, que es igual al valor numérico de la frase hebrea, «Estos son Miguel, Gabriel y Rafael» —tres de los Arcángeles Sefiróticos. Más aún, la primera palabra del Antiguo Testamento, usada como acróstico por el Cabalista Judío medieval Salomón Meir Ben Moisés, se aceptaba que comprendía los siguientes significados secretos:

a) «El Hijo, el Espíritu, el Padre, Su Trinidad, la Perfecta Unidad.»

b) «El hijo, el Espíritu, el Padre, tú adorarás por igual Su Trinidad.»

c) «Adoraréis a Mi primogénito, Mi primero, Cuyo Nombre es Jesús.»

d) «Cuando venga el Maestro Cuyo Nombre es Jesús, le adoraréis.»

e) «Escogeré a una virgen digna de dar a luz a Jesús, y la llamaréis bendita.»

f) «Yo me esconderé en un bollo cocido con carbón, pues comeréis a Jesús, Mi Cuerpo.»

11. Por medio de esto, él aparentemente convirtió a

otro judío, previamente opuesto agriamente al cristianismo. Sin embargo, el número de permutaciones y combinaciones usadas en esta rama del Qabalismo hacen posible probar casi cualquier cosa, y hay probablemente más superstición, alegación especial y regateo lógico, que algo de valor. Pero, como sucede con la mayoría de las supersticiones, tiene una base de verdad. Parece que ciertas palabras, generalmente Nombres Propios, fueron especialmente construidas originalmente teniendo en cuenta este tipo de cosa. Como ejemplo, el nombre para el concepto metafísico «la gran Madre estéril», es AMA (Alef, Mem, Alef). La letra Yod, como símbolo, representa el aspecto fertilizante de la naturaleza, y así el nombre para «la gran Madre fértil» es el mismo, pero con una Yod añadida, para mostrar que ha sido impregnada con la fertilidad —a saber, AIMA (Alef, Yod, Mem, Alef). Esto es aparte de cualquier significado o código numérico.

12. Pero perseguir una línea comprehensiva de investigación en estas materias requeriría un conocimiento de la lengua hebrea, y un acceso a la literatura Qabalística, el Antiguo Testamento en el original, el Zohar, el Sefer Yetzirah, el Sefer Sefiroth, el Asch Metzaref, y todas sus dependencias. Esto está más allá del alcance de la mayoría de los estudiantes, incluyendo al escritor presente. Se halla también más allá del alcance de este libro, el cual se ocupa primariamente del diagrama Cabalístico, el Arbol de la Vida, que, por experiencia, es suficiente para tener a cualquiera ocupado por un tiempo muy largo.

13. Sin embargo, en el caso de significaciones obvias, se intentarán interpretaciones tentativas. Es un campo que ha sido poco labrado, y parecen haber en él algunas vegetaciones extrañas. Cualquiera que tenga las cualificaciones necesarias es invitado a cosechar lo que pueda encontrar, pero tendrá que hacerlo solo. Hay poca literatura moderna sobre el tema, y la mayoría de las referencias parecen derivarse de «La Kabbalah Desvelada» de MacGregor Mathers, escrita en 1887, o «La Kabbalah» de Christian Ginsburg, de 1865.

14. Es interesante notar sin embargo la vasta ola de superstición popular que ha surgido a partir de esta tradición judaica. Hay cualquier cantidad de libros imaginable

que se proponen decir el futuro y el carácter a partir de las letras del nombre de uno, o sumando los dígitos de la fecha de nacimiento y demás. Todo esto es de poco valor, si es que es de alguno, y es meramente humo fétido y sofocante de, y ocultando a, un fuego de tenue fulgor. Incluso el sabelotodo Crowley abandonó como inútil la comparación de los alfabetos modernos con los antiguos.

15. *Títulos subsidiarios:* Estos son títulos posteriores, escogidos de la literatura Qabalística, que expanden el concepto de un Séfirah, a menudo desde un punto de vista diferente.

16. *La Imagen Mágica:* Magia es el término usado para la construcción de imágenes, y es quizá un término desafortunado porque tiene un resplandor de hechizo a su alrededor. La Imagen Mágica es, pues, la imagen mental que puede construirse para representar un Sefirah. La mente inconsciente trabaja primariamente en imágenes, y es por tanto un artificio útil. Como con todo simbolismo que ha sido usado durante un largo tiempo, a su alrededor crece un charco de fuerza e ideas, de modo que uno sólo tiene que perforar ese símbolo central y todas las ideas relacionadas fluirán del inconsciente. La técnica para hacer esto es, por supuesto, la meditación.

17. *El Nombre Divino:* Este, junto con los Nombres Arcangélicos y Angélicos, es una parte original del Arbol de la Vida, y por tanto alega ser de inspiración divina.

18. El Nombre Divino representa la forma más espiritual del Sefirah, y se concibe por tanto como funcionando en el Kether, o Mundo Atzilútico de ese Sefirah. Al comenzar una meditación u operación práctica sobre uno de los Sefiroth, uno debería detenerse primero en la fuerza espiritual del Nombre Divino. Se debería siempre empezar, como una cuestión de principio, desde el aspecto más espiritual, y trabajar hacia abajo. No se recomienda el trabajo concentrado en el Nombre Divino puramente, porque representa una fuerza directa, no moderada por intermediario alguno, y puede por tanto resultar demasiado caliente para manejar salvo que el operador sea bien experto.

19. Debe tenerse siempre presente que todos los Nom-

bres Divinos son aspectos del Dios Uno. Así, uno pensaría en términos de «el Dios Uno, en Su nombre...»

20. Todos estos Nombres aparecen en el Antiguo Testamento, pero en su mayor parte han sido traducidos por la sola palabra «Dios», aun con intentos ocasionales de traducción más literal tal como Señor, El Anciano de los Días, Señor de las Huestes, etc. Es interesante notar que, en el hebreo original, Dios puede ser tanto masculino como femenino, singular y plural. Por ejemplo, en Génesis iv 26 la traducción literal es «Y Elohim dijo: Hagamos al hombre...» La palabra Elohim es una raíz singular femenina con una terminación masculina plural. Así, se tiene bien en cuenta el principio de polaridad, un punto que se pierde en la traducción.

21. El equivalente castellano aproximado se da en la tabla de Nombres Divinos, pero en el trabajo práctico debería usarse la versión hebrea. Uno puede visualizar el Nombre en su forma hebrea, no olvidándose de que el hebreo se lee de derecha a izquierda; y si se dice en voz alta o mentalmente, la experiencia ha mostrado que la pronunciación no es importante, pues en cualquier caso los Nombres hebreos consisten principalmente de consonantes.

22. *El Arcángel:* Esto puede causar alguna dificultad inicial a aquellos educados en la teología protestante, o en ninguna teología.

23. El Arcángel organiza las fuerzas inherentes en un Sefirah y la dirección de fuerzas motivantes que caen bajo su presidencia. Trabaja por tanto sobre el nivel Briático, el Mundo Creativo de un Sefirah, y ciertos de los símbolos y títulos de un Sefirah se relacionan con ese nivel. La reflexión sobre estos símbolos o títulos puede traer un contacto con el correspondiente Arcángel. Así, «Ama» tiene una relación especial con Tzafkiel, y el orbe y el tetraedro tienen una relación especial con Tzadkiel. Se recomienda el experimento en relación con los otros Sefiroth.

24. Los Arcángeles son seres reales, aunque no tengan cuerpos físicos. Sus formas antropomórficas, tal como se representan en las pinturas religiosas por ejemplo, vienen de la mente humana, que ha de tener una forma mental aceptable para el entendimiento. Formas más apropiadas serían pilares de vasta fuerza, o profundas formas

geométricas de acuerdo con la naturaleza básica del Sefirah —tal cosa estaría más de acuerdo con la «apariencia» real que asumiría un Arcángel.

25. Un Arcángel es un Señor de la Llama, siendo los Señores de la Llama una evolución de vida anterior a la humanidad —de hecho, la evolución primaria— que estableció las tensiones primarias del Universo, que son las bases de las leyes físicas descubiertas por la ciencia. Es imposible entrar aquí en estos fascinantes campos de la cosmología esotérica, pero pueden examinarse en «The Cosmic Doctrine» («La Doctrina Cósmica») de Dion Fortune. La Llama referida en el título, Señor de la Llama, es el Fuego Divino, que es una condición altamente abstracta de la Voluntad —el mito de Prometeo tiene relevancia con él.

26. Es, hablando en general, más fácil y, como se dijo antes, más adecuado hasta que se ha conseguido un buen grado de experiencia, invocar al Arcángel de la Esfera más que el Nombre Divino —aunque uno debería detenerse primero en el Nombre Divino brevemente, para basar la meditación u operación sobre un nivel espiritual. La fuerza del Arcángel sería más fácil de manejar si la potencia invocada originase un influjo de poder demasiado grande. La fuerza del Arcángel, fuerte como es, se disipará y desparecerá más rápidamente. Al invocar la ayuda angélica es de gran utilidad la visualización del color apropiado y el tocar la música apropiada. Uno puede detenerse también en aquellos a los que ha ayudado el Arcángel; por ejemplo, con Rafael, el joven Tobías, o, con Gabriel, Daniel, o la Virgen María.

27. En caso de que esto pareciese pura superstición a algún lector, no estará de más reiterar que la experiencia es la única prueba. Y si el contacto mental se intenta en un espíritu de escepticismo, entonces el resultado será el fracaso —aunque este fracaso será considerado sin duda como éxito desde el punto de vista escéptico. En el trabajo místico ciertas etapas han de tomarse por fé, y ésta es una de ellas. Las facultades críticas deberían usarse sin falta *después* de un experimento psíquico —la credulidad ciega no es de utilidad para nadie— pero cuando se hace un trabajo real a lo largo de estas líneas, la creencia es nece-

saria, y el uso y la receptividad controlados de la imaginación creativa. En términos Qabalísticos, uno hace el trabajo en el espíritu de Netzach, la Inteligencia Oculta, pero posteriormente usa el Hod de uno (cuya ética es la verdad) al analizar los resultados.

28. Por otra parte, aquellos que están más inclinados hacia la credulidad deberían evitar la superstición de que el Arcángel se halla ante ellos, ahí en el cuarto. El contacto es interno. Visualizando los símbolos apropiados, y realizando las invocaciones adecuadas, uno está sintonizando en su propia radio mental con una longitud de onda particular, y esta analogía explica cómo es posible a varias personas en diferentes lugares conseguir un contacto particular al mismo tiempo. Mucho malentendido se ha originado por tomar las afirmaciones de los místicos demasiado literalmente —el oír y el ver se hace con el ojo y el oído internos, y no con los órganos físicos. En otras palabras, con la imaginación creativa.

29. Debería decirse, no obstante, que puede construirse una concha objetiva para que la habite una fuerza psíquica, pero no es probable que consiga esto cualquiera que no haya pasado a través de un largo curso de entrenamiento mental. Y en cualquier caso, la forma sería visible sólo a alguien que tuviera «visión etérica» —un psíquico natural. Esta forma de psiquismo es bastante poco común, y su carencia origina muchas envidias entre muchos neófitos esotéricos. Sin embargo, no es una ventaja particular el tenerla —de hecho, puede ser más un obstáculo, pues tiende a atraer la atención enteramente al espejismo de las formas astrales. Las escuelas esotéricas entrenan a la gente a percibir a un nivel superior, a desarrollar una intuición hipersensitiva, y esto, aunque menos espectacular para el perceptor, es un método mucho más fiable de percepción psíquica.

30. *La Orden de Angeles:* Mucho de lo que se ha dicho sobre los Arcángeles se aplica también a los Angeles. Los Angeles son responsables de lo que podrían llamarse las «mecánicas» de un Sefirah, y operan en su Yetzirah, o Mundo Formativo. Dios ha sido llamado El Gran Arquitecto del Universo; los Angeles son Sus constructores. Por

la misma metáfora, los Arcángeles podrían ser considerados como Sus capataces o superintendentes.

31. Hay, aparte de los Angeles Sefiróticos, otras Ordenes, incluyendo grandes y bellos Seres de la Naturaleza de los tipos superiores bajo los que trabajan los Elementos. El orden de su jerarquía es Arcángel, Angel, Espíritu Elemental. En el Oriente son conocidos generalmente como Devas.

32. Ciertos Angeles trabajan especialmente con Almas Grupales de animales, otros con Almas Grupales de naciones, esto es, bajo la presidencia del Angel Nacional del país. Un Angel Nacional se construye mejor en la forma que guarda los ideales de esa nación. Por ejemplo, en Bretaña podría tomar la forma de Britannia, o San Jorge, y en los Estados Unidos la de la Estatua de la Libertad. Recordad que las formas que habitan las potencias son hechas por el hombre.

33. Hay otros Angeles que animan la esencia de la belleza en las diversas formas del arte, sea ésta música, pintura, escultura, poesía o drama. Si estas artes tocan realmente los niveles superiores, traen hacia abajo una gran cantidad de fuerza Angélica, que intensifica cien veces la apelación al que escucha o mira. Formas hechas por el hombre, de rápida construcción para éstos, son, por ejemplo, las Nueve Musas.

34. Es del todo inútil esperar el contacto con estos seres si uno nunca piensa en ellos, y por lo tanto, si uno quiera contactos Angélicos, debe pensar en los Angeles, sentir con ellos, imaginarles como son, grandes y maravillosas formas de luz y gloria, profundas presencias protectoras en contacto con Dios y el hombre, formando un vínculo entre medias. Cuando los Angeles hablan o envían mensajes al hombre, no envían exactamente un mensaje en una lengua, sino que imprimen la idea o el significado del mensaje muy fuertemente sobre la mente del recipiente, y su mente subconsciente proporciona las palabras apropiadas. Ellos están también muy relacionados con las condiciones postmortem inmediatas del hombre y las bestias.

35. Un Angel es una entidad perfecta, no evoluciona. En cierto modo, los Angeles son autómatas divinos. En esto son superiores al hombre, pero no tienen las potencia-

lidades del hombre. El hombre ha arrancado el fruto del Arbol del Conocimiento del Bien y del Mal que le hace potencialmente un Dios, aunque sólo después de un largo período de trabajo, estando colgado a mitad de camino entre la condición de los Angeles y las bestias. El Sendero del hombre es uno de equilibrio entre los opuestos, forjando el patrón de su humanidad. El tipo de persona bestial no es realmente peor que el que se desvía hacia el lado de los Angeles y es «demasiado bueno para ser cierto» —de hecho, lo último puede ser incluso más, literalmente, inhumano. El jeroglífico de los Pilares es de aplicación tanto personal como Universal.

36. *El Chakra Mundano:* Este no es un buen nombre para la idea que intenta transmitir, pero debe usarse a falta de algo mejor. Los Chakras Mundanos son, en su mayor parte, atribuciones planetarias, pero las fuerzas astrológicas asociadas con los planetas son asignadas propiamente a los Senderos entre los Sefiroth, que son estados psicológicos, microcósmicos, en oposición a los Sefiroth mismos, que son primariamente Universales o Macrocósmicos.

37. Lo que se implica por el Chakra Mundano es que cada uno de los Sefiroth tiene alguna semejanza con el Plan Divino que hay detrás de ciertos planetas o fuerzas astronómicas. Los escritores de ciencia ficción hablan con más veracidad de lo que piensan, pues hay fuerzas de vida en o dentro o «in-formando» todos los otros cuerpos planetarios y estelares, pero quizá no de un modo fácilmente imaginable por el hombre. Cuandoquiera que un cierto concepto toma un asidero sobre la mente del hombre de la masa, es una buena indicación de que hay una verdad detrás de él, pese a lo fantásticas que puedan parecer las especulaciones imaginativas. Y la verdad a menudo resulta ser más extraña que la ficción: los límites de la mente del hombre son, en cierto sentido, su protección.

38. Mientras que la astrología no es en modo alguno una ciencia cierta, habiendo tantos factores variables involucrados, el desarrollo y cambio constante del «zeitgeist» o «espíritu de los tiempos», la similaridad en las ramas del trabajo del arte, y los casos frecuentes de descubrimiento

científico simultáneo, pueden ser considerados ampliamente el resultado de influencias extraterrestres.

39. *La Experiencia Espiritual:* Este título se explica a sí mismo, y cada una es llamada una Visión. Esto es despistante, pues no significa una imagen arrojada en la conciencia, sino un estado de la mente o expansión de percepción traída por la realización de los poderes de un Sefirah. Es similar a estar «informado» por un Arcángel, como Daniel lo fue por Gabriel, lo que no significa necesariamente escuchar palabra alguna, o ver cualesquiera visiones pictóricas, sino un proceso de ser «in-formado» de modo que la psique de uno actúa como un vehículo para, o es compenetrada por, los poderes concernidos. Así se hace el crecimiento espiritual: persistentemente, pero no espectacularmente.

40. *La Virtud y el Vicio:* Estos no son estrictamente parte del Sefirah mismo, sino las reacciones de la psique humana ante él. La Virtud es la cualidad que debería conferir el Sefirah, y que es esencial al trabajo apropiado de los poderes de ese Sefirah. El Vicio es el tipo de desequilibrio que puede causar un Sefirah a través de la debilidad humana; realmente, un Sefirah no tiene vicio, pero se pone ahí la mala influencia astrológica del «Chakra Mundano», a veces con dudosa corrección. Sin embargo, el Vicio puede servir a veces como un indicador interesante en una escuela oculta porque, siendo como es la naturaleza humana, usualmente se manifiesta primero el desequilibrio, de modo que cuando un estudiante bien establecido en la armonía de Tifareth empieza a volverse extrañamente pendenciero, entonces puede uno señalarlo como un síntoma de crecimiento espiritual, pues puede significar que se está aproximando a Geburah pero no ha conseguido todavía el control completo de sus potencialidades.

41. *Los Símbolos:* Estos son imágenes subsidiarias a la Imagen Mágica, y, como ya se mencionó en la sección de los Arcángeles, pueden usarse para hacer contacto con ciertos aspectos de un Sefirah. Ellos pueden arrojar también pictóricamente luz posterior sobre un Sefirah, desde un ángulo diferente, como los títulos subsidiarios lo hacen verbalmente.

42. *El Texto Yetzirático:* Estos textos son descripcio-

nes de los Sefiroth y Senderos tal como se dan en un suplemento al Sefer Yetzirah, o Libro de las Formaciones, uno de los primeros documentos Qabalísticos. El lenguaje, aunque obscuro, rinde mucho a la meditación.

43. El libro designa como «Senderos» todas las facetas del Arbol —Los diez Sefiroth y los veintidós Senderos— y de aquí la expresión «Los Treinta y dos Senderos de la Gloria Oculta». También da un título a cada uno, llamado «Inteligencia», que actúa como un título subsidiario muy útil para el Sefirah o Sendero.

44. Las traducciones usadas son las del Dr. Wynn Westcott, tomadas de la versión hebrea de Joannes Stefanus Rittangelius, impresa en Amsterdam en 1642. El Dr. A. E. Waite las ha criticado como demasiado eclécticas, y ha ofrecido sus propias traducciones que afirmaban ser más exactas, pero la experiencia ha mostrado que las versiones de Westcott son más valiosas. Difícilmente puede repetirse demasiado a menudo que la Qábalah es un sistema práctico viviente, no un cuerpo de autoridad medido y acabado. Incluso si la contención de Waite es más verdadera, de que su erudición es superior a la de Westcott, no altera el hecho de que, por lo que concierne al Qabalista práctico moderno, una reconstrucción intuitiva de un texto antiguo, y probablemente corrupto, es superior a una traducción literal inimaginativa.

45. *Los Colores Relampagueantes:* Estos son colores atribuidos a cada Sefirah, uno para cada nivel dentro de él. En la visualización puede ser de ayuda usar el color apropiado. Así, Dios manifestándose en un Sefirah podría ser ilustrado como una efulgencia del color Atzilútico, el Arcángel como un pilar del color Briático, los Angeles como contornos geométricos del color Yetzirático, y podría usarse un fondo general del color Assiático.

46. Es mejor construir un vocabulario de color en la mente a partir del mundo natural, contemplando los brillantes colores del amanecer o la puesta del sol por ejemplo, o los colores sutiles de la flora y la fauna de la Naturaleza. El concepto a lograr debería ser el de luz radiante más que la opaca luz reflejada por los pigmentos. Los clichés de la mente deberían ser superados por la frescura de la observación de primera mano.

47. En el trabajo práctico, cuando las ilustraciones se construyen espontáneamente en la imaginación, puede encontrarse que los colores no se corresponden con los originales. Esto no ha de causar ninguna gran preocupación ya que, por experiencia, los colores parecen ser mayormente arbitrarios, pues a menudo varían de persona a persona. A veces vendrá un importante símbolo en los colores apropiados.

48. Para los propósitos generales en la meditación sobre el Arbol, es costumbre pensar en cada Sefirah en su color Briático. Esto está sin duda de acuerdo con el hecho de que la fuerza Arcangélica sea la más fácil de manejar.

49. *Mitología Pagana:* Los dioses y diosas de la mitología pagana son tan numerosos y diversos, que se necesitaría una inmensa erudición para atribuir a cada uno su lugar sobre el Arbol, y, siendo compuestos, cada uno podría ir sobre más de un Sefirah; por ejemplo, Artemisa, sobre Geburah, Yesod, o Netzach, dependiente de la idea de cada uno sobre el Dios. En todos los casos, es la idea la que cuenta. No se pierde sin embargo el tiempo en estudiar la mitología, pues todos los mitos y leyendas son expresiones del intento de una raza para clasificar los poderes de Dios tal como trabajan a través de los mundos subjetivo y objetivo. Todos los dioses y diosas son aspectos del Dios Uno, pero no están codificados tan netamente como las Diez Emanaciones de la Qábalah Judía. Es un ejercicio útil sin embargo, correlacionar los diferentes sistemas, pues uno arroja luz sobre el otro, no sólo desde el punto de vista de la comprensión intelectual, sino también a partir de la estimulación de la imaginación. Una persona que no pudiera captar la idea de Chokmah, por ejemplo, podría acercarse más a una percepción de su naturaleza considerando la atribución de Zeus arrojando rayos. Pero entonces, en sus otros aspectos, Zeus podría ser considerado igualmente como una figura de Kether, como Rey de los dioses, o en Chesed como el rector benéfico, o en Geburah, etc., etc., etc. No se harán por tanto atribuciones sistemáticas a lo largo del texto, salvo para recalcar un punto particular. Se recomienda fuertemente que los estudiantes traten de trabajar las correspondencias por ellos mismos, pues esto producirá facilidad en el uso del Arbol.

También, las atribuciones pueden variar bastante válidamente de persona a persona y, así, hay poco que ganar por una caza de supuestas autoridades, tal como el «777» de Crowley o incluso el texto de este libro. Con la Qábalah es una cuestión de «no hay billete —no hay colada» —y el único billete válido es la experiencia personal.

50. *El Tarot:* Como correspondencias al Arbol de la Vida, los veintidós Triunfos del Tarot se relacionan con los Senderos, las dieciséis Cartas de Corte con los Cuatro Mundos, y las cuarenta cartas menores con los Sefiroth de acuerdo con el número. Como el Tarot es un sistema completo dentro de sí, se tratará en conjunto, incluyendo las atribuciones Sefiróticas, en el segundo volumen de este libro.

51. *Los Grados:* A cada Sefirah se le asigna un grado esotérico, pero como hay tanto malentendido respecto al concepto de grados esotéricos, demandan un capítulo especial para sí mismos.

52. *Los Qlifoth:* Estas fuerzas demoníacas es mejor dejarlas hasta que se haya asimilado una buena idea general del Arbol. Son por lo tanto tratadas separadamente.

53. *Miscelánea:* Esto incluye piedras preciosas, plantas, animales, perfumes, términos alquímicos, etc., la mayoría de los cuales son altamente arbitrarios, y en cualquier caso más de la provincia del ritualista experimentado. Así, se asigna también un capítulo separado a este asunto.

Parte II

CAPITULO V

LO INMANIFESTADO Y LOS VELOS DE EXISTENCIA NEGATIVA

1. Antes de la manifestación del primer Sefirah está lo Inmanifestado, que, a través de la condensación de las Nubes-Velo de Existencia Negativa, se concreta finalmente en Kether, el primer manifestado del Universo manifiesto.

2. Lo inmanifestado es aquello que es, antes de que algo fuera, y al que todas las cosas retornarán. Es el alfa y el omega, el Comienzo y el Fin. No es una cosa que pueda ser explicada porque está más allá del alcance de la mente racional. Es un concepto que desafía a la razón porque está por encima de la razón. Es tal vez para liberar a la gente del dominio de la razón por lo que el Buddhismo Zen usa aforismos como «imagina el sonido de una mano aplaudiendo». Un intento de imaginar lo Inmanifestado arroja una herramienta similar en la maquinaria de la mente.

3. El primer capítulo de «La Doctrina Cosmica», el tratado cosmológico recibido desde los planos internos a través de la mediumnidad de Dion Fortune (*), intenta describirlo como sigue:

4. «Lo Inmanifestado es pura existencia. No podemos decir que *No* sea. Aunque no es manifiesto, ES. Es el origen de donde todo surge. Es la única «Realidad». Sólo

---

(*) Obra publicada en castellano por *Luis Cárcamo, editor* (madrid, 1980).

ELLO es substancia. Sólo ELLO es estable; todo lo demás es una apariencia y un llegar a ser. De este Inmanifestado sólo podemos decir que «ES». Es el verbo «ser» vuelto sobre sí mismo. Es un estado de puro «ser», sin cualidades y sin historia. Todo lo que podemos decir de ELLO es que no es cosa alguna que conozcamos, pues si conocemos algo debe estar en manifestación para conocerlo nosotros, y si está en manifestación eso prueba que no es inmanifestado. Lo Inmanifestado es la Gran Negación; al mismo tiempo es la potencia infinita que no ha ocurrido. La mejor manera de concebirlo es bajo la imagen del espacio interestelar.»

5. Conviene hacer notar que la imagen del espacio interestelar no es sino un símbolo para ayudar al entendimiento. La misma fuente continúa describiendo el proceso de la primera manifestación como «espacio» que empieza a moverse en un anillo (si es que puede concebirse la nada moviéndose), y dando lugar el «movimiento» de este anillo a un «movimiento» en «ángulo recto» respecto a él, de modo que se forma otro anillo por fuera del primero. La interacción de las fuerzas de los dos anillos hace que entonces el anillo interno rote sobre el eje formado donde los dos anillos se interconectan, originando así un tercer anillo esférico formado por la rotación transversa del anillo primario. El símbolo así descrito se asemeja a un giroscopio (fig. 4a). El anillo central, girando en dos direcciónes a la vez, concreta entonces un centro.

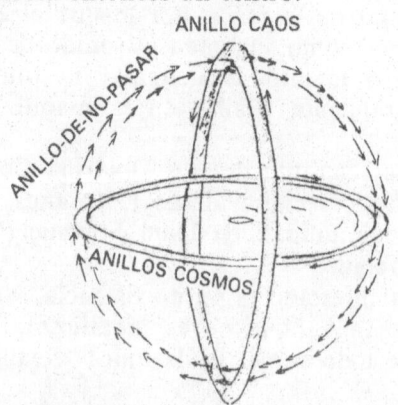

Fig. 4a. Los Tres Anillos Primarios de «La Doctrina Cósmica». El Anillo Cosmos se convierte posteriormente en un disco, concretando un centro —«La Quietud Central».

6. El primer anillo, a partir del cual se crea finalmente todo el Cosmos, es llamado el Anillo Cosmos; el segundo anillo, que actúa como dique de contención o punto de apoyo para el movimiento secundario del primer anillo, es llamado el Anillo Caos; y el tercer anillo, descrito por el giro transversal del primero, es llamado el Anillo-de-No-Pasar porque transcribe una esfera de limitación para todo desarrollo futuro. El centro formado entonces por el Anillo Cosmos corresponde a Kether.

7. Debe recordarse que todo esto es metáfora.

8. Estos tres Anillos pueden ser igualados a los Velos de Existencia Negativa del Arbol de la Vida. El Anillo Cosmos al AIN, el Anillo Caos al AIN SOF, y el Anillo-de-No-Pasar al AIN SOF AUR.

9. Esta concreción de un centro, Kether, por el Ain, a través del desarrollo de AIN SOF y AIN SOF AUR, puede ser ilustrada también por el tradicional diagrama Qabalístico de las Nubes-Velo de Existencia Negativa (fig. 4b). Se verá que las correspondencias a partir de estas dos fuentes son exactas.

10. En el hebreo original, los nombres de los Tres Velos son de tres, seis, y nueve letras respectivamente, con cada tres letras apareciendo en el siguiente Velo más denso. AIN —Alef, Yod, Nun, AIN SOF —Alef, Yod, Nun. Samekh, Vau, Peh. AIN SOF AUR —Alef, Yod, Nun. Samekh, Vau, Peh. Alef, Vau, Resh. Esto tiene referencia

Fig. 4b. Las Nubes-Velo de Existencia Negativa concretando Kether.

a los Tres Pilares, que son las tres posibilidades del modo en que puede manifestarse la fuerza —activa, pasiva o equilibrada. Los Cuatro Mundos de los Sefiroth sólo existen cuando ellos han sido alcanzados, y, cuando al final la manifestación se retira de los planos, cesan de existir. Los Pilares, como posibilidades, existen, haya manifestación o no.

11. Así, el jeroglífico, de los Pilares no debería considerarse una parte del Arbol de la Vida. Son entidades separadas. Los Sefiroth son modos de existencia establecidos, los Senderos entre ellos son experiencias en la conciencia establecidas, pero los Pilares son posibilidades de manifestación y tienen su raíz en lo Inmanifestado.

12. Al buscar posteriores metáforas para los conceptos implicados por los Velos de Existencia Negativa, puede resultar de ayuda volverse hacia los primeros versículos del **Antiguo Testamento**. Se ha dicho que la Biblia sólo puede ser explicada completamente a la luz de la Qábalah, siendo la última una interpretación mística de ella, como el Talmud es un comentario erudito de la misma. Si esto es verdad o no, es algo que necesitaría un entendimiento avanzado para juzgarlo, pero en nuestros estudios elementarios la Biblia, que conocemos muy bien, puede arrojar alguna luz sobre la Qábalah, que no conocemos.

13. Los versículos dos a cinco del primer capítulo del Génesis, son como sigue:

«Y la Tierra estaba sin forma, y vacía; y las tinieblas se cernían sobre la faz del abismo. Y el Espíritu de Dios se movía sobre la superficie de las aguas. Y Dios dijo, que haya luz: y hubo luz. Y Dios vio la luz, que era buena; y dividió la luz de las tinieblas. Y llamó a la luz Día, y a las tinieblas las llamó Noche.»

14. Salvo que uno sea un fundamentalista confirmado, será obvio que «Tierra», «aguas», y «luz» no han de entenderse en su sentido común. Como sugerencia, el vacío oscuro podría igualarse al AIN, Nadidad; el Espíritu de Dios moviéndose sobre la faz de las agua a AIN SOF, lo Ilimitado; y la luz a AIN SOF AUR, la Luz Ilimitada.

15. Aquí es interesante recordar la enseñanza oriental que concibe Días y Noches de Manifestación. Después de un Día de manifestación, todo el Coscmos se retira de

vuelta a su origen, donde descansa en una Noche de Pralaya. «Y Dios llamó a la luz Día, y a las tinieblas las llamó Noche.»

16. En casi todos los mitos religiosos de creación, ésta tiene lugar primero como la manifestación de la luz. Pero los Velos de Existencia Negativa se refieren al período previo a la aurora, antes de que la oscuridad haya dado nacimiento completamente a la luz, y en este área de sombras hay muchos símbolos que intentan dar alguna comprensión de la oscuridad primordial antes de que cosa alguna fuera. Todos ellos, sin embargo, son variaciones sobre el círculo o la esfera, desde la serpiente con su cola en su boca hasta el «rotundum» de los alquimistas.

17. Es la figura circular, la línea sin fin, lo que mejor da la idea de algo que es autocontenido, sin comienzo o final; sin antes o después, esto es, sin tiempo; sin arriba ni abajo, sin espacio. Espacio y tiempo, comienzo y final, vienen sólo con la venida de la luz, o la conciencia, y ésta todavía no está presente.

18. Es también, como se muestra en el símbolo del Huevo Cósmico, el germen del que surge toda la creación. Es también un estado en el que los opuestos están unidos, como se muestra en el signo t'ai chi t'u (fig. 4c). Es el comienzo perfecto porque los opuestos aún no han fluido aparte, y el final perfecto porque los opuestos han venido juntos de nuevo. Es al mismo tiempo el germen primario, y la síntesis final de toda la creación.

19. La primera stanza de «El Libro Secreto de Dzyan», dada en el resumen de Hillard de «La Doctrina

Fig. 4c. Signo t'ai chi t'u chino, «el último supremo».

Secreta» de H. P. Blavatsky, da otra descripción de esta condición:

«El Autor Eterno, envuelto en sus túnicas siempre invisibles, se ha dormido de nuevo por siete eternidades. El tiempo no era, pues yacía dormido en el seno infinito de la duración. La Mente Universal no era, pues no habían Seres Inteligentes para contenerla... Las causas de existencia ya no eran; lo visible que era, y lo invisible que es, descansaban en el No-Ser eterno —el Ser Unico. Sola, la forma Unica de Existencia se extendía sin límites, infinita, sin causa, en sueño sin ensueños; y la Vida pulsaba inconsciente en el Espacio Universal, a todo lo largo de esa Omnipresencia que es sentida por el «Ojo Abierto» del Vidente. Pero ¿dónde estaba el Vidente cuando el Alma Superior del Universo fue absorbida en lo Absoluto, y la gran Rueda estuvo sin autor?»

20. Aquí tenemos, implícita en la descripción de lo Inmanifestado, la idea de que hay una gran ley Cíclica por la que ocurre la manifestación, y después se retira a lo Inmanifestado, para volver de nuevo a la manifestación en algún momento posterior —aunque desde luego, a estos niveles, no hay algo como el tiempo tal como lo entendemos.

21. La Stanza III de este libro sagrado describe la primera venida a la manifestación —esto es, en términos Cabalísticos, la formación de la primera emanación, Kether:

«La última vibración de la séptima Eternidad tiembla a través de la Infinitud. La Madre se hincha, expandiéndose de adentro afuera, como el capullo del loto. La vibración corre a lo largo, tocando con su veloz ala todo el universo, y al Germen que habita en las Tinieblas; las Tinieblas que habitan sobre las Aguas durmientes de la Vida. «Las Tinieblas» irradian Luz, y la Luz gotea un solitario Rayo en la profundidad de la Madre. El Rayo se dispara a través del Huevo virgen, el Rayo hace que el Huevo eterno tiemble y gotee el Germen no eterno, que se condensa en el huevo del Mundo.»

22. Este pasaje trae a la mente la sección del Génesis previamente acotada, «y las tinieblas se hallaban sobre la faz del abismo. Y el Espíritu de Dios se movía sobre la faz

de las aguas. Y Dios dijo, que haya luz; y hubo luz». Y ya hemos igualado esto con los Tres Velos de Existencia Negativa y los Tres Anillos Primarios de «La Doctrina Cósmica.»

23.   La Stanza continúa: «Entonces los tres caen en los cuatro.» Los «tres» se refiere a los Velos de Existencia Negativa, en los que están contenidas las tres posibilidades de la fuerza en acción —positiva, negativa, o equilibrada—, lo que está simbolizado en el jeroglífico de los Pilares. El «cuatro» se refiere a Kether, que, como veremos en el siguiente capítulo, es de naturaleza cuádruple. Como Kether es la corona de la creación, esta naturaleza cuádruple es relevante a todos los niveles de manifestación, y es lo que los antiguos llamaron «los Cuatro Elementos». Su idea de que toda substancia estaba compuesta de mezclas variables de tierra, aire, fuego y agua era un concepto filosófico —siendo los Elementos modos de ser. Trataron desde luego de aplicar estas ideas a la ciencia química primitiva, y resultó mucho error. Pero es todavía más erróneo para los modernos pensar que estaban más equivocados de lo que realmente lo estaban, y que los elementos tal como los consideraron eran sólo los cuatro elementos físicos.

24.   Las Stanzas de Dzyan merecen la pena correlacionarse tanto como se pueda con los aspectos del Arbol de la Vida. Se dice que son la obra original de donde están compilados los libros religiosos de todas las naciones, incluyendo «El Libro de los Misterios Ocultos» que es uno de los principales textos Cabalísticos. No debiera tomarse esto demasiado literalmente, pues es improbable que la copia fuera hecha físicamente. Lo que se pretende decir probablemente es que el origen interno de todas las escrituras divinas es el mismo, y que las Stanzas de Dzyan son la transcripción más antigua y más pura a partir de esta fuente. Puede conseguirse mucha iluminación por comparación de textos sagrados y sistemas de símbolos. El lenguaje de la mayoría de ellos es tan obscuro y simbólico que es a menudo difícil decir la diferencia entre lo que es simbolismo profundo, más allá del entendimento presente de uno, y lo que es simple corrupción en el texto a través de una copia o traducción errónea. Pero si la aproxima-

ción a las diferencias aparentes se hace de un modo creativo, buscando encontrar semejanzas y una síntesis de conjunto, es mucho lo que se logrará. Una aproximación crítica, buscando exponer las discrepancias, no es probable que produzca algo más que un catálogo de discrepancias.

25. Muchas escrituras, por ejemplo, se proponen simbolizar cosas diferentes y desde diferentes puntos de vista, y se hallan limitadas por tanto a diferencias de detalle. También, es bueno hacer la propia interpretación del simbolismo a través de la meditación, y no aceptar las ideas de otra parte. No sólo hay diferencias en la psicología de la gente, haciéndoles ver las cosas bajo una luz diferente, sino que también mucho simbolismo tiene referencias a muchos niveles diferentes, y conforme uno abre la conciencia a diferentes niveles de existencia el entendimiento del simbolismo particular puede muy bien cambiar, o también expandirse. Siempre, el único significado válido para un símbolo es el significado que uno mismo ha arrancado de él. Un significado de segunda mano es de tan poco valor como ningún significado —y posiblemente un obstáculo considerable y positivo.

26. Como ciertas razas tienen más aptitud para la especulación metafísica que otras, se encontrará que algunas mitologías tiene mitos de creación relativamente ingénuos; pero por otra parte, muchos que parecen ingénuos son realmente altamente abstrusos cuando se encuentra la clave del simbolismo. También, el punto importante, como se mencionó arriba, es lo que un dios o diosa particular significa para el estudiante, no necesariamente lo que se supone que significó para los adoradores originales. Esto último habrá variado de lugar en lugar y de tiempo en tiempo, y es el tiempo presente lo que es importante para el estudiante esotérico, no el pasado, o incluso el futuro.

27. Se encuentra una estrecha correspondencia con la concepción de lo Inmanifestado en el griego Hesíodo, que escribió su «Teogonía» en el siglo octavo a. de J. C. Es el intento griego más antiguo conocido de clasificación mitológica.

28. «En el principio» escribe él, «estaba el Caos vasto y oscuro.» Este término, Caos, viene de una raíz que significa «hendirse», y designa por tanto al espacio abierto.

Ha surgido una confusión posterior por una falsa derivación a partir de una palabra que significa verter, de modo que la palabra vino a significar una masa confusa y desorganizada de elementos esparcidos a través del espacio. El significado verdadero y original es un principio cósmico puro, libre de toda forma, semejante a un dios (o a lo que sea).

29. A partir del Caos, continúa Hesíodo, apareció primero Gaea, la Tierra de pechos profundos. Gaea llegó a ser por tanto una diosa de la Tierra, lo que situaría su atribución Qabalística en Malkuth, pero un examen posterior de sus características sugiere que la Tierra que se quiere dar a entender es la base sólida de la manifestación primaria, no la base sólida de crecimiento de la vida sobre este planeta. Hay una analogía simbólica entre la tierra y el espacio cósmico, como se muestra en la antigua adoración de piedras, que no era de ningún modo una mera religión totemística.

30. Aparte de Gaea apareció también Eros —no el dios del amor humano, más tardío, sino una concepción cosmológica más grande. Hay no obstante un paralelo entre ellos, si se considera que hay amor Divino así como profano —Unión Divina así como unión sexual. Y la Unión con Dios es la Experiencia Espiritual de Kether. Se podría concebir un Eros poderoso, elevando y disparando una flecha que, volando a través del espacio, crea los planos mientras desciende como el Rayo Relampagueante sobre el Arbol.

31. Así tanto Gaea como Eros podrían ser considerados ambos como figuras de Kether, atrayendo la atención a la bipolaridad de Dios. En apoyo de esta atribución está el hecho de que Gaea dio nacimiento a Urano, «el cielo estrellado», y Pontus, «el mar estéril», que se ajustan tan bien como correspondencias de Chokmah y Binah.

32. Caos también produjo a Erebus y Noche que, a su vez, se casaron y dieron a luz a Eter y Hemera, el día. Esto también se corresponde con la primera manifestación de la luz, tal como se describe en los textos ya examinados.

33. En los panteones Egipcios, el sistema Heliopolitano describe al dios Nu como el Océano primordial en el

que yace el germen de toda la creación. Fue llamado el «padre de los dioses», pero no le fueron construidos templos y era un concepto puramente intelectual, aunque mostrado a veces como una figura sumergida en agua hasta la cintura levantando en alto a los dioses que ha creado. Se enseñaba que dentro de Nu, antes de la creación, vivía un espíritu aforme llamado Atum, que concibió dentro de sí la totalidad de la existencia entera. Cuándo finalmente se manifestó a partir de Nu como una entidad separada, dio nacimiento a todos los dioses, hombres y cosas vivientes, y fue conocido entonces como Ra o Atum-Ra —obviamente una figura de Kether en este mito.

34. Hathor, por cuanto que ella era descrita por algunos textos como una gran vaca celestial que creó al mundo y a toda cosa dentró de él, incluyendo al Sol, puede ser alineada igualmente con lo Inmanifestado. Es posible un cierto solapamiento de conceptos, particularmente con las diosas Madre, porque la que es considerada como la Madre de las Formas, y una figura de Binah, puede también, a un nivel superior, ser considerada como una Madre de Todo, y por tanto como un aspecto dador de forma de Lo Inmanifestado; en términos Qabalísticos, el AIN SOF. Uno debe acostumbrarse a estas transposiciones, pues aunque puedan parecer confusionantes al principio, pueden sar muchas pistas útiles de las relaciones entre distintos aspectos del Universo manifiesto; más aun, mientras que los Sefiroth son «mono-ideas» simples, las formas divinas, siendo hechas por humanos, son inevitablemente complejas, y se ajustan por tanto a varias simplicidades.

35. Otro ejemplo de esta fórmula de transposición, que se encuentra con suma frecuencia en los panteones egipcios, es el dios escarabajo, Khefera. Se decía que emergió a partir de su propia substancia, y era por lo tanto un símbolo tanto del Sol como de la vida, que están renaciendo contínuamente de sí mismos. Pero teniendo presente el ciclo rítmico de los Días y las Noches de Manifestación podría ser igualmente aplicado a Lo Inmanifestado. Un análogo no Egipcio de éste sería el fénix, elevándose de sus propias cenizas. Este es principalmente un símbolo de regeneración religiosa, pero toda la vida tiene sus análogos a niveles superiores e inferiores de

acuerdo con el axioma hermético «Como es arriba — es abajo».

36. Así que al intentar llegar por detrás del simbolismo hasta la realidad de un mito, los términos usados no han de tomarse sólo en su valor frontal. Ya hemos visto que la «Tierra» puede significar también la substancia primaria básica de manifestación. No deja de ser común entre los modernos considerar pintoresco que los antiguos creyeran en una cosmología en la que el Sol y las estrellas fueron creados después de la Tierra. Y es verdad que antes de Copérnico la mayoría de la humanidad creía esto —algunos todavía lo hacen. Pero muchos mitos son parábolas inventadas por el sacerdocio y las escuelas de iniciación para dar cuerpo a enseñanzas de principios cósmicos, y no se han de tomar en su valor frontal, no más que las parábolas Cristianas. La parábola del Segador no ha sido invalidada por los avances modernos en las técnicas de agricultura, no más que la cosmogonía antigua es invalidada por la astronomía, o la alquimia por la química moderna. Los términos de referencia son diferentes.

37. Similarmente, algunos mitos en los que se hace referencia al Sol, o a la Luna, pueden tener referencia a estados psicológicos, o a cualquier cosa radiante, positiva y dadora de vida, y a cualquier cosa reflectora, negativa y magnética, respectivamente. Se debe aprender a pensar en analogía como lo hicieron los antiguos. Es cierto que el pensar por analogía es visto con gran sospecha por la lógica —pero en estas materias de trasladar símbolos y ecuaciones psicológicas variables, la lógica es a menudo más un obstáculo que una ayuda.

38. El Sol que aparece en algunos símbolos, incluso si debiera aplicarse a un cuerpo estelar, puede tener referencia a otras estrellas distintas de nuestro Sol. Esto ha de observarse particularmente en conexión con las figuras egipcias aladas. Las alas aparecen rara vez entre los dioses egipcios, pues eran un concepto que estaba más allá de la religión exotérica del período, pero, cuando lo hacen, significan el principio cósmico de una fuerza particular. Así, el disco solar en el tocado de Isis o Hathor, particularmente la Isis alada, se refiere a Sothis, más conocida

ahora comúnmente como Sirius, la estrella Perro, que era una estrella particularmente consagrada a Isis.

39. Los estudiantes esotéricos de alguna experiencia verán las implicaciones de esto, pues Sothis, junto con la Osa Mayor y las Pléyades, es una fuente de poder más allá de las doce constelaciones zodiacales, que a su vez irradian influencias a nuestro Sistema Solar por mediación del Logos Solar —nuestro Dios.

40. En la psicología esotérica del hombre, los Velos de Existencia Negativa corresponden a esa parte de su ser donde pueden contactarle fuerzas de afuera de la jurisdicción Solar Logoidal, usualmente de Universos donde se ha pasado experiencia evolutiva previa. Un contacto así, si es muy fuerte, viniendo de una fuente extraña semejante, podría causar extrañas aberraciones dentro de ese alma. Un adepto Negro empieza así algunas veces su carrera, aunque no todos esos contactos están fuera de línea con el Plan de este Sistema Solar Logoidal y pueden estar deseosos de servirlo.

41. Para ayudar a conseguir una concepción consciente de la Existencia Negativa, se recomienda la especulación meditativa sobre los textos y diagramas dados, y sobre cualquiera de los primeros mitos de creación con los que pueda estar familiarizado el estudiante. Puede también ser de ayuda trabajar sobre las siguientes ideas e imágenes simiente:

    a) Un vacío de presión.

    b) Un océano ilimitado de luz negativa.

    c) La nada cristalizando un centro.

    d) Una red invisible sobre la que se forma un rocío radiante.

CAPITULO VI

KETHER — LA CORONA

«El Primer Sendero es llamado la Inteligencia Admirable u Oculta porque es la Luz que da el poder de comprensión del Primer Principio, que no tiene comienzo. Y es la Gloria Primaria, porque ningún ser creado puede alcanzar su esencia.»

IMAGEN MAGICA: Un anciano rey barbudo, de perfil.
NOMBRE DE DIOS: Eheieh.
ARCANGEL: Metatron.
ORDEN DE ANGELES: Chaioth he Qadesh, Santas Criaturas Vivientes.
CHAKRA MUNDANO: Primum Mobile. Primeros Remolinos.
VIRTUD: Consecución. Culminación de la Gran Obra.
TITULOS: Existencia de las Existencias. Oculto de los Ocultos. Anciano de los Ancianos. Anciano de los Días. El Punto Liso. El Punto Primordial. El Más Alto. El Rostro Vasto. La Cabeza Blanca. La Cabeza Que No es. Macroposopos.
EXPERIENCIA ESPIRITUAL: Unión con Dios.
COLOR ATZILUTICO: Brillantez.
COLOR BRIATICO: Pura brillantez blanca.
COLOR YETZIRATICO: Pura brillantez blanca.
COLOR ASSIATICO: Blanco, moteado de oro.
VICIO: ——.
SIMBOLOS: El punto. El punto dentro de un círculo. La corona. La esvástika.

1. Kether es la fuente de la Creación, el punto donde brota la vida desde las profundidades del Gran Inmanifestado. Es manifestación en el punto de volverse manifiesta, el centro cristalizado en medio del No-ser, conteniendo dentro de sí las potencialidades de todo lo que va a venir. Es la altura suprema de la Deidad, aunque no debe olvidarse que todos los Sefiroth son igualmente santos, siendo emanaciones del Dios Uno. Así Malkuth, el mundo físico, es tan divino como la esfera espiritual más elevada, Kether, la Corona de la Creación.

2. Aquellos que consideran a Malkuth santo sin referencia a los Sefiroth superiores caen en el error del panteísmo, que es una media verdad. Aquellos que consideran que Kether es más santo que la creación posterior caen en el mismo error de negar la Unión de Dios, de establecer una dicotomía entre Espíritu y Materia. Toda creación posterior a partir de la fuerza pura de Kether, es una concreción gradual, en la forma, de la fuerza divina única. La forma es fuerza encerrada en patrones de su propia construcción. La fuerza es aquello que se libera cuando se rompen los patrones o formas. Fuerza y forma, son una y la misma cosa —«Como es arriba, es abajo».

3. Este es el principio de la unidad de los opuestos, y de los procesos de vida y muerte. La fuerza actúa en un nivel como una dualidad, funcionando activamente o pasivamente. Cuando fuerzas en oposición se encuentran, se atraen y repelen mutuamente una a la otra, forman un anillo giratorio según el proceso descrito en el extracto de «La Doctrina Cósmica» en el capítulo precedente, y descienden por tanto un plano, creando una forma a través del equilibrio entrelazado de sus potencias. De manera similar, si se rompe la forma estabilizada, las fuerzas inherentes a ella se vuelven libres para moverse sobre un plano superior.

4. Para una entidad consciente que se halle en el plano inferior a donde se construye la forma, el entrelazamiento de las fuerzas superiores (dando lugar a una forma sobre el nivel inferior) aparecerá como un nacimiento. Cuando se rompe la forma y las fuerzas retornan a su nivel superior original, el proceso aparecerá como una muerte.

5. Sin embargo, para una entidad consciente que se

halla sobre el plano superior, el descenso adentro de la forma de fuerzas de movimiento libre será considerado como una muerte, y la ruptura de una forma para liberar las fuerzas será un nacimiento.

6. De este modo se verá que el nacimiento y la muerte son dos caras de la misma moneda. La cáscara vacía de la forma construída permanece sobre el plano inferior, para resolverse en la materia básica de ese plano, y las fuerzas retornan a su nivel superior, vibrando ahora con la experiencia de la manifestación en la forma más densa.

7. Este es el patrón básico de toda manifestación e inmanifestación, que ya hemos visto que es cíclico. Es también el proceso del alma humana, descendiendo los planos hasta la forma más densa, y muriendo posteriormente a esta forma y renaciendo a los mundos internos, y después, tras un tiempo de asimilación de la experiencia pasada en la forma más densa, viniendo de nuevo al nacimiento en ella por la muerte de su libertad de las formas menos densas de los planos superiores. Esta es la doctrina básica que había detrás de la primitiva práctica religiosa del sacrificio de sangre —destruyendo la forma se liberaba fuerza para impulsarse hacia los mundos superiores.

8. Los restos fosilizados de especies extintas son las formas de vida desechadas que ya no eran adecuadas por más tiempo para la expresión de la fuerza vital. Pero la vida ha conseguido un renacimiento en tipos de vehículo superiores. Era sólo abandonando formas más simples que la vida podría entrar a expresiones de existencia más complejas. Una conciencia que habitase una forma más simple condenada vería la declinación de su género como una tragedia. Una conciencia que habitase una forma evolutiva más avanzada, creciendo en poder a expensas de la vieja, se regocijará. De este modo se elevan y caen especies, razas y naciones. Desde el punto de vista de Kether todo es uno, pues Kether es la fuerza vital básica que se halla en la raíz de todas las formas. Así este nivel está más allá del bien y del mal tal como es concebido por conciencias limitadas en formas. En Kether está el Espíritu que sabe que es inmortal, cualesquiera sean los triunfos y vicisitudes de las expresiones de la forma.

9. De este modo puede ser considerado como la Corona de la Creación, pues la Corona en una monarquía moderna está por encima del desorden de las políticas de partidos. Esto sin duda que podría ser considerado como un aspecto de Kether en la esfera de Malkuth —y la Corona es un símbolo de Kether.

10. Los otros símbolos, el punto y el punto dentro de un círculo, indican que la manifestación de Kether es a la vez la forma más simple de manifestación, puesto que un punto es la figura geométrica más simple, y también la concreción de un centro en el Gran Orbe de lo Inmanifestado. Los títulos subsidiarios también portan esta atribución, particularmente El Punto Primordial y El Punto Liso. El último título es una de esas concepciones que no tienen sentido para la mente concreta, pues un punto, por definición, no tiene superficie para ser áspero o liso. Implica una esfera de no-magnitud, y tiene en cuenta el lado Inmanifestado de Kether que es implicado también por los títulos Oculto de los Ocultos y La Cabeza Que No Es. Así como hay un lado oscuro de la Luna que siempre es invisible al hombre sobre la Tierra, así hay un lado de Kether, que siendo de lo Inmanifestado, es incomprehensible para el resto de la creación.

11. Como dice el Texto Yetzirático, es la Gloria Primaria, porque ningún ser creado puede alcanzar su esencia. Si algún ser creado alcanzase su esencia, que, de acuerdo con la Experiencia Espiritual, es la Unión con Dios, se volvería increado por ese mismo hecho. Y sin embargo, ésta es la meta de toda evolución, como lo revela la Virtud de Kether, Consecución, Culminación de la Gran Obra. La Gran Obra, un término encontrado a menudo en escritos mágicos y alquímicos, es la gran obra de la vida misma, la muerte del espíritu de movimiento libre adentro de la forma, y su regeneración posterior.

12. «El Primer Sendero es llamado la Inteligencia Admirable u Oculta porque es la luz que da el poder de comprensión del Primer Principio, que no tiene comienzo.»

13. Este aserto principal del Texto Yetzirático confirma la Experiencia Espiritual, pues sólo la Unión con Dios puede dar el poder de comprensión del Espíritu inmortal, que es el primer principio detrás de la manifestación y,

siendo inmortal, sin comienzo o final. Por ello esta Esfera es llamada la Inteligencia Admirable, pues los seres creados solamente pueden adorar —o admirar— en la presencia de Dios. Y la Inteligencia Oculta significa de nuevo que el Espíritu surge desde lo Gran Inmanifestado incognoscible. El Texto se refiere también al Sefirah como «la Luz que da el poder de comprensión»; de nuevo vemos que la Luz es la primera cosa manifiesta, y en Kether la Luz da la comprensión de sí a sí misma. Se recordará, por el Génesis, que en la creación de la Luz la Oscuridad no la comprendió. Debe también tenerse presente que la Luz referida no es el tipo de disturbio etérico al que llamamos luz, sino un alto concepto metafísico del que la luz del Sol y las estrellas es sólo un símbolo y análogo inferior. La Luz, tal como la percibimos a través de nuestros sentidos físicos, podría concebirse como un aspecto denso del Kether de Malkuth, pero la Luz del Kether de Kether es Espíritu; igual que el Fuego que Prometeo robó del Cielo es un tipo de Voluntad Espiritual.

14.   Siendo la Luz lo Primero Manifestado, es también obviamente la cosa más vieja de la creación, aunque estos niveles espirituales están fuera de nuestros conceptos de espacio y tiempo. Los títulos Anciano de los Ancianos y Anciano de los Días nos traen este punto. Los días referidos son obviamente Días Cósmicos de Manifestación. La Imagen Mágica, un anciano rey barbudo mostrado de perfil, es un símbolo pictórico de estos títulos, pero puede ser despistante. A partir de esta Imagen Mágica, que se ha filtrado a la concepción popular, obviamente a través de una larga contemplación de Dios por la iglesia esotérica, ha crecido la ingénua representación de Dios como un hombre viejo con barba y túnica blancas y flotantes.

15.   Este es un ejemplo concreto del poder que hay detrás de estos símbolos Qabalísticos, pues el color blanco es también un color de Kether —como por ejemplo en el título de La Cabeza Blanca; el blanco contiene todos los otros colores, como Kether contiene toda manifestación posterior. Pero es también un ejemplo de cómo los símbolos pueden apartar a la gente, pues muchos profesan negar la religión en base a que sus conceptos antropomórficos son demasiado ingénuos. La verdad es, por supuesto, que

el crítico es demasiado ingénuo, y, como sucede tan a menudo, proyecta sus propios fallos sobre el mundo externo, el único modo en el que la mayoría de nosotros podemos afrontar nuestras propias insuficiencias, maldiciéndolas en otros.

16. Sin embargo, mientras que Dios es un ser real, y no una mera abstracción metafísica, obviamente no es un hombre viejo ni en túnica blanca. En la Imagen Mágica, es concebido de perfil, pues el otro lado de Kether es inmanifestado, y es considerado viejo porque Kether es lo primero manifestado. Pero uno debería recoger un girón de sabiduría a partir del mito de Titón, que obtuvo de los dioses el don de la inmortalidad pero se olvidó de pedir la juventud eterna. Consecuentemente, se volvió cada vez más senil y decrépito, hasta que su vida fue una carga para él. Como un acto de misericordia, fue convertido en una cigarra —lo que es aún presumiblemente en este día. Esta fue sin duda una lección para él, pero la lección para nosotros es no pensar en los grandes seres divinos como sujetos a las leyes físicas del tiempo, la biología y la química, y por tanto viejos y decrépitos; ellos también tienen «juventud eterna».

17. El Nombre de Dios en Kether es Eheieh, que ha sido comparado al flujo hacia dentro y hacia fuera del aliento, simbolizando así a Kether como la raíz de la que todo fluye y a la que todo retorna. El Aliento Divino es un símbolo ampliamente usado entre los místicos orientales, y mucha de la enseñanza que hay detrás del Hatha Yoga está basada sobre él.

18. Las letras hebreas que componen el Nombre son Alef, Heh, Yod, Heh. En el simbolismo del alfabeto hebreo la letra Alef denota los comienzos de las cosas, y Heh la recepción o estabilización a un nivel de forma. Yod representa el principio fertilizante. Por lo tanto, el Nombre mismo implica la emisión inicial de una fuerza que se estabiliza después, y una emanación fructificante posterior que resulta en una estabilización final. Esto puede ser considerado como una manifestación creciente en estados ligeramente más densos o, quizá mejor, como manifestación y luego vuelta a la estabilidad en Lo Inmanifestado. Yod y Heh pueden representar también los aspectos positi-

vo y negativo de la fuerza, y podrían por tanto igualarse con Chokmah y Binah. Así, se podría considerar que el Nombre representa el brotar de la vida (Alef), que resulta en la estabilización (Heh) de los principios de manifestación, positivo (Yod) y negativo (Heh). Hay sin duda posibles interpretaciones posteriores.

19. Eheieh ha sido traducido diversamente como YO SOY, o YO SOY EL QUE SOY, o YO LLEGO A SER, todos los cuales se corresponden con el título asignado a Kether, Existencia de Existencias.

20. El color asignado al Atziluth de Kether es Brillantez, que trasciende todos los colores, como Kether trasciende toda la creación.

21. El Arcángel del Sefirah es Metatron, que preside sobre todo el Arbol de la Vida así como sobre Kether. Tradicionalmente, fue Metatron quien dio la Qábalah al hombre. Esto puede tomarse como significando que desde su elevado mundo celestial envió una carta-idea de la evolución, que fue impresa en los niveles superiores del hombre de modo que pudiera ser traída posteriormente hasta la mente consciente por las técnicas de meditación.

22. No fue lo que podría ser llamada justamente «telepatía», pues se hallaba por encima de los dominios de la mente concreta. Un ser tan elevado como Metatron no trataría directamente con conceptos mentales o formas pictóricas sino que haría contacto directo con el espíritu del hombre. Sobre los abstractos niveles espirituales en los que un ser así opera, las ideas mentales aparecerían tan sólidas y concretas como un montón de rocas para nosotros, y cuando deseamos comunicarnos uno a otro buscamos métodos más sencillos que esculpir mensajes en una piedra.

23. Esto no significa que sea imposible hacer contacto con alguien tal como Metatron; uno nunca debería permitir que su práctica se limitase por la teoría en estas materias. Puede ser concebido en el color Briático de Kether, un vasto pilar poderosamente radiante de pura brillantez blanca.

24. La Orden de Angeles asignada a Kether es Las Santas Criaturas Vivientes. Estas están clasificadas en cuatro tipos, de acuerdo con el sistema Bíblico que las describe como teniendo las formas de un Toro, un León, un

Aguila y un Hombre. Los Angeles están relacionados con el Mundo Formativo de un Sefirah, y esto es el indicio de mucho, pues lo que se forma en Kether será reflejado a lo largo de toda la manifestación. Esta es la base detrás de los muy calumniados Cuatro Elementos de los antiguos, para los que la escuela jungiana de psicología analítica está haciendo mucho por restaurar su respetabilidad.

25. Hablando esotéricamente, Dios se manifiesta en Cuatro Aspectos, en oposición a los Tres Aspectos o Personas de la iglesia exotérica. Estos Cuatro Aspectos son el Padre, el Hijo, el Espíritu Santo y el Destructor o Desintegrador. El Aspecto del Padre es el Aspecto de Poder o Voluntad Espiritual. El Aspecto del Hijo es el Amor, esto es, completo entendimiento de las necesidades de todos, no sentimentalismo dulce. El Aspecto del Espíritu Santo es la Sabiduría, Inteligencia Activa o Iluminación. El Cuarto Aspecto es el Extractor de la Vida a partir de la muerte de la forma, y finalmente de toda la vida manifiesta hasta lo Inmanifestado.

26. Todas las palabras usadas para describir los Cuatro Aspectos en el párrafo superior son inadecuadas. Los poderes de Dios están más allá del alcance de las palabras de modo que, en vez de ser limitado por ellas, uno debería tratar de llegar, por meditación, más allá de ellas, hasta la verdad que tan pobremente representan.

27. Los símbolos de las Santas Criaturas Vivientes serán reconocidos por los estudiantes astrológicos por corresponderse con los signos zodiacales de Taurus, Leo, Scorpio y Aquarius. Estos son los Signos Fijos de los Cuatro Elementos de Tierra, Fuego, Agua, y Aire, respectivamente, pues en Kether están las raíces de los poderes Elementales, que son representadas por los Ases del tarot de Monedas, Varas, Copas y Espadas, que eran el diseño original de los Diamantes, Bastos, Corazones y Sables de las cartas de juego modernas.

28. Los antiguos dijeron que todas las cosas estaban hechas básicamente de los Cuatro Elementos, y esto es literalmente cierto, pues los Elementos son modos de acción y no sólo los cuatro elementos físicos, aunque éstos sean reflejos de los principios arquetípicos implicados.

29. Las correspondencias entrelazantes de los Elemen-

tos son numerosas, y sería de poco valor examinarlas en detalle antes de haber llevado a cabo un examen completo del Arbol. Los estudiantes familiarizados con la psicología jungiana pueden conseguir algún concepto de su aplicación considerando las cuatro funciones psicológicas jungianas de intuición, sentimiento, intelecto, y sensación, que se corresponden con Aire, Agua, y Tierra, y que en los Sefiroth inferiores del Arbol pueden igualarse a Tifareth, Netzach, Hod y Malkuth.

30. Para contactar los poderes angélicos de Kether, sin embargo, no es realmente necesario ir a un largo análisis de correspondencias. Quizá la mejor imagen a construir es la Esvástika, que es un emblema de la Cruz de Brazos Iguales de los Elementos, en movimiento circular. Se puede pintar una esvástika de pura brillantez blanca, con una imagen de una de las Santas Criaturas Vivientes en cada brazo, y visualizar entonces la esvástica girando rápidamente sobre un eje brillante contra un fondo de blanco moteado de oro.

31. Este movimiento giratorio traerá a la mente el Chakra Mundano de Kether, el Primun Mobile, o Primeros Remolinos. Esta atribución significa que puede lograrse una idea de Kether saliendo afuera y contemplando una nebulosa en remolino en el cielo nocturno, pues será un análogo astronómico de la creación cosmológica. Este símbolo puede servir también para mostrar que los ancianos no eran todos tan zopencos, astronómicamente hablando, como nosotros quisiéramos hacerles.

32. El título asignado a Kether de Macroposopos, o el Rostro Vasto, es puramente Qabalístico, relacionándose con uno de los modos de dividir el Arbol. Estos esquemas del Arbol serán tratados en un capítulo posterior, pero el título de El Rostro Vasto puede ser usado como una imagen, sin referencia a la teoría metafísica. Imaginad una gran cabeza elevándose desde las profundidades de un mar calmo y tranquilo hasta que cubre completamente el espacio que se halla por encima del horizonte. Ved entonces la imagen de este vasto rostro reflejada en las aguas.

33. Alternativamente, uno puede identificarse a sí mismo con el vasto rostro elevándose, percibiendo la reflexión de uno mismo sobre la superficie de la gran pro-

fundidad de donde uno se ha elevado. O, identificarse uno mismo con el reflejo. La mayoría de los símbolos pueden usarse en este modo subjetivo, cualquiera que sea su forma, pero usados de este modo sus efectos pueden ser mucho más potentes que el método usual de visualizarlos objetivamente. El proceso debería ser usado con discreción.

34. En la mitología, Kether puede ser alineado con todos los creadores primarios que surgen del abismo de agua o espacio, autocreados, y creando a todos los otros dioses, hombres, y cosas vivientes. Puede haber una cierta cantidad de solapamiento, pues cuando un creador primario es macho podría tener también motivos para ser alineado con Chokmah, y si es hembra con Binah. El estado de Kether es realmente andrógino, y ya hemos examinado esta naturaleza dual en el concepto cosmológico de Hesíodo, donde tanto Gaea como Eros pueden ser consideradas figuras de Kether. Cronos también podría ser considerado como una figura de Kether, pues devoraba a sus hijos como Kether absorbe finalmente todo lo que ha sido creado a través suyo.

35. Cronos es sin embargo de la segunda dinastía divina de los Griegos, y aunque la atribución de arriba es válida para cualquiera que se preocupe de hacerla, Cronos tiene referencia a un estado de manifestación mucho más tardío. Era uno de los Titanes, que pueden ser considerados memorias humanas de una raza prehumana. Ellos tomaron parte en la versión Griega de La Guerra en los Cielos que aparece en tantas mitologías, incluyendo la Biblia. Cronos a su vez fue derribado por Zeus, que, con los otros Olímpicos, era la principal manifestación de Dios para los Griegos.

36. En la cosmogonía Orfica, Cronos es un concepto enteramente diferente, siendo llamado el Primer Principio, —Tiempo, de donde vino Caos, el infinito, y Eter, lo finito. Caos fue rodeado por Noche, y en la oscuridad se formó un huevo del que Noche formó la cáscara. El centro del huevo fue Fanes —Luz, el creador, en conjunción con Noche, del cielo y de la tierra, y también de Zeus.

37. Esta fantasía de la creación puede considerarse como un *résumé* de la concreción de Kether. Las distincio-

nes de Tiempo, Infinito y Finito, Luz y Oscuridad, son abstracciones filosóficas que demuestran que esta concepción es una estructura metafísica más que un mito primitivo genuino. Estas escrituras fueron atribuídas a Orfeo, cuyas enseñanzas originales fueron probablemente de origen oriental, aunque fue Dionisio el que llegó a ser el dios supremo del Orfismo.

38. En los panteones egipcios, Thoth, Ra, Ptah, y Osiris, entre otros, fueron todos acreditados por sus seguidores con la creación del Universo. Pero el sistema Heliopolitano parece corresponderse mejor con el concepto Qabalístico en Atum-Ra, que vivía dentro de Nu antes de que fuera cosa alguna, y cuyo nombre Atum deriva de una raíz que significa tanto «no ser» como «estar completo», lo que se corresponde bien con los aspectos duales de Kether, manifiesto e inmanifiesto, alfa y omega, comienzo y final.

CAPITULO VII

CHOKMAH-SABIDURIA

«*El Segundo Sendero es llamado la Inteligencia Iluminadora. Es la Corona de la Creación, el Esplendor de la Unidad, igualándola. Está exaltada por encima de toda cabeza, y es llamada por los Cabalistas la Segunda Gloria.*»

IMAGEN MAGICA: Una figura masculina barbuda.
NOMBRE DE DIOS: Jehovah, o Jah.
ARCANGEL: Ratziel.
ORDEN DE ANGELES: Aufanim. Ruedas.
CHAKRA MUNDANO: El Zodíaco.
VIRTUD: Devoción.
TITULOS: Poder de Yetzirah. Ab.Abba. El Padre Supremo. Tetragrammaton. Yod de Tetragrammaton.
EXPERIENCIA ESPIRITUAL: La Visión de Dios cara a cara.
COLOR ATZILUTHICO: Azul suave puro.
COLOR BRIATICO: Gris.
COLOR YETZIRATICO: Gris perla iridiscente.
COLOR ASIATICO: Blanco, moteado de rojo, azul y amarillo.
VICIO: —.—.
SIMBOLOS: El lingam. El falo. Yod. La Túnica Interior de Gloria. La piedra de pie. La torre. La Vara de Poder elevada. La línea recta.

1. Chokmah es el impulso y el estímulo dinámico de la fuerza espiritual. Es el espíritu brotante de Kether en acción positiva, la central de poder del Universo. No se necesita demasiado ser un psicólogo freudiano para ver la idea de sexualidad masculina detrás de la mayoría de los símbolos subsidiarios asignados a esta Esfera. Al mismo tiempo, Chokmah es el Sefirah de la Sabiduría, lo que puede parecer más bien extraño a primera vista, pues en muchas de las ejecuciones del impulso de la sexualidad la Sabiduría es usualmente la cosa que se hace notar por su ausencia. Sin embargo, debe recordarse que estamos tratando con principios cósmicos detrás de la manifestación, y no con su reflejo en las grandemente aberradas acciones del hombre.

2. En su aspecto pasivo Chokmah es un reflejo del brote primario de fuerza en Kether, y en su aspecto positivo es la fuerza divina en función positiva, por oposición a su modo de acción pasivo en Binah. Cuando el jeroglífico de los Pilares se sitúa sobre el Arbol, Chokmah está a la cabeza del Pilar Positivo y Binah a la cabeza del Negativo, de modo que podemos esperar encontrar todos los símbolos de naturaleza positiva y masculina asignados al primero, y todos los símbolos de naturaleza pasiva y femenina asignados al último.

3. Sin embargo, antes de hacer un examen de los símbolos fálicos de Chokmah, será mejor examinar sus aspectos como reflejo de Kether. En todas las cuestiones de análisis espiritual es mejor trabajar desde el punto más elevado hacia abajo, a fin de conseguir un entendimiento genuino, pues lo superior precede a lo inferior en punto de creación, y es por tanto su causa. Así, Chokmah es un Sefirah dinámico porque es un reflejo de Kether, y todo simbolismo posterior surge a partir de este hecho. Examinando primero el simbolismo sexual macho, y procediendo después desde eso hasta los factores cósmicos, se puede caer en el error de muchos de los seguidores de Freud, que trató de describir el simbolismo religioso como meras proyecciones de sexualidad humana.

4. Para usar el lenguaje del simbolismo metafórico, se podría decir que la Deidad se manifiesta, como un Rostro, a partir de la nadidad de Lo Gran Inmanifestado. Está

por tanto sola y autocreada, sin nada más en manifestación que atraiga su atención. Se refleja por tanto sobre sí misma, y esta reflexión hace que se forme una imagen de sí misma, y como la Mente de Dios es tan poderosa, esta imagen toma una existencia objetiva —cualquier cosa que Dios piensa, es. Así que el total de la manifestación podría ser concebido como el proceso de pensamiento de Dios. «Somos de la substancia con que se hacen los sueños.»

5. Es a esta primera proyección de una idea de sí a lo que llamamos el **Sefirah Chokmah**. Es la acción de la Mente de Dios en manifestación, y esta gran imagen de Dios, siendo una imagen perfecta, es también autoconsciente, de modo que se establece una gran polaridad de mutuo reconocimiento entre Kether y Chokmah. Conforme Dios en Kether se percata de la imagen de sí mismo en Chokmah, así cambia Su propia mentación, produciendo por tanto un cambio en Kether, y así sucesivamente *ad infinitum*.

6. «El Señor nuestro Dios es un Dios vivo». Los Misterios de esta gran polaridad primaria son parte del gran Sendero Undécimo de Gloria Oculta que conduce entre Chokmah y Kether, y cuyo símbolo del Tarot es quizá el más profundo en toda la baraja —El Loco.

7. Puede notarse que nos referimos a Dios como Ello (*). Esto no se hace en un intento de reducir el Universo a una concepción de mecánicas —aunque las mecánicas, como la geometría, pueden dar un campo útil de simbolismo; «Dios geometriza»— sino porque Dios es el Gran Andrógino, tanto masculino como femenino, y aun trascendiéndolos.

8. Es en vista de esta reflexión primaria pura de la Deidad, Kether, que el Texto Yetzirático describe a Chokmah como «la Corona de la Creación, el Esplendor de la Unidad, igualándola. Está exaltada por encima de toda cabeza, y es llamada por los Cabalistas la Segunda Gloria.»

(*) N. del T.: Esta utilización del género neutro no resulta posible en castellano sin dotar al texto de una extraña inarmonía. Sépase pues que en el original inglés, todas las referencias a la Divinidad de los párrafos anteriores se hacen como *Ello*.

9. También explica la naturaleza de la Experiencia Espiritual de Chokmah, la Visión de Dios cara a cara. Es inverosímil que persona viviente alguna pueda alcanzar un visión mística tan alta, pues como se dice en la Biblia en varios lugares, ningún hombre puede mirar a la cara de Dios y vivir. Y cuando uno realiza cuán difícil es para el hombre mirar sobre sí mismo tal como realmente es, puede imaginarse cuánto más conmocionante sería la experiencia de mirar a su Creador. Sin embargo, el paralelo no es exacto, pues el hombre encuentra difícil mirar sobre sí mismo por la ridícula miseria de sus propios pecados, mientras que la Visión de Dios cara a cara sería una realización de perfección omnipotente —o Verdad desnuda. No obstante, como el hombre es construido a imagen de Dios, tiene su propia Deidad dentro de sí, su Espíritu que le creó al principio. Esto también ha de mirarlo al final. Pero lo que le detiene son sus propios bloqueos autoformados, las barreras que ha creado dentro de sí mismo por su desviación del Plan Divino. Así, él tiene que encarar primero a su propio Morador del Umbral, para dispersar su propia Sombra y su Obscuridad Falsa, antes de que pueda ir finalmente a enfrentarse a la Luz. La Luz referida usualmente en escrituras religiosas es la de Tifareth, y el encaramiento del Morador viene en los Senderos entre Tifareth y Geburah, y Geburah y Chesed, mucho más abajo de las exaltadas visiones de Chokmah.

10. Como confirmación posterior de este análisis de Chokmah, su Virtud es la Devoción, y se puede imaginar que cualquier Visión de Dios cara a cara impelerá a la devoción. A un nivel tan elevado de realización mística no podría haber mal alguno manifestándose, y por tanto, como con Kether, no hay vicio asignado a Chokmah. Y mirando al mundo hoy en día, es claramente obvio que las condiciones generales están tan corrompidas que nadie podría vivir una vida activa sin ensuciarse sus manos espiritualmente de algún modo —siendo la única excepción uno como Nuestro Señor. Así que si alguno alega ser del grado esotérico de Magus o Ipsissimus, los grados asignados a Chokmah y Kether, él se proclama a sí mismo como un Cristo, un embustero, o un tonto. Y si en justificación dijese que la asignación del Sendero entre Chokmah y

Kether es El Loco, entonces él es aún más culpable por un claro ignorante abuso del simbolismo. Es el significado detrás del simbolismo lo importante, no la mera forma externa del símbolo, como hemos de realizar si hemos de entender correctamente el simbolismo fálico de Chokmah y el simbolismo yónico de Binah.

11. El lado positivo masculino de Chokmah es el de Padre de Todo, como es sugerido por la Imagen Mágica de una figura masculina barbuda, y el título subsidiario de El Padre Superno.

12. El Nombre de Dios en la Esfera de Chokmah es Jehovah, o, como aparece en la escritura hebrea transliterada, JHVH (Yod, Heh, Vau, Heh). Se ha escrito mucho sobre este Nombre: es la delicia del Qabalista pedante. Es de este Nombre particular que se dice que, si se pronunciara correctamente, el Universo sería destruido. No se recomienda que los estudiantes intenten el experimento, pues sus cuerdas vocales se gastarían con el esfuerzo antes de alcanzar el cataclismo intentado. Caerá el silencio sobre ellos, pero no el Silencio de lo Inmanifestado.

13. La idea más creíble detrás de esta historia es la de que cualquiera capaz de funcionar en el Sefirah Chokmah, que es la Esfera de la Visión de Dios cara a cara, sería, a través de la absoluta pureza de Devoción de esta experiencia, arrastrado a la Unión con Dios, y por tanto, desde el punto de vista de la manifestación, no existiría ya más. Alcanzaría una realidad enteramente noumenal más que una fenomenal, y por tanto su propio Universo manifiesto sería destruido.

14. Esto no es para negar que haya un gran poder detrás de ciertas palabras, particularmente Nombres Santos. Al contrario, hay a menudo un gran poder; para eso son los Nombres, y no deberían ser usados indiscriminadamente. Hay muchas palabras de Poder en ocultismo que son mantenidas como celosos secretos por esta razón. Esto no es sólo por temor a que alguien se dañase a sí mismo por usarlas tontamente, sino porque tal uso tonto tendería también a dispersar su poder. Es realmente por la misma razón por la que nadie usaría un cubrealtares como paño de limpiar platos.

15. Los Judíos ortodoxos no pronuncian el Nombre de

Dios cuando leen sus textos, sino que, o bien hacen una pausa, o bien lo substituyen por otra palabra. Aunque esto podría fácilmente ser considerado como superstición, es realmente un acto de reverencia, y debería rendirse reverencia a los símbolos ocultos si uno ha de hacer el mejor uso de ellos, y también las palabras son símbolos.

16. JHVH (o IHVH o YHVH —siendo transliterada la letra hebrea Yod como una J, I o Y por diversas autoridades), como el Nombre de Dios para Kether, Eheieh (Alef, Heh, Yod, Heh) es una palabra tetragammatónica o de cuatro letras que significa la idea «ser». Puede escribirse diversamente en doce modos diferentes, y, de acuerdo con MacGregor Mathers, todas estas transposiciones retienen el significado «ser», un hecho que no es aplicable a ninguna otra palabra. Las doce permutaciones de las cuatro letras son llamadas «los doce estandartes del nombre poderoso», y se dice por algunos que corresponden a los doce signos zodiacales. Esta teoría es interesante a la luz del hecho de que el Chakra Mundano de Chokmah es el Zodíaco.

17. El Nombre puede ser interpretado simbólicamente en muchos modos, pero el método usual es igualarlo a los Cuatro Mundos: Yod con Atziluth, Heh con Briah, Vau con Yetzirah y la segunda Heh con Assiah. Una vez que se ha conseguido una captación del significado de las letras hebreas hay un gran campo para la especulación metafísica en esta sola palabra, pero es una línea de investigación para especialistas y no puede por tanto entrarse en ella en el contexto presente.

18. Por lo que respecta a la pronunciación práctica de la palabra, es realmente una materia de elección personal. Las formas usuales son Jehovah o Yahve, o el deletreo de cada letra, Yod, Heh, Vau, Heh. Algunas veces se substituye por la palabra Tetragrammaton. MacGregor Mathers alegaba conocer más de veinte maneras diferentes de decirla, pero no hay premios ofrecidos por exceder esta marca.

19. El Arcángel del Sefirah es Ratziel, y el título Ab o Abba es quizá de ayuda en contactar esta potencia. Estos títulos, que consisten en las dos primeras letras del alfabeto hebreo, Alef y Beth, significan la formación de un segundo principio a partir del primer principio, y el térmi-

no Ab es por tanto la primera emisión de poder divino, y **Abba** su reflejo. El Arcángel podría ser concebido como un pilar gris contra un fondo azul claro, y la mejor fuente de la cualidad real de los colores está en las nubes en el cielo en un día brillante. Este contexto visual traerá la asociación del espacio interestelar, lo que es muy pertinente en relación con los niveles superiores del Arbol de la Vida.

20. La Orden de Angeles es Aufanim, o Ruedas, y su color un gris iridiscente. La palabra gris tal vez no es buena, pues contiene una alusión a indescripción o suciedad, pero es el equivalente verbal más próximo al color real pretendido. La descripción de esta Orden de Angeles como Ruedas da la concepción de una acción cíclica, un poder interminable a través del movimiento; y quizá pueda conseguirse mejor una idea de su modo de ser contemplando el eterno rodar de las estrellas en el cielo nocturno, pues el Chakra Mundano de Chokmah es el Zodíaco. El blanco, moteado de rojo, amarillo y azul, que es el color asignado a Assiah, sugiere también las estrellas, que aparecen blancas ante el ojo desnudo, aunque muchas son rojas, amarillas o azules en un examen más próximo. Un modo de construir una imagen de los Aufanim sería pintar ruedas gris iridiscentes en remolino contra un fondo de cielo nocturno.

21. De los símbolos subsidiarios, quizá el más simple es la línea recta, que da la idea del punto, un símbolo de Kether, ahora en moción dimensional.

22. La letra Yod, la primera letra del Nombre de Dios de Chokmah, es la letra que significa poder iniciatorio fecundante. El símbolo hebreo para la letra Yod es la Mano. Crowley ha considerado que esto es un eufemismo para el esperma masculino, y hay mucho que decir a favor de esta interpretación, pero también significa la mano de Dios que se extiende y pone la creación en movimiento. La pintura de la Creación de Adán por Miguel Angel en la Capilla Sixtina da una buena concepción visual de esto. Esto es ampliado aún por el título El Poder de Yetzirah, o El Poder de Formación, pues es el poder de Chokmah el que anima toda forma posterior.

23. La Túnica Interior de Gloria es uno de una serie

de símbolos o títulos que concibe a los diversos Sefiroth como teniendo correspondencias en el equipamiento técnico de un mago ritual. El significado que aquí se pretende es que Dios es un Gran Mago que hace descender poderes superiores en formas inferiores, y, por tanto, la Carta del **Tarot El Mago se asigna al Sendero entre Kether y Binah**, la Deidad y la Idea Arquetípica de Forma. La forma, en este simbolismo particular, se dice que es La Túnica Exterior de Ocultamiento, pero como Chokmah está incluso por encima de la idea de forma, y sin embargo no es la Deidad Misma, sino un reflejo de Ella (*), es naturalmente llamado La Túnica Interior de Gloria.

24. Los símbolos restantes son fálicos, o derivativos fálicos, y significan el Principio Macho del Universo o el Macho Universal. El asunto del simbolismo sexual en la religión es vasto, cubierto con muchos indicios falsos y ramificaciones confusionantes. El hecho de que muchas de las visiones de los santos estén expresadas en simbolismo **sexual, ha conducido a algunos a inferir** que la religión no es más que una expresión sublimada del deseo sexual inhibido. Esto desde luego puede ser verdadero hasta cierto punto, pero esto no prueba en modo alguno la tesis, que es sin duda la más pérfida de las cosas: una media verdad.

25. La sexualidad es un medio de expresión de la fuerza vital dentro de una persona, igual que lo es cualquier otra actividad creativa, sea en religión, arte, o una capacidad ejecutiva en las áreas de la ciencia o el comercio. Y si la fuerza vital es bloqueada sobre un nivel buscará su expresión sobre otro. Esta fuerza vital es confundida a menudo con la fuerza sexual, pues la expresión sexual es **común a toda la humanidad, estando enraizada** en los instintos, pero debe recorsarse que el sexo es una función, no una fuerza, pese a que la fuerza vital busque usualmente este medio de expresión como la línea de menor resistencia.

26. Es esta fuerza vital, en todos sus niveles, la que es la correspondencia de la fuerza vital de Dios en Chokmah.

(*) N. del T.: *Ello*.

La fuerza vital brota originariamente de lo Inmanifestado, no de lo físico.

27. Este hecho no es inmediatamente obvio porque hay dos «líneas» de vida en un organismo. Una es la línea de la vida, y la otra es la línea de la conciencia. La psicología esotérica enseña que cuando una entidad tal como el hombre llega a la encarnación, la parte relativamente inmortal de sí mismo —llamada diversamente el Yo Superior, Yo Evolutivo, el Alma etc.— proyecta un proceso semejante a una vara o fibra adentro de los niveles inferiores, el cual forma la base de la personalidad, y ésta desarrolla una vida propia y es mantenida viva por medio de esta línea de vida, la cual ha sido descrita como un «cordon de plata», no sólo en la Biblia sino también en experiencias registradas de proyección etérica, los detalles de las cuales están disponibles en muchos libros de investigación psíquica. Conforme la personalidad se desarrolla hacia la madurez, el Yo Superior comienza a tomar posesión hasta un grado mayor, o usualmente menor, y esto se hace por medio de la apertura de la línea de la conciencia entre los dos niveles del ser.

28. La meta del entrenamiento esotérico es hacer de esta conciencia dual una realidad singular. La conciencia del Yo Inferior es elevada por medio de la meditación, la contemplación y la adoración, y el Yo Superior es atraído hacia abajo por atención, intención y, en Occidente, por métodos rituales. Como el Yo Inferior puede no ser, por diversas razones, una proyección cabal del Yo Superior, habrá límites naturales a la extensión en la cual este ideal pueda ser alcanzado. La falta de un vínculo consciente entre los dos niveles es uno de los resultados del Pecado Original del hombre, pero cualquiera que sean las causas, puede verse que es por este vínculo ocluído que el hombre tiene una idea tan limitada de su propia psicología, y normalmente ninguna percerpción de existencia alguna antes de su vida física presente.

29. Sobre el Arbol de la Vida, usado como símbolo de la psicología del hombre, el vínculo se hace en Tifareth, el Sefirath central. De modo que el hombre normalmente no es consciente de cosa alguna por encima de este nivel —de hecho, toda su concepción de sí mismo debe ser

menos que una media verdad. Pero puede verse entonces cuán fácilmente puede cometer el error de asignar fuerzas que brotan de Chokmah y Kether al impulso de los instintos, los cuales corresponden al Sefirath Yesod, porque salvo que sea guiado por la fé, él considerará que no existe por encima de los niveles de Hod y Netzach, los Sefiroth de la mente y la imaginación creativa respectivamente.

30. De modo que, para evitar este error, debemos recordar que en el simbolismo oculto y religioso la mayoría de los emblemas sexuales se refieren a los Supernos, el patrón básico de dualidad y polaridad a lo largo de toda la existencia manifiesta. En sectas primitivas, en las que estos principios eran representados por representaciones reales de los genitales, es obvio que, siendo como es la naturaleza humana, la mayoría de ellas declinasen en la orgía. En muchos casos esto puede haber sido deliberado por el sacerdocio, pues una orgía de frenesí produce grandes cantidades de emoción cruda y extrusión etérica que pueden dirigirse ocultamente. Esta es la razón de ser detrás del Sabbat de las Brujas, que usaban también la sangre como fuente de poder crudo.

31. Es innecesario decir que tales métodos no se usan en los grupos esotéricos de hoy en día, aparte de en Logias Negras y Gris-Sucias. Aunque son sin duda métodos efectivos, aparte de las dificultades legales y sociales de organizar un proceder así, la degradación implicada de la individualización humana no podría ser sostenida. Cuando se necesita fuerza etérica, se obtiene mucho más salubre y simplemente teniendo un grupo de gente que se sienta tranquilamente en un círculo, de modo que se concentra su fuerza etérica. Esta es la técnica del velador en espiritismo. El poder de mover objetos ligeros tal como trompetas de papel y atavíos similares, viene de los asistentes mismos, o de un medium ectoplásmico, esto es, una persona con un grado desacostumbradamente alto de magnetismo etérico libre. Incluso este método no se usa generalmente en grupos de entrenamiento esotéricos, pues su objetivo es el desarrollo de la conciencia superior, no la manifestación de maravillas aparentes ante la conciencia inferior. Y por lo que concierne a los mensajes, el contacto telepático es

muy superior a la ouija o plancheta, y mucho más fácil de operar que la técnica del trance profundo.

32. En vista de los peligros del simbolismo fálico directo, puede verse que las razones para sus derivativos no son sólo mojigatería. En el curso del tiempo el principio fue simbolizado en formas tales como la piedra de pie, la torre, la vara, la serpiente, el toro, la cabra, el gallo y el caracol, etc. Puede ser más bien maliciosamente entretenido especular cuántos buenos visitantes de iglesias se dan cuenta del origen del gallipollo en el tope de su iglesia, que justifica su existencia hoy en día como una veleta o como el gallo que le cantó tres veces a Pedro, pero no se debe cometer el error de pensar que la idea original es puramente sexual; la idea original es el Poder Creativo de Dios. Y a cualquiera que esté dispuesto a reducir las ideas religiosas a meras proyecciones sexuales se le aconseja aprender el capítulo 38.º de Job, donde el Señor, respondiendo a Job desde el torbellino, atronó: «¿Quién es este que empaña mi providencia con insensatos discursos? Cíñete pues como varón tus lomos. Voy a preguntarte para que me instruyas. ¿Dónde estabas tú al fundar yo la tierra? Indícamelo si tanto sabes. ¿Quién determinó, si lo sabes, sus dimensiones? ¿Quién tendió sobre ella la regla? ¿Sobre qué descansan sus cimientos? ¿O Quién asentó su piedra angular entre las aclamaciones de los astros matutinos y los aplausos de todos los hijos de Dios?»

33. Este pasaje, aparte de su significado literal, está lleno de simbolismo de Chokmah.

34. Obviamente que en las mitologías paganas todas las figuras del Gran Padre pueden referirse a Chokmah, y, en sus aspectos superiores, todos los dioses Priápicos tales como Pan. Pero quizá la mejor forma divina sobre la que meditar es la de Pallas Atenea —la diosa virgen de la sabiduría, que surgió completamente armada de la frente de Zeus, de modo muy semejante a cómo Chokmah surgió del reflejo de Kether. El significado del título Chokmah es Sabiduría. O, si se prefieren las formas divinas egipcias, puede usarse su contraparte egipcia Isis-Urania, alada para mostrar sus afinidades cósmicas, y con el disco de Sothis sobre su cabeza. Ambas diosas pueden visualizarse

contra un fondo del cielo nocturno, y esta idea de realidad cósmica puede ayudarse poniendo la Tierra en esta ilustración en la forma en que realmente es, una esfera girando y espiralando a través del espacio interestelar.

CAPITULO VIII

BINAH-ENTENDIMIENTO

«El Tercer Sendero es llamado la Inteligencia Santificante, el Fundamento de la Sabiduría Primordial; es llamado también el Creador de la Fe, y sus raíces están en Amén. Es el autor de la fe, de donde emana la fe.»

IMAGEN MAGICA: Una mujer madura.
NOMBRE DE DIOS: Jehovah Elohim.
ARCANGEL: Tzafkiel.
ORDEN DE ANGELES: Aralim, Tronos.
CHAKRA MUNDANO: Saturno.
VIRTUD: Silencio.
TITULOS: Ama, la madre estéril oscura. Aima, la madre fértil brillante. Khorsia, el Trono. Marah, el Gran Mar.
EXPERIENCIA ESPIRITUAL: Visión del Pesar.
COLOR ATZILUTHICO: Carmesí.
COLOR BRIATICO: Negro.
COLOR YETZIRATICO: Marrón oscuro.
COLOR ASSIATICO: Gris, moteado de rosa.
VICIO: Avaricia.
SIMBOLOS: El yoni. El kteis. La Vesica Piscis. La copa o cáliz. La Túnica Exterior de Ocultamiento.

1. Binah es el primer Sefirah de «forma». Esto es, aunque se halla muy por encima de cualquier clase de forma tal como la conocemos, está implícito en él el arquetipo o la idea de la forma. La forma puede ser definida

como el entrelazamiento de fuerzas de movimiento libre en patrones que operan entonces como una unidad. De este modo una unidad de fuerza ya no es incondicionada, sino que ha de operar en conjunción con las otras fuerzas que construyen el patrón del que es una parte.

2. A partir de esto puede deducirse la razón para la manifestación evolutiva. Las entidades espirituales, o Chispas Divinas, aunque perfectas, son incapaces de crecimiento en las condiciones perfectamente libres de Inmanifestación, o manifestación por encima de los niveles de la forma. A fin de que haya algún desarrollo, debe haber alguna limitación de acción posible. El espíritu virginal puro no tiene, o tiene muy pocas características distintivas de otras chispas del primer espíritu manifiesto. La capacidad para la acción individualizada se consigue por la entrada en los factores limitantes de la forma, primero el grado de libertad relativamente alto de los niveles espirituales, después la libertad más limitada de la mentación (—y cualquier escritor que lucha por encontrar una palabra que se ajuste a un concepto conoce esto—), después las limitaciones aún mayores que imponen los niveles emocionales, y finalmente la limitación extrema, la existencia física (y cualquiera que haya perdido el último autobús a casa se apercibirá de esto.)

3. Por lo tanto, todo el propósito de la vida es adquirir experiencia en la forma. Los bebés espirituales —las Chispas Divinas— entran en la manifestación, semejantemente a los bebés humanos, con ciertas características inherentes, pero careciendo de experiencia de la vida. Su experiencia involutiva y evolutiva es como el moldeado del carácter en la vida del hombre. Y su retirada final de la manifestación corresponde a la muerte de un hombre, el cual, salvo que haya gastado la mayor parte de su vida en una ruta fácil, se lleva de este mundo mucha más sabiduría práctica de la que nunca trajo a él.

4. Así pues se verá que el crecimiento espiritual se consigue mejor teniéndoselas que ver completamente con la vida en el mundo. Es una patología común con estudiantes inclinados hacia lo esotérico, que tratan de encontrar la vía más fácil afuera de ella. Esto da cuenta de muchas de las sociedades de «borrachera mística» que dan

un nombre tan malo al ocultismo. En una escuela oculta genuina, el estudiante debería ser atacado bien y duro por el remolino de la vida; y hasta que no pueda apañárselas eficientemente con el plano físico, deberían serle apartados los planos superiores de experiencia —por su propia seguridad, así como por la de otros. Un estudiante que no puede manejar sus responsabilidades mundanas sólo cosechará confusión peor confundida si empieza a abrirse a las fuerzas y responsabilidades de los niveles de vida supramundanos. No se realiza siempre que los mundos superiores, debido a la desviación del hombre, no son en absoluto todo dulzura y luz, y es parte de la tarea de un ocultista compensar fuerzas desequilibradas sobre estos niveles y traerlas hasta la vida física en equilibrio armonizado. Si, por ignorancia o falta de competencia, las trae desequilibradas, el efecto sobre sus circunstancias físicas será caótico. Y las implicaciones de una acción así van mucho más allá que cualquier desconfort para él y sus asociados, y sus relaciones inmediatas. Es por esto que se esperan altos standards de los estudiantes de ocultismo. Y si los standards de un grupo de entrenamiento no son elevados, entonces puede deducirse por ese mismo hecho que sus poderes internos son negligibles, pues si tuviera poder real expresándose a través suyo, cualquier descenso de los standards desharía la organización por las disensiones internas. Esta es usualmente la razón por la que se despedazan a veces grupos ocultos; llegan a un nivel de poder que no pueden manejar. El desarrollo de un grupo oculto, como el de un individuo, debe llevarse a cabo con gran circunspección, y cualquier prisa indebida puede ser fatal. Por tanto, no creáis a cualquiera que ofrezca enseñaros la Sabiduría de las Edades en seis meses —él sólo va tras vuestro dinero. Podéis ganar sabiduría con la transacción, pero no de la clase que esperábais.

5. El título de Binah es Entendimiento, que es el aspecto de forma de la Sabiduría de Chokmah. Estos Sabiduría y Entendimiento no son meramente la sabiduría y el entendimiento de la mente humana como se da a entender ordinariamente por estas palabras. El Entendimiento aquí indicado es más un tipo superior de Fe. El Texto Yetzirático establece que Binah es «el autor de la fe,

de donde emana la fe». Y las otras atribuciones del Texto Yetzirático: la Inteligencia Santificante, el Fundamento de la Sabiduría Primordial, El Creador de la Fe, amplían esta afirmación, mientras que la frase «sus raíces están en Amen», que significa «Así sea», indica la primera manifestación de la forma.

6. Puesto que la mente humana, estando compuesta ella misma de formas, debe dar contorno a cualquier cosa a fin de entenderla, es obvio que Binah es el nivel más elevado absoluto que podría alcanzar la mentalidad. Todas nuestras consideraciones de los niveles más allá de Binah han sido en la forma de concepto y símbolo, y sin embargo la forma sólo entra en el esquema de las cosas en Binah. Toda nuestra percepción de la fuerza cósmica, por consiguiente, debe ser filtrada hasta nosotros por representaciones de forma —«pues ahora vemos a través de un vidrio, obscuramente; pero entonces cara a cara». En sus niveles superiores, este aserto de San Pablo se aplica a las iniciaciones cósmicas más allá de Binah, siendo la Experiencia Espiritual de Chokmah, como se recordará, La Visión de Dios cara a cara.

7. Binah es el dador de forma a toda la manifestación, y es por tanto también el Templo Arquetípico detrás de todos los templos, La Iglesia Interna detrás de todas las iglesias, el Credo Básico detrás de todos los credos. Es la Matriz de la Vida, y esta cualidad femenina arquetípica se manifiesta en dos aspectos, como Ama, la oscura madre estéril, y Aima, la brillante madre fértil.

8. Ama está compuesta de la letra hebrea Mem, que significa Agua, las Aguas de la Forma, entre dos Alefs, que significan los comienzos de las cosas. Aima es la misma palabra con la Yod fertilizante impactada en ella.

9. Ama, la Madre Oscura, es el aspecto de Binah que limita a la fuerza de movimiento libre de Chokmah dentro de una forma limitante. Aima tiende más a la condición futura, cuando la fuerza aprisionada ha adquirido una función armonizada en la forma, y la forma por tanto no es ya por más tiempo una limitación necesaria para su desarrollo. Considerando Chokmah y Binah como el Padre y la Madre Supernos, Aima sería la cónyuge o esposa de Chokmah, y Ama el correctivo disciplinario, pues aprisio-

na y frena a la fuerza de movimiento libre de Chokmah.

10. Puesto que Ama es el aspecto de Binah que «entrena» al Espíritu, es un lado importante de la función del Sefirah, y debería ser considerado profundamente. En su esencia, es la fuerza del parto en todos los tipos y niveles de dar a luz, la labor que se requiere para llevar a cabo cualquier objetivo en los mundos de la forma. Este aspecto puede visualizarse en la forma de una Madre Superior gigantesca, completamente cubierta desde la cabeza hasta los pies en negro, la cara parcialmente oculta, y sosteniendo en la mano *izquierda* una vara de corrección formada por una corta barra redondeada, ligeramente afilada, de madera negra sin pulir. La impresión que debería dar la figura es la de esplendor y belleza veladas por la voluminosa túnica sombría —La Túnica Exterior de Ocultamiento.

11. No debe olvidarse que el lado espiritual del poder de Ama es parte de la acción del Cristo Cósmico, el Aspecto regenerador y reconciliador de Dios. La regeneración podría definirse como encararse con la realidad individual, combinado honestamente con el deseo genuino de cambiar. Puede ser un proceso doloroso para la personalidad; poca gente se preocupa de mirar honestamente a sus fallos, y muchos temen un cambio de cualquier clase pues parece ser una amenaza para la seguridad. La basura de la naturaleza humana se convierte en llamas cuando se expone a este fuego regenerativo, y la Madre Oscura, la Madre de las Aflicciones, que media esta fuerza al carácter durante un período de tiempo mayor o menor, es realmente una figura de gran compasión comparada con la aplicación directa de una fuerza cósmica tan potente como el Cristo Cósmico, cuyo calcinante calor, si se aplicase al alma, sería semejante a aplicar un soplete oxiacetilénico al cuerpo.

12. La fuerza Cósmica de Cristo no debería confundirse con el Señor Jesús, el Maestro de Compasión. Lo que se quiere dar a entender aquí es la fuerza cósmica ciega que fue mediada en una de sus formas más grandes en la historia de la humanidad por Nuestro Señor, en su capacidad como Portador de la fuerza de Cristo. El Señor Jesús media esta fuerza como lo hace la figura de Ama, que es representada en la adoración cristiana como la Virgen

María. A lo largo del curso de las edades, las representaciones de Nuestra Señora han sido sentimentalizadas en gran medida, dando las primeras pinturas y mosaicos Bizantinos de ella una indicación más verdadera de su aspecto de Binah como la «Mater Dolorosa». Y su descripción en la Letanía como «Mater Boni Consilii» es muy apta para el Entendimiento de Binah.

13. Es sobre la construcción del carácter que realiza esta fuerza, que dependen tantas cosas, pues sin ella, las fuerzas del Gran Padre, la sabiduría superior de Chokmah, no pueden ser llevadas hasta la mente, y no pueden por tanto llevar a cabo la vivencia de la «vida superior» —la continua meditación consciente del Espíritu en la Tierra del adepto iniciado.

14. También se guarda en Binah el arquetipo del adepto iniciado, siendo su grado esotérico el de Magister Templi —Maestro del Templo. Este término se aplica a uno que es maestro absoluto del arbitrio y manipulación de fuerza y forma, y que tiene un entendimiento completo del poder cósmico y de la creación de las formas requeridas en las que puede manifestarse este poder. También, que tiene la capacidad de calibrar las condiciones de día en día y aceptar a la gente tal como es y lo que será como resultado del entrenamiento posterior; e incluyendo en la medida los efectos del karma sobre la personalidad o vehículo físico. El arquetipo de uno así puede concebirse como una figura sentada con un tocado Egipcio grisáceo y el uraeus, o símbolo de la serpiente, tal vez en la forma de una vara de serpiente enroscada, por encima de la frente. La cara como la de una gran esfinge, pero iluminada desde adentro en una suerte de gris luminoso. Las túnicas deberían ser negras, y la figura debería portar un cetro de piedra con un objeto groseramente tallado, sugiriente de un corazón, en su tope.

15. El «Templo» del título del grado también implica los vehículos del Espíritu en manifestación, incluyendo el cuerpo físico así como la estructura psíquica. Nuestro Señor fue uno que demostró los poderes del Magister Templi en sus palabras «Yo destruiré este Templo, y lo reedificaré después de tres días», y se recordará que al final de la Crucifixión «el Velo del Templo se rasgó por la mitad». La

capacidad de este grado es la de construir un templo fuera de las estructuras de la personalidad, y morar en él hasta que llega el tiempo de destruirlo, de manera que pueda construirse una forma mejor. Esta destrucción cae bajo el Cuarto Aspecto de la Deidad, y también bajo la Madre Oscura, y no es en modo alguno malo.

16. La Experiencia Espiritual de Binah es la Visión del Pesar, y una Imagen Mágica alternativa a la de una mujer madura es la de un corazón atravesado verticalmente por tres espadas. Hay ciertas ilustraciones de la Virgen María que muestran su corazón atravesado con espadas, y ésta es realmente una combinación de las dos imágenes mágicas.

17. El Pesar de la Visión tiene muchos niveles de significado. No significa meramente un disturbio emocional temporal por alguna desgracia menor, sino más bien una realización absoluta y completa de la ruta a recorrer, de todo lo que acaecerá y que ha acontecido a lo largo de esa ruta, y cuándo y cómo y si se llegará a la consecución. Así, la Visión del Pesar, conforme el Espíritu desciende adentro de los principios constructores de la forma de Binah, es la realización de la laboriosa vía del progreso involutivo y evolutivo. El Pesar se ve ampliado por supuesto por la posterior Caída del Hombre, de modo que lo que antes de la Caída era una lucha trabajosa, ahora es una retorcida agonía. Pero esta desviación del hombre, no teniendo lugar en el Plan Divino, no tiene realidad noumenal, y por tanto sus resultados no se han de asignar a Binah, hablando estrictamente —o desde luego al Arbol en modo alguno, por cuanto que el Arbol es un Patrón Divino. Los pecados del hombre son asignados más correctamente al Foso de los Qlifoth, en el que están los reflejos distorsionados de los Santos Sefiroth.

18. Sin embargo, la manifestación del pesar en la personalidad humana puede ser considerada como el trabajo de Ama, la Madre de los Pesares. La pesadumbre es una fuerza purgante y fuertemente quebrantante, y cuando el trabajo esencial de romper adhesiones y dispersar venenos ha sido hecho por ella, deja sitio a una profunda lasitud y a un sentimiento de vacío, los cuales pueden actuar como base purificada para un nuevo crecimiento.

La gente está hecha de tal modo que no realizará o no podrá realizar completamente una cosa hasta que no sea golpeada en su parte más vital, en algún sentido emocional profundo. Y así, sólo por el pesar, y yendo de pesar en pesar, puede proceder la evolución de un individuo. El hombre que no puede o no desea sentir el pesar o afrontarlo en otros, no puede proceder en absoluto.

19. No hay, sin embargo, valor alguno en la lamentación por sí misma. Por algún capricho de la constitución humana, tiende a ser considerada como una imagen estática, en vez de un proceso que conduce a un nivel superior de iluminación y descanso, transformándose por tanto de una fuerza destructiva negativa en una constructiva positiva. La Cristiandad exotérica ha tendido a cometer este error, y a fijarse en la Crucifixión sin pasar a la Resurrección y Ascensión posteriores.

20. Estos pueden parecer asertos duros, pero si evocan una violenta reacción emocional de escepticismo, entonces uno haría bien en examinarse a sí mismo de porqué estos asertos particulares han de producir una reacción emocional más bien que una mera indiferencia. Un fuerte antagonismo emocional hacia algo denota usualmente un bloqueo psicológico, y un rehuse a encarar lo que con él se implica.

21. Pero tanto si uno acepta estas afirmaciones de la necesidad del pesar como si no, si uno fuese a sufrir un período de pesadumbre puede ser de gran ayuda en más de un modo imaginar a la Madre de los Pesares. Puede verse como una poderosa figura maternal de majestad y pesar, en túnica negra, y sentada en el centro de una esfera de luz púrpura, graduándose desde el violeta translúcido y el lila hasta el púrpura profundo de las uvas en el centro —un símbolo excelente por sí sólo, pues significa uno que ha recorrido solo el lagar. Esta figura puede considerarse como cristiana o como pagana, pues el pesar del lado femenino de la Divinidad es el mismo a lo largo de las edades, bien sea Demeter lamentándose por su hija, Ishtar buscando las partes desmembradas de su esposo, o María viendo cómo muere su hijo.

22. En los niveles superiores, el Pesar de Binah es el conocimiento y el entendimiento de los grandes factores

cósmicos que hay detrás de la encarnación del hombre, así como de Cristo. Es la realización y revelación de la Gran Madre misma. Puede percibirse esta condición construyendo el cuadro de la Crucifixión con Nuestra Señora y San Juan a cada lado de la Cruz. Los cielos se ven tornarse negros, y la Crucifixión tiene lugar entre la tierra y el cielo en alguna extraña condición del espacio. María misma avanza hacia adelante, como para tomar sobre sí el peso del simbolismo, y abarcándolo todo está Tzafkiel, el Arcángel de Binah, y el carmesí profundo, negro, marrón oscuro, y gris moteado de rosa, de los colores del Sefirah.

23. Esta imagen debería conducir a una comprensión del total del Universo manifestado como una forma que circunda a fuerza cósmica pura; una Cruz gigantesca sobre la que se crucifica esta fuerza. Y toda la vida es vivida bajo la Sombra de esta Cruz. Esta es la Cruz primaria de la Vida, de la que la Cruz del Gólgotha es una manifestación menor; una sombra arrojada por la Gran Sombra.

24. La contemplación de Binah puede traer un sentimiento muy real de estar rodeado por Grandes Aguas, y, en esta conexión, el Templo de Binah es un Arca sobre los Mares Supernos. Esta es el «Arca de Isis», un símbolo de la Matriz de la Gran Madre. Puede venir también una percepción de los aspectos internos del alma, un sentimiento de que la personalidad ordinaria no es sino la parte visible de un gigantesco iceberg, inmenso en las profundidades sumergidas por debajo de la conciencia. Puede percibirse una forma geométrica en relación con esto, y merece la pena trabajarse en la meditación, pues será un símbolo potente de las estructuras más internas del ser de uno sobre las que se construye todo el resto. Podría ser considerada como la Roca sobre la que son construidos los cimientos del Templo del ser de uno.

25. El Nombre de Dios del Sefirah, Jehovah Elohim, es traducido usualmente como «El Señor Dios». Dios es citado como Elohim en el primer capítulo del Génesis, pero en el capítulo II, después de que el séptimo día ha sido bendecido, se convierte en Jehovah Elohim. Elohim es una palabra femenina con una terminación masculina, implicando la dualidad bipolar, y puesto que Jehovah puede ser considerado como la acción de Dios en los Cuatro

Mundos, el título combinado da la idea del principio de polaridad funcionando sobre todos los niveles, y por tanto de la base de la forma.

26. El Arcángel de Binah ha sido llamado el «Guardián de los Registros de la Evolución», y puesto que la influencia de Binah desarrolla formas a partir del Mar Akáshico de Conciencia, que es la materia básica de la vida, esto tiene referencia presumiblemente a los Registros Akáshicos Cósmicos, la Memoria de Dios que registra todas las cosas que suceden durante el curso de la manifestación. La forma geométrica a la que uno puede llegar en la meditación sobre Binah, que se relaciona con la estructura interna del ser, podría venir por tanto de un segmento individual de este nivel espiritualmente primitivo. Por lo tanto, el Arcángel Tzafkiel, por cuanto que todos los registros kármicos están bajo su jurisdicción, es un análogo superior del Angel Oscuro del Alma del Hombre, que trae iluminación y guía. Estos dos Angeles han sido transmitidos en la creencia popular como los Angeles «Bueno» y «Malo» que acompañan al hombre a través de la vida. Pero son básicamente principios divinos, y es la cortedad de vista de la mente inferior la que describe la corrección y la retribución como mal, o mala suerte. En realidad, el Angel Oscuro guarda el depósito del karma de un alma, y el Angel Brillante su destino. El destino es la tarea que el Espíritu se comprometió a llevar adelante al entrar en la manifestación, y el karma es la acción necesaria, a menudo dolorosa, para reajustar errores pasados que han ocurrido por la Caída del Hombre a fin de que se halle en posición de llevar adelante su trabajo del destino —volver sus manos al arado. Sobre el Arbol, usado como plano de la psicología del hombre, estos dos Angeles personales son adscritos usualmente a las esferas de Chesed y Geburah.

27. El Arcángel Tzafkiel puede considerarse también que preside sobre todos los planos del Cosmos, así como Ratziel, el Arcángel de Chokmah, preside sobre los Rayos Cósmicos, cuyos análogos son los signos zodiacales. Tzafkiel podría ser considerado también como el Altar de Manifestación, y Ratziel como los Fuegos de Fuerza Creativa que descienden sobre él. Y, como su atribución implica,

Tzafkiel se halla detrás de la formulación de todos los grupos místicos que han emanado de la Gran Logia Blanca. Es el Arcángel del Templo Arquetípico.

28. El Coro de Angeles de Binah es llamado Aralim, Tronos, un título que es apropiado cuando se considera que un trono es un asiento de poder. Un rey sin trono es impotente, y por tanto un título subsidiario de Binah es Khorsia, el Trono. La forma es el trono que debe ocupar la Divinidad a fin de controlar Sus propios poderes, que de otro modo se disiparían, no teniendo dique de contención. El vapor es una analogía útil para la fuerza del Espíritu, que, cuando se confina, puede conducir a una vasta maquinaria, pero que, cuando no está confinado, no hace nada.

29. Saturno, el Chakra Mundano asignado a Binah, no es una atribución enteramente satisfactoria, pues el Sefirah se refiere realmente a una condición del Espacio. De hecho, un Chakra Mundano mucho mejor sería el espacio interestelar —cuando uno realiza que tal espacio es una forma. No obstante, el Chakra Mundano tradicional es apropiado por cuanto que Saturno es un planeta con varias lunas, y Binah es el principio detrás de toda fuerza lunar, que es considerada casi universalmente como presidiendo sobre las funciones femeninas. Saturno es también un planeta de limitación sobre los planos inferiores, considerado astrológicamente, y sin embargo, sobre los niveles superiores, atrae hacia abajo el poder desde el Vacío Ilimitado hacia las esferas de forma. Esto se corresponde bien con Binah, por cuanto este Sefirah da forma o expresión primaria a las grandes fuerzas estelares de Chokmah, extraídas del Inmanifestado a través de Kether.

30. Pueden contactarse por tanto a través de Binah fuerzas de magia estelar, y las constelaciones de la Osa Mayor y Menor tienen significación particular para este Universo pues se dice que nuestro Logos Solar pasó una evolución previa en las estrellas que asociamos con estas constelaciones. Por tanto, en las estrellas de estas constelaciones están los prototipos del destino evolutivo de los planetas de este Sistema Solar. La Osa Mayor tiene referencia también con la Tabla Redonda, y la Osa Menor con el Santo Grial. Probará ser fructífera en esta esfera la

investigación de los Misterios Samotracios, pues ellos estaban muy relacionados con la magia estelar.

31. Samotracia era también una plaza fuerte de Ama, como lo eran ciertos Templos Egipcios, particularmente los relacionados con los lados «oscuros» de Isis y Osiris. Isis es también, como la esposa del sacerdote-rey Osiris, un ejemplo excelente de Aima, el lado «brillante» de Binah. Y el lado «oscuro» podría delegarse a su compañera Nefthys.

32. Debería recordarse que la oscura y la brillante, Ama y Aima, trabajan en conjunción, siendo dos lados de la misma moneda. Por tanto son aplicables aquí las diosas tejedoras, tales como la Gaélica Orchil tejiendo el Cordón de la Vida, enrollándolo con una mano a través del molde, y con la otra tejiéndolo hacia abajo de nuevo por debajo de la tierra. Así, Orchil representa los aspectos brillante y oscuro dentro de la misma imagen.

33. Así como Chokmah, como Principio Masculino del Universo, tiene una riqueza de símbolos fálicos que le son asignados, así a Binah, como Principio Femenino, se le asignan símbolos sexuales femeninos. Como con el simbolismo macho, éste puede variar considerablemente en sus ramificaciones más sutiles. Así, aparte de la vulva, la matriz y los pechos, están también la copa o caliz, el caldero, la cueva, la luna, el mar, la tumba, ciertos frutos tales como higos o granadas, formas encerrantes tales como ciudades, puertas o vallas, estanques y pozos, agua en general, como opuesta al fuego masculino, y así sucesivamente.

34. Finalmente, la Virtud y el Vicio atribuídos al Sefirath pueden parecer bastante arbitrarios a primera vista. Hay cierta anomalía en asignar un vicio a un Sefirah Superno —o, en verdad, a cualquier Sefirah— pero se pensó quizá que se le debía asignar un vicio a cualquier Sefirah que está en la Forma, y es así que Binah fue incluido al ser la Madre de la Forma. O más probablemente, el vicio puede haber sido asignado por la confusión del Sefirah con los factores astrológicos del Chakra Mundano. La Avaricia es el vicio relacionado con una obsesión con la forma, y Binah es la forma detrás de todas las formas. Sin embargo, sería mejor considerar al vicio como el vicio detrás de todos los vicios —«formando y sostenien-

do la idea equivocada de uno mismo». Esto es, haciendo un falso eidolon o imagen del Espíritu con el que trabajar en los mundos de la forma. Esta es la raíz de la Desviación Primaria.

35. La Virtud de Binah es el Silencio, y esto implica silencio en todos los niveles del ser, no sólo el físico. Es necesario acallar todos los ruidos clamorosos de los niveles inferiores a fin de oir la voz del Espíritu, y por tanto el estado ideal de la forma, a fin de hacer los contactos verticales, es uno de quietud. A otro nivel más práctico, si se está realizando un trabajo mágico y construyendo formas en materia sutil, el secreto y el silencio son esenciales a fin de no romper las tensiones psíquicas. El modo más fácil de arruinar el trabajo esotérico es hablar de él, y puesto que Binah es el Templo Arquetípico donde se construyen las formas para que las habiten las fuerzas, es natural que la Virtud sea el Silencio. La Virtud es ejemplificada en la gran figura de Binah de la Virgen María —ella que conoció las experiencias maravillosas y terribles más allá del conocimiento esotérico y la experiencia de cualquier mujer ordinaria, y pudo poseer la suficiente sabiduría interna de guardar todas esas cosas para sí misma. Una joven muchacha judía que no confiaba en nadie, que llevaba, aparentemente, una vida ordinaria, cuidando de su propia casa, viendo ocasionalmente a sus propias relaciones y mujeres amigas, observando con terrible conocimiento la misión de su hijo, y conociendo cuál sería la consecución final en el mundo, y conociendo sin duda también al menos alguna parte de las otras consecuciones en los otros mundos.

36. Sería de desear que muchos estudiantes esotéricos tuvieran un poder y una sabiduría similares. Ellos aprenden usualmente por la experiencia que, aunque las barreras de la incredulidad hayan sido derribadas dentro de sí mismos, no cosecharán más que el ridículo al correr por ahí tratando de esparcir la Luz a sus amigos y relaciones. Toda alma tiene su propio paso, y el verdadero adepto ha de saber, y aceptar, que la única cosa que puede hacer es mantenerse callado, esperando hasta que el tiempo esté maduro para la revelación a individuos o grupos particulares.

CAPITULO IX

DAATH-CONOCIMIENTO

TEXTO YETZIRATICO:
IMAGEN MAGICA: Una cabeza con dos caras, mirando a ambos lados.
NOMBRE DE DIOS: Una conjunción de Jehovah y Jehovah Elohim.
ARCANGEL: Los Arcángeles de los Puntos Cardinales.
ORDEN DE ANGELES: Serpientes.
CHAKRA MUNDANO: Sothis o Sirius, la Estrella Perro.
VIRTUDES: Desapego. Perfección de la Justicia, y la aplicación de las Virtudes no corrompida por consideraciones de la Personalidad. Confianza en el futuro.
TITULOS: El Sefirah Invisible. La Mente Cósmica Escondida o No Revelada. El Sefirah Místico. La Habitación Superior.
EXPERIENCIA ESPIRITUAL: Visión a través del Abismo.
COLOR ATZILUTICO: Lila.
COLOR BRIATICO: Gris plateado.
COLOR YETZIRATICO: Violeta puro.
COLOR ASSIATICO: Gris, moteado de oro.
VICIOS: Duda del futuro. Apatía. Inercia. Cobardía (miedo del futuro). Orgullo (conducente al aislamiento y a la desintegración).
SIMBOLOS: La Celda del Condenado. El Prisma. El Cuarto Vacío. La Montaña Sagrada de cualquier raza. Un grano de cereal. La ausencia completa de símbolo.

1. Daath, considerado como Sefirah, es una concepción relativamente moderna. Es mencionado en los primeros escritos Cabalísticos, pero se le considera como la conjunción de los Principios Masculino y Femenino de Dios, Chokmah y Binah. Realmente, los textos antiguos establecen de la manera más explícita que hay diez Santos Sefiroth, no nueve y no once, sino diez. Sin embargo, la investigación moderna ha conducido a la suficiente evidencia como para justificar que se le considere un Sefirah por derecho propio, aunque más bien de un modo especial. Es denominado por tanto el Sefirah Invisible, y Crowley sugirió que podría ser considerado mejor como en otra dimensión respecto a los demás Sefiroth. En el Arbol se podría decir que está «a horcajadas» del Abismo, siendo el Abismo el golfo —un análogo superior del Golfo bajo Tifareth— que divide a la realidad noumenal de la fenomenal.

2. Daath es la esfera donde toma forma la fuerza pura. Binah representa la idea arquetípica de la forma, y el cuarto Sefirah, Chesed, es un Sefirah de formas; Daath representa el estado en el que las verdaderas formas son precipitadas a partir de la interacción de fuerzas supernas. Daath podría ser concebido por tanto como un análogo inferior de Kether, pero un estado donde se manifiesta primero la forma y no la fuerza. Las formas aquí implicadas están todavía, por supuesto, en una condición muy abstracta, siendo más de la naturaleza de nodos de energía. Las verdaderas imágenes y contornos, tal como los entendemos generalmente, no acontecen hasta el Sefirah Hod.

3. Daath es por tanto la unidad más elevada en el mundo de las formas. Se puede decir que en Daath tiene lugar la Meditación Logoidal, pues a partir de Daath son traídas hacia abajo a través del Abismo las fuerzas supernas, para manifestarse en forma como «conocimiento abstracto». Así que el Conocimiento a que se refiere el título, como sucede con los títulos de los Sefiroth Supernos, significa mucho más que la mera mentación humana ordinaria, siendo el conocimiento abstracto casi un sinónimo de la fé. Pero la fe emana en última instancia de Binah, y podría muy bien ser llamada «conocimiento inmanifiesto». En Daath está la transición del Plan Logoidal desde un estado

de inmanifestación a un estado de abstracción por lo que respecta a la mentación humana.

4. Daath es el punto de percepción más elevado del alma humana considerada como alma (o en otras terminologías Yo Superior, Yo Evolutivo, etc.) pues la percepción de los niveles supernos sólo le es posible al Espíritu o Chispa Divina misma. Es la puerta de entrada a lo que en el Este se llama Nirvana, y representa por tanto el punto en el que un alma ha alcanzado la estatura completa de su desarrollo evolutivo, ha conseguido perfecto libre albedrío, y puede hacer la elección entre pasar a una evolución posterior en otras esferas, o permanecer asistiendo en la Jerarquía planetaria. «Los Rayos y las Iniciaciones», recibido a través de la mediumnidad de Alice A. Bailey, da un relato fascinante de las elecciones de Sendero abiertas a un alma en este punto. Será obvio que los grados esotéricos asignados a los Sefiroth Supernos son grados de Maestría, y por tanto grados de los planos internos.

5. Antes del grado de Daath, la experiencia de un alma se dedica a producir una fusión de sí misma con el Espíritu —a «llegar a ser». Después de que los poderes de Daath son completamente operativos en un alma, no hay un proceso posterior de «llegar a ser», pues ese alma *es*».

6. Daath es por tanto denominado correctamente el Sefirah Místico, pues trae consigo el entendimiento correcto de esa palabra de la que tanto se ha abusado: «misticismo». Misticismo *no* es un estado confundido de «espiritualidad» sin propósito o mal dirigida, es una clara realización de las varias potencias de la vida y su unidad con Dios y con el alma. En este Sefirah, el equilibrio, la realización y la *absorción* de estas potencias se encuentran juntos a la luz de la mente abstracta.

7. En el lenguaje cristiano, Daath es la esfera de la Habitación Superior en el descenso de las Llamas Pentecostales. En tiempos pre-cristianos, era la esfera del Fuego Creativo en el dominio de la Mente. Por ejemplo, en el Druidismo estaba conectada con Beltane, aunque Beltane era también el festival del fuego creativo terrestre.

8. El símbolo de la cima, oculta por una nube, de la Montaña Sagrada de cualquier raza, es apropiado a Daath, pues fue la conciencia de Daath la que Moisés

contactó cuando recibió las Tablas de la Ley desde lo alto del Sinaí, la Montaña Lunar. Esta conciencia podría mostrarse bajo el símbolo de un grano de cereal —el sentido de estar *en* todo, conteniendo, en esencia, el pan sacramental.

9. Daath, pues, es la esfera de la Realización en su significado más supremo, entendimiento unido con conocimiento —y estas dos palabras están escogidas con cuidado. La mente humana, en este nivel sumamente abstracto, alcanza una percepción completa de Todo, y en esta percepción completa es absorbida por la Mente Eterna y hecha una con ella, de modo que Daath, como Sefirah, representa la Sabiduría suprema y el Poder de Realización supremo. Y la Realización a su altura más grande es Iluminación, y todas las revelaciones supernas de tiempos antiguos que han llegado a grandes líderes espirituales han sido adquiridas a través del contacto con la conciencia atribuida a Daath.

10. Hay otro aspecto de Daath, en razón de la gran Sabiduría y Realización que guarda, y es la Justicia. De nuevo, ésta es una cosa mucho mayor que la justicia humana ordinaria, o quizá uno debería decir «los intentos de justicia». La Justicia de Daath es el equilibrio absoluto inherente al Cosmos que tiene en cuenta todos los factores dentro de sí, desde el átomo más simple hasta los soles más remotos y grandes. Esta Justicia es exacta, pues por su misma naturaleza, como Ajustadora y Equilibradora absoluta, no puede virar hacia izquierda o derecha, sino que debe ser perfecta.

11. Conviene tener presente que el alma humana, no siendo perfecta en modo alguno, sería severamente quebrantada si se trajese a un contacto prematuro con el lado activo de esta Justicia. Es la clase de Justicia que no muestra misericordia a transgresión alguna de la Ley Cósmica. Esto puede sonar duro, pero uno no debería esperar misericordia por quemarse si pone su mano en el fuego, uno ha de aceptar las leyes del mundo físico, y, similarmente, no puede contravenir la Ley Cósmica y salir ileso. Este es el principio que se halla detrás del karma. Se ha dicho que uno podría expiar su karma en una hora, pero esto es altamente improbable que se consiga, pues la ago-

nía del espíritu sería tan intensa como para hacer añicos la personalidad.

12. Por razón de este aspecto, el poder de Daath tiende a trastornar condiciones anteriores en el cuerpo o la mente. Es realmente una fuerza equilibrante, pero esto es a largo plazo, y sus resultados temporales serán trastornantes. No sólo serán conmovidos severamente los vehículos internos, sino que los niveles inferiores pueden llegar a estar completamente fuera de control. Esto puede deducirse a partir de las Virtudes y Vicios atribuídos al Sefirah. **El efecto de la fuerza de Desapego sobre la personalidad,** tenderá a separar a la persona de los standards de la vida social que se construyen alrededor suyo en su vida presente, y las consecuencias de que sean estimulados estos niveles superiores no tendrán en cuenta para nada ningún tipo de consideraciones del bienestar de la personalidad. Los niveles superiores de su ser le conducirán a situaciones que no tienen consideración alguna por el confort futuro de los vehículos inferiores.

13. Los poderes de Daath en función equilibrada, por supuesto, dan el tipo de persona con una misión o sentido de destino que tendrá el suficiente desapego para abrirse su camino a través de cualquier obstrucción a sus objetivos, sin importar el coste, y que no se preocupa en absoluto por el peligro que el futuro pueda tenerle preparado, tal es su fe en sus poderes y la aceptación de su destino. El primer ejemplar de esto es Nuestro Señor, así como los Apóstoles, y por supuesto hay muchos otros, en las áreas de la ciencia, el arte, la medicina, el bienestar social, la reforma política, el evangelismo, y demás. No es una actitud de fanatismo, aunque la condición pueda conducir a esto. El fanatismo es en su raíz un orgullo intenso, que conducirá finalmente al aislamiento del contacto humano y a la autodestrucción última. El fanático es siempre inhumano. Nuestro Señor, a pesar de sus muchos dichos duros y su curso indesviable hacia su destino, no podría nunca ser llamado justamente inhumano. El fanático es realmente una caricatura blasfema de la vida ejemplar, pues empuja a las virtudes tan lejos que se convierten en vicios, y al final se destruye a sí mismo —como Nuestro Señor se destruyó a sí mismo. Pero hay una gran diferencia entre la

vida y la muerte de un Jesús, o un Sócrates, o un Thomas More, y la vida y muerte de un Hitler o cualquier otro fanático, religioso, político, científico, o lo que prefieras. Por supuesto que muchos caen entre las dos categorías, pero el fanático real es uno que es tan orgulloso y está tan autocentrado en la supuesta rectitud de sus convicciones personales, que carece de compasión.

14. El mal siempre paga al bien el cumplido de disfrazarse como él, pero su indicador diagnóstico infalible es la falta de compasión, o, esos otros términos tan mal comprendidos: caridad, humanidad, o el Amor de Dios.

15. A partir de todo esto será obvio que las meditaciones en Daath, salvo que hayan sido decididas muy cuidadosamente de antemano, y dirigidas, no son muy seguras, particularmente si inciden sobre el aspecto de Justicia Cósmica del Sefirah. Los colores del Sefirah, lila, gris plateado violeta puro, y gris moteado de amarillo, son suficientes para trabajar con ellos, particularmente en la mitología de Isis, pero si uno se encontrase con rojos y verdes extraños, un marrón y un blanco jaspeado, o un azul eléctrico, se debería cesar de trabajar inmediatamente, pues éstos se relacionan con el aspecto Justicia, y tienen una extraña frecuencia de vibración que puede hacer mucho daño a los vehículos internos. Hay también un lado oscuro de Daath relacionado con lo que podría llamarse la mente subconsciente de Dios, y esto podría tener extraños resultados sobre el alma. Los contactos con el subconsciente personal pueden ser suficientemente perturbadores, así que puede muy bien imaginarse cuánto más explosivos serían los contactos con el Subconsciente Universal, continente de toda la historia pasada y de las tensiones internas del Logos.

16. El modo más seguro de trabajar con Daath es a través de la mitología de Isis, pues ésta tiene que ver generalmente con el lado brillante y positivo de Daath en el que se guarda la Planificación Superna de todo el Universo, y las relucientes metas del futuro. Isis es una diosa muy antigua, mucho más antigua que los panteones Egipcios. Esto está indicado en el mito en el que Isis, por el poder de su magia, indujo a Ra, el Padre de los Dioses, a impartirla su nombre secreto, por lo que obtuvo poder

sobre él. Se decía que tenía su hogar en la estrella Sept, que es la estrella que nosotros llamamos ahora Sirius o Sothis, la Estrella Perro. Y los estudiantes de esoterismo avanzado sabrán que Sirius es la esfera de los Grandes Maestros, y el Sol detrás de nuestro Sol.

17. Aunque todos los mitos que conciernen a Isis pueden correlacionarse con muchas partes del Arbol, es a través del Sefirah Daath dentro de estos Sefiroth que funciona la fuerza Isíaca. Esta es realmente la clave para entender el poder y los métodos de la fórmula de Isis, aunque hay otros aspectos de ella.

18. Isis podría ser llamada, en cierto modo, el Eter del Espíritu, y puede correlacionarse con la Sacerdotisa de la Estrella de Plata, que es el título completo del Triunfo del Tarot que se asigna al Sendero que conduce hacia arriba a lo largo del Abismo a través de Daath, desde Tifareth hasta Kether. Hay también una conexión con el jeroglífico del Caduceo, una vara alada con dos serpientes enroscadas, que tiene una piña en su remate y el signo de Scorpio, el escorpión, en su base (Fig. 5). Alineado con el Arbol de la Vida, la piña cubre a Kether, las alas abarcan a Chokmah y Binah, y las cabezas de las serpientes se unen en Daath. El simbolismo de serpiente de esta figura denota la manifestación de fuerza a cualquier nivel. Este simbolismo de la serpiente se explica bien en los mitos de Isis si se medita sobre ellos, y conviene recordar los siete escorpiones atribuidos a Isis a la luz de los siete planos de manifestación, y el símbolo en la base del Caduceo.

19. La mitología completa de Isis pasa a través de varios ciclos —por ejemplo, después de sus viajes para encontrar el cuerpo de Osiris, tuvo que ir a otro viaje para esconder a su hijo, y después a otro viaje para encontrar los fragmentos esparcidos de Osiris, y así sucesivamente. En términos psicológicos, estos varios ciclos dan contacto con los arquetipos a diferentes niveles. Y por tanto, si se ensaya un curso de meditación sobre ellos a fin de elucidar su significado interno, el sendero de transmutación y sublimación de la psique hacia la conciencia de Daath puede ser recorrido con el mínimo de peligro, pues esta línea de meditación particular construirá formas dentro de la psique que contendrán las fuerzas contactadas, bien sea en

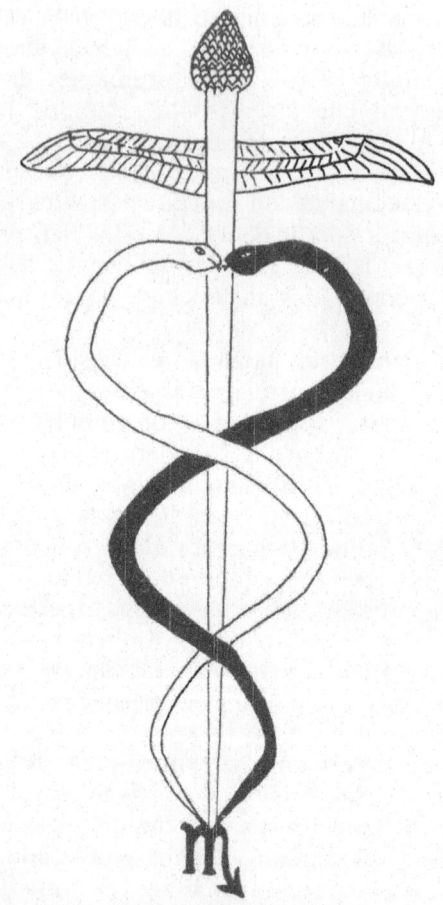

Fig. 5. EL CADUCEO.

las profundidades de los instintos o en las alturas de la supraconsciencia.

20. Fue por razón de este claro discurrir de poder, posible con esta fórmula, que Isis apareció a menudo alada en el arte sacerdotal Egipcio. Aunque el simbolismo profundo de esas alas pudo no ser apreciado por el populacho de aquellos días, su influencia y significado pudo «sentirse» —y todavía se siente. Tienen relación con las alas del Caduceo.

21. Merece particularmente la pena meditar sobre la fórmula de Isis, porque es relativamente completa, y da el lado femenino de los símbolos masculinos, más usuales, de desarrollo esotérico —puede usarse como complemento de las enseñanzas de Osiris y Cristo relacionadas con el Sefirah Tifareth. Hay simbolismo en la fórmula de otras diosas, particularmente Griegas y Asirias, y en María, la Madre de Jesús, donde diferentes aspectos están más desarrollados, pero la enseñanza de Isis, aparte de su gran sabiduría, poder e inspiración, es una de las más estabilizadoras, y ésa es una contribución muy necesaria hacia el desarrollo interno, particularmente por lo que concierne a Daath.

22. No habrá dificultad en descifrar las enseñanzas populares de Isis a la luz de los estados ordinarios de conciencia, pero estos estados han de ser trabajados una y otra vez sobre un arco superior, y lo que pueden parecer las más obvias parábolas sobre Isis se encontrará que son almacenes de profundo conocimiento esotérico.

23. Los mitos de Isis contienen referencias a diferentes grados de iniciación, a principios de polaridad sexual, al contacto con el Yo Superior, al contacto con el Espíritu, e incluso al Espíritu de Dios Mismo. Isis era capaz de realizar milagros, de curar, de volver los muertos a la vida. Ella era una gran viajera y también diosa de la mar. Uno de sus dones era impartir un suave perfume a aquellos que tocaba. Esto tiene una profunda referencia al Sefirah Daath, que es un análogo de Yesod (una de cuyas atribuciones es perfumes e incienso), a un nivel superior. Se refiere al «perfume» del Espíritu del hombre, y aunque esto pueda parecer al principio un concepto extraño, indica la capacidad de impartir a otros, incluso a través de los sentidos, la maravilla y la belleza, la gloria y el gozo y el poder del Espíritu inmortal.

24. La forma de Isis puede construirse en los colores de Daath, o alternativamente en azul, pues la fuerza tiene mucho que ver con el «Rayo Azul» de la mente superior. Para propósitos generales, lo mejor es visualizar un inmenso pilar de escultura Egipcia, y dentro de él las líneas claramente marcadas de la diosa sentada sobre su trono con vastas alas que circundarían el Universo; sobre su

cabeza, el disco Solar de Sirius. La columna debería elevarse hasta los límites últimos del Universo, y penetrar igualmente hasta las profundidades últimas. Se debería sentir particularmente un aura de vasta fuerza.

25. De los otros panteones paganos, Jano da la mejor Imágen Mágica para el Séfirah, como el dios que mira a ambos lados; hacia abajo, a la manifestación, viendo todo lo que ocurre ahí dentro, y también hacia los Supernos, dando por tanto la Experiencia Espiritual de la Visión a través del Abismo.

26. Balder el Hermoso, y Horus, tienen igualmente aspectos que conciernen a Daath, el Espíritu puro que desciende a la manifestación; y Heimdall, que guarda el puente de arco iris que conduce desde el mundo del hombre hasta el mundo de los dioses, tiene también relevancia.

27. Los aspectos de Daath potencialmente peligrosos para la personalidad humana ordinaria están bien ilustrados en los héroes cuyas aventuras son obviamente experiencias de Daath —éstos son Prometeo, Galahad y Perseo, por nombrar sólo a tres.

28. Prometeó robó el Fuego Divino del Cielo ayudado por la diosa de la Sabiduría, Palas Atenea. Esto puede considerarse como un aspecto del Libre Albedrío por el que el hombre primitivo dio una paso adelante en la evolución física desde el nivel animal cercano. De acuerdo con Zeus, o los poderes reinantes en aquel tiempo, éste fue un acto prematuro, y Prometeo fue encadenado a una montaña en el Cáucaso, atormentado por un águila que devoraba su hígado. El águila, por supuesto, era un símbolo de Zeus, pero es también otra forma de Scorpio, el escorpión, que está asociado con la fuerza divina que baja a manifestarse en un plano de forma, tanto en el Caduceo como en el simbolismo Isíaco.

29. El lado femenino de Prometeo es Io, que, violada por Zeus, se convirtió en una vaca blanca, y vagó a lo largo de muchas tierras atormentada por un tábano enviado por Hera, la principal divinidad femenina. Finalmente, Io fue restaurada a la forma humana en Egipto, donde tuvo un hijo y fue adorada como precursora de Isis.

30. Galahad fue el caballero perfecto del ciclo Arturiano, y el vencedor del Grial, y ha sido hiperespiritualiza-

do por comentadores cristianos posteriores, del mismo modo que el Señor Jesús ha sido hecho «manso y dócil». El era sin embargo el más grande caballero de todos, dominando a todos los que llegaban, y completamente unidireccional en su dedicación, tanto que cuando hubo completado su Búsqueda, su deseo, que le fue concedido, fue el de morir.

31. Perseo fue el héroe que capturó la cabeza de Medusa, que cambiaba en piedra, a todos los que la veían, y es un buen símbolo del lado oscuro de Daath. El fue ayudado por Hermes (que también echó una mano para rescatar a Io de Hera), y también por Palas Atenea, la ayudanta e instigadora de Prometeo. Palas Atenea, por tanto, tiene también su lugar en consideraciones de Daath aunque, como Isis Urania, también se alinee con Chokmah. Su relevancia para con Daath y aquellos que aspiran a sus poderes está bien resumida en el pasaje sobre ella de «Los Héroes» de Kingsley: «Yo soy Palas Atenea; y conozco los pensamientos de los corazones de todos los hombres, y discierno su humanidad o su bajeza. Y me aparto de las almas de arcilla, y son bendecidas, pero no por mí. Ellas se nutren a placer, como ovejas en los pastos, y comen lo que no sembraron, como bueyes en el establo; pero, como la calabaza, no dan sombra al viajero, y cuando están maduras la muerte las recoge, y descienden inamadas al infierno, y su nombre se extingue de la tierra.»

«Pero a las almas de fuego las doy más fuego, y a los que son humanos les doy un poder mayor que el del hombre. Estos son los héroes, los hijos de los Inmortales, que son benditos, pero no como las almas de arcilla. Pues yo les conduzco por extraños senderos, Perseo, de modo que puedan combatir a los Titanes y a los monstruos, los enemigos de Dioses y hombres. A través de la duda y la necesidad, el peligro y la batalla, yo les conduzco; y algunos de ellos son muertos en la flor de la juventud, ningún hombre sabe ni cuándo ni cómo; y algunos de ellos consiguen nombres nobles, y una bella y lozana ancianidad; pero cuál será su último final no lo sé yo, y nadie, salvo Zeus, el padre de Dioses y hombres.»

32. Puesto que Daath no era considerado como un Sefirah por los Qabalistas originales la esfera no tiene

Nombre de Dios, Arcángel u Orden de Angeles asignados tradicionalmente a ella. Sin embargo, el Nombre de Dios puede ser considerado como una síntesis de los Nombres de Dios de Chokmah y Binah. También, puesto que es un reflejo de Kether, se podría decir que representa a todos los tres Sefiroth Supernos en la fuente de los mundos de la forma.

33. El Arcángel puede ser tomado como una combinación de los Arcángeles de Los Cuatro Puntos Cardinales, Rafael, Miguel, Gabriel, y Uriel, los Arcángeles del Este, el Sur, el Oeste, y el Norte, respectivamente. Gabriel y Uriel tiene referencia particular al Sefirah en sus lados más profundos y menos obvios.

34. Los Angeles del Sefirah son una clase de Serafim, sólo que no flameantes como los Serafim de Geburah. A la vista clarividente tienen la apariencia de serpientes gris-plateadas con lenguas doradas en punta, y un tipo de fuerza que emana de ellos que sólo puede ser descrita como «Conocimiento Incandescente».

35. Todos los intentos de dar una descripción de los estados de conciencia de Daath pueden en el mejor de los casos ser sólo metafóricos, pues realmente es el estado de percepción vacío de todo símbolo. Es por esto que la gran fórmula que expresa la naturaleza de Daath es «La Habitación Vacía». Este es el símbolo más próximo a implicar la ausencia de símbolo, y por tanto el contacto con la Realidad. Es una percepción de «Desnudamiento completo de Dios» en aquello que no es ni fuerza ni forma, sino que contiene a ambos. Es una «condición» más allá de todas las otras condiciones —un Estado Supremo, y este estado es aproximado cuando se entra a la fase de la mente abstracta. La aproximación a este estado, que puede ser analizado en varias etapas, es a lo largo de un Sendero «secreto» del Arbol de la Vida, desde Chesed hacia Daath. Es un proceso iniciatorio para el Adeptus Exemptus —uno que ha aprendido todo lo que la Tierra tiene que enseñar— y el modo puede ser terrible, siendo la bien conocida Noche Oscura del Alma del místico, pero en un arco superior al que se experimenta usualmente.

CAPITULO X

CHESED-MISERICORDIA

«*El Cuarto Sendero es llamado la Inteligencia Cohesiva o Receptiva porque contiene todos los Santos Poderes, y de ella emanan todas las virtudes espirituales con las más exaltadas esencias. Ellas emanan una de la otra por virtud de la Emanación Primordial, la Corona Más Elevada, Kether.*»

IMAGEN MAGICA: Un rey poderoso, coronado y entronizado.
NOMBRE DE DIOS: El.
ARCANGEL: Tzadkiel.
ORDEN DE ANGELES: Chasmalim, Brillantes.
CHAKRA MUNDANO: Júpiter.
VIRTUD: Obediencia.
TITULOS: Gedulah, Amor. Majestad, Magnificencia.
EXPERIENCIA ESPIRITUAL: Visión del Amor.
COLOR ATZILUTHICO: Violeta profundo.
COLOR BRIÁTICO: Azul.
COLOR YETZIRATICO: Púrpura profundo.
COLOR ASSIATICO: Azul profundo, moteado de amarillo.
VICIO: Intolerancia. Hipocresía. Glotonería. Tiranía.
SIMBOLOS: La figura sólida. El tetraedro. El orbe. La vara. El cetro. El cayado.

1. Chesed, antes de que Daath fuera considerado un Sefirah, era el primer Sefirah del Mundo Formativo, y esto

explica el Texto Yetzirático, que todavía se mantiene válido, pues Chesed recibe los Santos Poderes de los Supernos irradiados a través de Daath, uno de cuyos símbolos es el Prisma.

2. El Texto afirma que todas las Emanaciones, o Sefiroth, tienen su raíz última en el brote primario de fuerza divina en Kether. Esta fuerza, que es activada y a la que se le da la potencialidad de la forma en Chokmah y Binah, es refractada entonces en Chesed a través de Daath, por lo que aquél es llamado la Inteligencia Receptiva. Es llamado también la Inteligencia Cohesiva, porque es en este Sefirah donde toma primero la fuerza la coherencia en formas, aunque a un nivel sutil. En Binah está la idea de la forma, y en Daath el proceso de transmutación a la forma, pero las fuerzas toman la coherencia efectiva en formas en Chesed.

3. A partir de Chesed, estas formas adquieren gradualmente, a través de los Sefiroth restantes, una mayor densidad de manifestación, y por ello se dice también que de Chesed «emanan todas las virtudes espirituales con las esencias más exaltadas». En otras palabras, Chesed es la altura suprema de la manifestación en la forma, aunque la forma ha sido prefigurada, y tiene su lugar hasta cierto punto, en Daath y Binah. Pero Chesed es el primer Sefirah bajo el Abismo.

4. Se verá por tanto que de este Sefirah emana toda la regencia sobre los mundos de las formas, aunque la fuerza primaria emana de los Sefiroth Supernos transformados a través de Daath. Por esto se dice que la esfera de los Maestros está en Chesed.

5. La historia del concepto de los Maestros es tormentosa. Antes de fines del siglo diecinueve eran raramente mencionados si es que lo eran. Cualquiera que les contactó antes de entonces mantuvo el hecho secreto, o no se percató de qué o quién era a quien había contactado. Por lo que concierne a los planos internos, la forma, realmente concebida, es usualmente coloreada por el carácter mental del perceptor. Puede verse un paralelo de esto en los anales de la psiquiatría, donde se encontrará que pacientes bajo el análisis de Jung aparecen con un buen simbolismo jungiano, mientras que pacientes bajo el

análisis Freudiano aparecen con simbolismo Freudiano, y así sucesivamente. Similarmente, en el proceso cientológico, cuando un pre-clear (*) tiene una vuelta hacia atrás en la memoria al tiempo en el que era un Espíritu libre sin forma, o con sólo una muy abstracta, en el espacio interestelar, revestira a menudo el recuerdo con los adornos de la ciencia-ficción moderna, y se «recordará» a sí mismo como en una nave espacial y demás, simplemente porque su mente no puede concebir la idea de estar sin forma. De **manera semejante, los Judíos siempre consideraron a toda entidad desencarnada como un ángel o un arcángel** —o un demonio o un arcedemonio— a fin de conformarla a su teología y mantener un carácter monoteísta.

6. Así que los Maestros, tal como los concebimos, son imágenes en nuestra imaginación, como lo son sin duda todas las entidades de los planos internos, sean humanas, angélicas, o elementales. *Pero esto no significa que ellos sean el producto de nuestras imaginaciones. Ellos son seres reales en su propio nivel.* Y el nivel de los Maestros corresponde al Sefirah Chesed, que es una esfera donde las formas son de la densidad de los procesos de la mente abstracta o la intuición.

7. Cuando uno concibe una entidad del plano interno en la conciencia astral, está operando en la esfera de Yesod —La Casa del Tesoro de las Imágenes— pero está contactando un ser que, en el caso de un Maestro, es realmente un potente centro de fuerza abstracta. El cuadro que uno proyecta en la imaginación actúa como un foco para esta fuerza, que animará al cuadro imaginado —es por tanto posible mantener conversaciones con esta proyección imaginaria, y ésta es la técnica del «psiquismo astral».

8. Es un método que, sin embargo, tiene sus peligros y engaños. Hay pocos que puedan trabajar a este denso nivel de forma mentacional sin inyectar en él subconscientemente algunas de sus propias ideas y conceptos. El método más directo de comunicación es el más eficiente, y es elevando la propia conciencia al nivel de la entidad comunicante y recibiendo así impresiones directamente de men-

---

(*) N. del T.: Pre-clear = persona que ha sido iniciada en la terapia dianética.

te abstracta a mente abstracta, las cuales se filtrarán hacia abajo a la conciencia concreta como ideas o pensamientos propios de uno.

9. A partir de esto se verá que las técnicas de comunicación son tales que es imposible dar pruebas de la existencia de estos altos seres de los planos internos bajo condiciones de laboratorio, pues la ciencia física no tiene medios de calibrar cuál es la emanación directa de una u otra mente. La única prueba es la experiencia directa, la cual requiere fé inicial, que no es un instrumento científico aprobado o ni siquiera una actitud. La única forma de comunicación psíquica con la que puede entendérselas la ciencia es el trance profundo, que no es una condición que se requiera para el psiquismo astral o la telepatía mental.

10. Los dos últimos métodos de comunicación están dentro del alcance de cualquiera, dado un cierto grado de entrenamiento mental, y muchos probablemente lo hacen inconscientemente, aunque se encuentra que alguna gente tiene mucha más aptitud que otra. Los Maestros mismos favorecen la aproximación mental superior, pues está menos sujeta a error una vez que se ha desarrollado apropiadamente. El método astral ha conducido en el pasado a algunos errores ridículos que han hecho oler mal a la palabra «ocultismo» en las narices de muchos que, de otro modo, pudieron haber sido favorables a ella.

11. Obviamente, si uno va a comenzar a mantener conversaciones interiores con proyecciones de la propia imaginación no se requiere mucha disociación de conciencia para aterrizar en los extraños muchos de la esquizofrenia y la alucinación. Es por ello que el ocultismo práctico debería ser llevado bajo condiciones estrictamente controladas y con un propósito definido en mente, y es la razón para abrir y sellar rituales antes y después del trabajo práctico.

12. Mientras que los primeros propagandistas a favor de la existencia de los Maestros pueden no haber caído en la esquizofrenia, parece que muchos fueron víctimas de la alucinación, por cuanto que confundieron· sus planos, tomando equivocadamente la conciencia astral por la realidad física. Es así que uno lee relatos de encuentros con tal y tal Maestro en un ferrocarril o un parque público, con

descripciones detalladas del vestido, incluyendo chistera, paraguas y todo.

13. Cualquiera que tenga cierto concepto de lo que los Maestros realmente son, debe realizar que los relatos de tales supuestas manifestaciones físicas son un completo disparate. Sin embargo, el hecho es que hay una verdad detrás de la tontería y la autodecepción, y es una aterradora tragedia que el estúpido modo en que han sido presentados los hechos en el pasado ha conducido a muchos a rechazar completamente el asunto —y francamente, uno apenas puede maldecir a los que lo han hecho así.

14. Los Maestros, o Adeptos de los Planos Internos, son seres humanos que han logrado toda la experiencia, y toda la sabiduría resultante de la experiencia, necesaria para su evolución espiritual en los mundos de la forma. Son por tanto «hombre justos hechos perfectos». Todas las almas, cuando se han vuelto libres de la necesidad del nacimiento y de la muerte, pueden pasar a una evolución superior en otras esferas, pero algunas eligen permanecer detrás en las condiciones de la Tierra, a fin de ayudar a sus «hermanos más jóvenes» en su progreso a través de la evolución cíclica en este planeta. Estos son los Maestros, y hay muchos de ellos, aunque sólo unos pocos son conocidos de la humanidad por su nombre, pues sólo los «Maestros instructores» se comunican directamente con nosotros.

15. Es este «Colegio de Maestros» el que forma los alcances superiores de la Jerarquía planetaria de seres humanos, igual que los Arcángeles forman los alcances superiores de la Jerarquía Angélica y Elemental. La función de los Maestros es mediar fuerzas divinas, o la Voluntad de Dios, a la humanidad, y puede por tanto considerarse que operan en el Sefirah Chesed.

16. El «Concilio Interno de los Maestros» sin embargo, referido comúnmente como «La Gran Logia Blanca», es más de la condición de Daath, pues cuando el «Concilio» está en sesión plenaria se hacen los contactos con los niveles Supernos superiores, y con los seres Innombrables e Incognoscibles que tienen su existencia en esas remotas esferas. Debe recordarse que estos términos son en el mejor de los casos aproximados, y que la naturaleza del «Concilio» y sus contactos superiores son más en la forma

de un elevado contacto telepático que un encuentro conciliar como nosotros lo entendemos comúnmente.

17. Puede verse además que la esfera de Chesed es un Sefirah especialmente relacionado con los Maestros en el hecho de que el grado esotérico asignado a ella sea el de Adeptus Exemptus. Esto es, uno que está exento, o libre, de las limitaciones impuestas por la existencia física y la forma inferior, y de la necesidad de reencarnar.

18. La función del Sefirah es similar a la función de los Maestros, como puede verse por la Imágen Mágica de un rey poderoso, coronado y entronizado; los Colores Relampagueantes, que son los púrpuras y azules asociados normalmente con la regencia; y los símbolos subsidiarios del orbe, la vara, el cetro y el cayado.

19. Sin embargo, no debe pensarse que la rectoría implicada es esa clase de autoridad que los seres humanos infligen usualmente unos sobre otros en el mundo —manifestándose tan a menudo como caciquismo, e incluso persecución. La Voluntad de Dios es también el Amor de Dios, y la Experiencia Espiritual del Sefirah es la Visión del Amor. Crowley estuvo perfectamente en lo cierto cuando dijo «El Amor es la Ley, el Amor bajo la Voluntad», aunque esa frase ha sido muy mal entendida, no menos por Crowley mismo.

20. Ocurre un caso similar con sus otros axiomas. «Todo hombre y toda mujer es una estrella», y «Hacer lo que quieres debe ser toda la Ley.» El «Toda la Ley» aquí implicado es la Voluntad del Espíritu, que es sinónima con la Voluntad de Dios. No significa «haz lo que quieras» de acuerdo con los dictados de los vehículos inferiores.

21. No debe pensarse que todos los escritos de Crowley estén llenos de sabiduría. Hay mucho en ellos que es de valor, pero es una autoridad bastante traidora para seguir, salvo que ya se tenga una idea muy buena sobre de qué va el ocultismo. Como Eliphas Levi, el ocultista francés del siglo diecinueve a quien admiró tanto, fue un bufón práctico de la variedad *«pince sans rire»*. Como adepto, fue de muy tercera clase, como lo muestra la historia de su vida, y, aparte de un intelecto brillante, su principal contribución al ocultismo fue que era un buen medium. Un adepto tiene que ser capaz de controlar las fuerzas que

invoca, y Crowley no podía. A pesar de todos sus raros talentos, sucumbió ante las fuerzas que invocó atolondradamente, con el resultado usual de un grueso inflado de la auto-importancia de la personalidad, y un declinar gradual en la adicción a la droga y la impotencia mágica. El todavía es admirado por muchos, pero su ejemplo es más de la naturaleza de lo que no hacer, así que puede mejor ser considerado como un Mordred menor, uno que fue su propio Judas Iscariote —como desde luego todos lo somos en mayor o menor extensión.

22. «Hacer lo que quieres debe ser toda la Ley» y «El Amor es la Ley, el Amor bajo la Voluntad» se aplican bien a Chesed, pues al nivel de este Sefirah la voluntad del individuo está completamente en armonía con la Voluntad de Dios. Así la Obediencia, que es la Virtud de este Sefirah, no significa la voluntariedad de tomar órdenes. Lo que se implica es que el alma que ha alcanzado el grado de la iniciación de Chesed está alineada con la Voluntad de Dios, que su propia voluntad es la misma que la Voluntad de Dios, y por tanto no puede hacer mal alguno —es completamente extraño a su naturaleza.

23. Por lo tanto los Maestros, cuando entrenan pupilos, no les entrenan a tomar órdenes, sino a desarrollarse ellos mismos hasta el grado en el que puedan resolver por sí mismos qué hacer, el resultado de lo cual estará de acuerdo con la Voluntad de Dios y los objetivos de la Jerarquía. El libre albedrío humano es sacrosanto.

24. A la vista de este último factor no hay compulsión alguna en el ocultismo Blanco. Si una persona se encabeza hacia una sucia caída, puede ser avisada al respecto. Si persiste sin embargo en su curso de acción, entonces es su problema, aunque si el daño que probablemente se hará a sí misma y a otros es verosímil que dañe demasiado malamente al Grupo en el que está, puede pedírsela que lo deje en interés de todos los involucrados. Entonces es libre de abandonar, proseguir su curso de acción, y tener su ruina, y si se halla en el estado adecuado después de ello, y ha desarrollado una poca de sabiduría a partir de la experiencia, puede ser readmitida. A menudo es el único modo por el que algunos aprenderán.

25. Puesto que la Voluntad de Dios al regir su crea-

ción es la Ley del Amor, Gedulah, Amor, es quizá el mejor título para este Sefirah, y es llamado así bastante a menudo. Sin embargo, Chesed, Misericordia, es el uso más común, y se deriva probablemente del hecho de que cuando el jeroglífico de los Pilares se superpone sobre el Arbol, este Sefirah está en el centro del Pilar de la Misericordia en el nivel «Etico» o «Moral». Geburah, Severidad, se corresponde de manera semejante con el Pilar de la Severidad. Los títulos subsidiarios de Majestad y Magnificencia mercen también tenerse en cuenta.

26. Mirando alrededor en el mundo del nivel físico de Malkuth, puede parecerles extraño a algunos que la Voluntad de Dios sea Amor, pues el mundo está lejos a veces de ser un lugar amable. Pero debe recordarse que, de acuerdo con esta Ley del Amor, el libre albedrío humano no puede ser contradicho, y la mayor parte del horror de la existencia física surge del hombre mismo. «La inhumanidad del hombre para con el hombre hace lamentarse a incontables miles». Y sin duda que incontables miles más se lamentarán hasta que la mayoría de la raza humana aprenda a contactar la esfera Chesédica, la llamen por el título Qabalístico o no.

27. Aparte de las invenciones humanas más obvias tales como neurosis, psicosis, cámaras de gas, campos de concentración, suburbios, cámaras de tortura, bombas de hidrógeno y demás, en los niveles sutiles, por su desviación de la Voluntad de Dios, el hombre es responsable también por introducir a este planeta ciertas de las entidades parásitas y saprofitas que se manifiestan como algunas enfermedades. Sin embargo, el hombre ha cocinado su pastel y debe comérselo, hasta la última migaja, y cuando lo haya hecho así, entonces podrá golpear el plato contra su cabeza y usarlo como halo.

28. Estas pueden parecer afirmaciones muy duras, y algunos sin duda preguntarán «¿por qué lo consiente Dios?» Y la única respuesta que uno puede dar es que mejor es que se lo pregunten a Dios. Fue tal vez en Su Misericordia que envió el último diluvio, pero el comienzo fresco que la humanidad sacó de ello no parece haber mejorado las cosas. Enfrentados como estamos con la situación, la única cosa que podemos hacer es tratar de

enderezarla, y la única forma en que eso puede hacerse es buscando interiormente la Voluntad de Dios. Una tarea que no es fácil.

29. Quizá sea mejor reservar la simpatía de uno para los reinos animal y Elemental, que no tuvieron parte en la Caída pero que han tenido que sufrir muchas de las consecuencias, por cuanto que comparten el planeta con nosotros. Es también una espantosa verdad que lo que puede ser bueno desde el punto de vista del Espíritu puede ser sumamente desagradable cuando se ve desde la orientación de la personalidad. Esto, nuevamente, es un resultado de la desviación del hombre, pues si él no hubiera abusado de su libre albedrío, tendría todavía los vínculos operantes entre todos los niveles de su ser, y sería capaz de ver con los ojos del Espíritu.

30. Pero en nuestras consideraciones del ajuste Cósmico estamos lindando con los límites del Sefirah Geburah. Debe decirse que, comparada con las realidades de la situación cósmica del hombre, la *«angst»* o angustia del ateo existencialista es muy poca cerveza —pero hay compensaciones. Muy grandes en verdad —pues «todo hombre y toda mujer es una estrella», básica y potencialmente.

31. El Nombre de Dios en este Sefirah es El o Al, compuesto de las letras hebreas Alef y Lamed. Alef, como ya hemos discutido, significa el comienzo de las cosas, y uno de los símbolos de Lamed es el ala de un pájaro, de modo que se puede decir que el nombre transmite la idea de poder y potencialidad, (Alef), combinada con la fuerza elevadora y de despliegue, (Lamed). Visto en esta luz, podría construirse un símbolo del Nombre en el cual Alef está representado por un punto dentro de un círculo, pues ésta es una representación de los comienzos de las cosas, y Lamed por un ala. El símbolo compuesto resultante se parecerá al disco alado de los antiguos Egipcios. Alternativamente, usando el tradicional simbolismo Qabalístico para estas letras, Alef es llamado el Buey, y Lamed la Aguijada de buey, de modo que aquí tenemos la idea de fuerza conductora primaria bajo control.

32. El Arcángel del Sefirah —Tzadkiel— así como la Orden de Angeles —Chasmalim, o Los Brillantes— pueden construirse en la imaginación, teniendo el Arcángel un

vínculo especial con el símbolo del Orbe, y siendo de valor la influencia de estos seres para cualquiera que sufra de inestabilidad, bien sea de la mente o de las emociones. Hablando en general, una incapacidad para ser puntual o controlar el factor tiempo es un síntoma de confusión mental, mientras que el desaliño general o la incapacidad para controlar el factor espacio es un signo de confusión emocional. Las fuerzas calmantes y constructivas de la esfera Chesédica pueden hacer mucho para aliviar estas condiciones.

33. El planeta Júpiter, que es el Chakra Mundano de Chesed, ha sido considerado por largo tiempo en la astrología como la gran influencia benefactora entre los planetas, y esto es sin duda un resultado del hecho de que este planeta es aquél sobre el cual la evolución es en términos de «Espíritu concreto» —no es un término que transmita mucho, pero puede verse que se aplica bien a Chesed, que es el primero de los Sefirah de forma propiamente, y recibe las fuerzas espirituales abstractas puras desde los Supernos. Así que se podría quizá obtener una idea de lo que es el «Espíritu concreto» considerando al Sefirah Chesed, y éste es uno de los modos de trabajar que hacen del Arbol de la Vida un símbolo tan valioso, pues conceptos desconocidos puede ser definidos y entendidos por referencia a los conocidos.

34. Los Vicios del Sefirah son los mostrados comúnmente por la gente que se establece a sí misma como autoridad, o que es establecida por otros como autoridad, y se manifiestan a menudo de modos muy sutiles. Hay un dicho común de que «El poder tiende a corromper» y cualquiera a quien se le dé poder, por cuanto que debe de estar aberrado hasta cierto grado o no estaría en encarnación en este momento, no será inevitablemente sino una caricatura de la Regencia Divina de Chesed. Algunos, por supuesto, tendrán más éxito que otros, pero no hay registro de un regente sin falta en la historia conocida de la humanidad. Intolerancia, hipocresía y tiranía, son todos vicios que surgen de identificarse uno mismo con el principio rector al tiempo que se rehusa encarar la realidad de aquellas partes del ser que son indignas de regir. La glotonería es un claro abuso de todo el principio, como desde

luego lo es también la tiranía por cuanto que la regencia sobre otros o sobre objetos se orienta enteramente para el «beneficio» de uno mismo más que para el beneficio de los regidos. No debe pensarse tampoco que estos vicios y tentaciones se apliquen sólo a los que se hallan en altas posiciones de autoridad —se aplican a cualquiera, pues todos tienen regencia sobre algo, incluso si sólo es el cuerpo físico.

35. El símbolo de la figura sólida indica una dimensión añadida a las figuras planas relacionadas con los Sefiroth Supernos. Siendo por supuesto la forma la dimensión añadida.

36. En las mitologías paganas, los dioses relevantes serán obviamente los regentes benefactores sobre dioses y hombres, o los aspectos de cualquier dios o diosa que rijan aquello. A partir de esto puede verse cómo las atribuciones de las deidades paganas solapan frecuentemente varios aspectos de la Divinidad. Zeus, por ejemplo, como figura del Padre de Todo se relacionaría con Chokmah, pero como rector de dioses y hombres sería una figura de Chesed. De nuevo, ésta es una de las ventajas del sistema Qabalístico, pues da mayor facilidad de clasificación y diferenciación que la rebosante profusión caótica de la mayor parte de las mitologías.

CAPITULO XI

GEBURAH-SEVERIDAD

«El Quinto Sendero es la Inteligencia Radical porque se asemeja a la Unidad, uniéndose con Binah, Entendimiento, que emana de las profundidades primordiales de Chokmah, Sabiduría.»

IMAGEN MAGICA: Un poderoso guerrero en su carroza.
NOMBRE DE DIOS: Elohim Gibor.
ARCANGEL: Khamael.
ORDEN DE ANGELES: Serafim, Serpientes de Fuego.
CHAKRA MUNDANO: Marte.
VIRTUD: Energía, Coraje.
TITULOS: Pachad, Temor. Din, Justicia.
EXPERIENCIA ESPIRITUAL: Visión del Poder.
COLOR ATZILUTHICO: Naranja.
COLOR BRIATICO: Rojo escarlata.
COLOR YETZIRATICO: Escarlata brillante.
COLOR ASSIATICO: Rojo, moteado de negro.
VICIO: Crueldad. Destrucción.
SIMBOLOS: El pentágono. La rosa de cinco pétalos. La espada. La lanza. El látigo. La cadena.

1. El Texto Yetzirático de Geburah es similar al de Chesed en cuanto que pone énfasis en la fuente de poder radicada en los Supernos. No obstante, donde el texto de Chesed menciona específicamente a Kether, el Texto de Geburah menciona específicamente a Chokmah y Binah.

Kether es el Mundo Atziluthico o Superno de todo el Arbol, mientras que Chokmah y Binah constituyen ambos el Mundo Briático o Creativo. A partir de esto se puede colegir que, así como Chokmah y Binah representan la Fuerza Divina de Kether en acción, así Geburah representa el lado más activo del principio rector de Chesed. Esto nace de la Imágen Mágica Gebúrica —un poderoso guerrero en su carroza—, la Experiencia Espiritual —la Visión del Poder—, y las Virtudes del Sefirah —energía y coraje.

2. Las atribuciones de Geburah son casi todas marciales, y aunque, por razón de esto, es quizá más fácil conseguir un concepto elemental de Geburah que de los otros Sefiroth, puede conducir a algún malentendido, pues este Sefirah tiene sus sutilezas y profundidades iguales a las de cualquiera de las otras esferas del Arbol.

3. Geburah es básicamente un Sefirah de ajuste y valoración; es una esfera de Verdad absoluta y sin mitigar. Se podría decir que debió ser a la luz de Geburah que en los siete días de la creación Dios miró a lo que había hecho, y vio que era bueno. Uno tiende a comentar esta acción de Dios casi como una formalidad innecesaria, pero en cualquier tratado místico de la calidad del Libro del Génesis nada se pone meramente por el efecto. Después del esfuerzo creativo de poner las cosas en forma, sigue la necesidad de hacer intensamente el escrutinio del resultado, y purgar la forma de cualquier excrecencia o defecto.

4. El proceso puede considerarse mejor en la esfera del arte creativo. Un pintor, digamos, está trabajando con unas telas, construyendo colores y formas en interrelación hasta que ha creado lo que considera puede ser un cuadro acabado. No lo envía a la galería para venderse inmediatamente después de que ha dejado el pincel —se da un paseo, y vuelve luego a mirar a la pintura con ojos frescos. Puede volver su cara a la pared y reexaminarla una y otra vez por un período de días, semanas, o incluso meses, antes de que declare que es una obra acabada digna de llevar su firma. Los standars que usará al juzgar los varios aspectos de la pintura serán establecidos por las leyes de la pintura misma. Una mancha de un color en una forma y posición particulares será válida o inválida de acuerdo con

su contexto en el resto de la pintura, según que complemente y equilibre a todos los otros colores y formas situados en otras posiciones sobre el lienzo.

5. Se puede concebir que la Creación de un Universo por una Entidad Inteligente seguiría con mucho el mismo proceso. La construcción de formas y las relaciones de una pintura, como la formulación de las formas y relaciones de un Universo, pueden suponerse bajo la presidencia de la esfera Chesédica. La valoración con ojo claro de la obra de arte o del Universo Manifestado y el borrado o corrección de cualesquiera falsedades serían por tanto una acción de Geburah.

6. En una obra de arte bien concebida y ejecutada habría poca necesidad de acción correctora, aunque el principio de Geburah se aplicaría con igual fuerza en su valoración. En una obra chapucera, la acción correctora subsiguiente, que es un aspecto diferente de Geburah, necesitaría ser mayor. Lo mismo se aplica al Universo. Uno puede imaginar que el trabajo creativo de Dios requeriría poco ajuste posterior, pero algunos de los «colores» que Dios ha usado son humanos, y capaces de acción independiente. Si el hombre hubiera actuado a lo largo de su vida evolutiva de acuerdo con la Ley Divina todo estaría relativamente bien, pero no lo hizo así, así que el resultado, al menos en este planeta, ha sido como una pintura en la que los colores cambian arbitrariamente sus tintes, se aclaran, se oscurecen, o se derraman sobre el lienzo hacia áreas donde no deberían estar. Esto requiere por supuesto una constante valoración y reajuste por parte del Creador, y los intentos de mantener la obra de arte Universal lejos de convertirse en un revoltijo irremediable son lo que llamamos los trabajos de las Leyes del Karma, o más apropiadamente, el Reajuste, y estas Leyes son atribuídas al Sefirah Geburah.

7. Es en vista de esto que hay un aspecto de Geburah conocido como «El Vestíbulo de la Justicia» o «El Vestíbulo de los Señores del Karma». La Justicia, como equilibrio perfecto entre la Misericordia y la Severidad, se asigna propiamente a Daath, la conjunción de Chokmah y Binah, los dos Sefiroth mencionados en el Texto Yetzirático de

Geburah. Geburah es la esfera donde se aplica esa Justicia en los mundos de la forma.

8. Este aspecto de Geburah puede ser imaginado como un gran vestíbulo, completamente vacío, pero irradiado a su través con luz escarlata. Aquí el alma se halla completamente desnuda de todo retazo de excusa o posibilidad de evasión, mientras la luz penetrante y sin sombra atraviesa toda parte de su ser. En el silencio completo del Vestíbulo Escarlata, la Justicia se revela. El alma *está* en tal y tal estado, y se revela que está así. En esta revelación todo se tiene en cuenta, automáticamente, inevitablemente y sin piedad. Es un Vestíbulo de Justicia, no de Juicio, y no se pronuncia sentencia alguna, no se decreta ningún mandato. El silencio reina supremo —el silencio de Binah, Entendimiento, al que, como dice el Texto Yetzirático, está unido Geburah. Y Geburah se parece a la Unidad, porque esa parte es tenida en cuenta como siendo una parte del todo unificado.

9. El resultado para el alma es la presentación de un hecho inescapable —lo que ese alma es realmente. En este factor valorador de Geburah no hay un concepto de castigo forzado sobre el alma. El Vestíbulo de Justicia es como una máquina de calcular inmensamente complicada e infalible, da la respuesta y eso es todo. Igualmente, no hay consideración de si el alma tiene la fortaleza para soportar la Verdad revelada, o si será aplastada bajo el peso. La respuesta llega, y el alma puede tomarla o dejarla en tanto en cuanto puede elegir, mientras queda elección.

10. Las acciones posteriores necesarias para llevar al alma al alineamiento correcto con lo que debería ser no son parte de esta fuerza particular de Geburah. El necesario equilibramiento, compensación o ajuste, puede muy bien venir bajo la acción del lado destructivo de Geburah, pero podría ser igualmente bajo alguna otra esfera del Arbol de la Vida. Así, un alma que se rehusase continuamente a encarar los hechos de la vida de los instintos sacaría mejor provecho probablemente de las influencias del lado constructivo de Yesod; una áspera aplicación de la pura fuerza Gebúrica podría hacer más daño que bien. Es en la guía y ayuda a las almas para erradicar sus fallos y excrecencias que se halla concernida la Jerarquía de los

Maestros. Estos «hermanos mayores» de la humanidad, conociendo las fortalezas y debilidades de un alma, pueden aconsejarla y ayudarla de modo que la expiación de «las letras escarlatas en el rollo de la máquina de la Verdad», pueda ser lo menos quebrantante posible. Si el alma pide esa ayuda o busca ese consejo es un asunto a decidir por ese alma sola —pero no importa cuán largamente sea evadida la Verdad, todavía tiene que ser encarada al final; sea por el camino duro, o por caminos más fáciles, ello no les importa a las Fuerzas del Equilibrio Cósmico.

11. En su lado corrector más positivo, Geburah muestra la acción unida de los Pilares Activo y Pasivo dentro de sí, probablemente de un modo más claro que ningún otro Sefirah. Hay almas que pueden encarar una muerte terrible, en algunos religiosa, política o de otra causa, una muerte que por razón de la constitución física no puede causar una agonía muy prolongada. Esta es la acción Gebúrica aguda simbolizada por la lanza y la espada. El aspecto pasivo de Geburah puede ser muy lento, y sin duda que su lentitud es uno de sus métodos más potentes, implicando vigilancia *constante* y control férreo de su trabajar *contínuo* a lo largo de un tiempo muy largo. Esto ha de verse en las fuerzas evolutivas *graduales* del karma, el desarrollo *gradual* del ser humano a través de la prueba y la tribulación, el desarrollo y la desaparición *graduales* de grupos raciales. Los símbolos relevantes aquí son el Látigo, que instiga a la acción continúa, y la Cadena, que mantiene cautivo a lo largo de grandes extensiones de tiempo e impide cualquier escape.

«Los Molinos de Dios muelen lentamente, pero muelen enormemente fino».

«Aunque El espera con paciencia, lo muele todo con exactitud.»

12. La inevitabilidad de este proceso de Geburah se muestra en el título asignado a él en el Texto Yetzirático —la Inteligencia Radical. Esto implica que los trabajos de Geburah tienen que ver con fuentes-raíz y orígenes, formando parte de la naturaleza esencial de las cosas; y son también concienzudos y rigurosos, de modo que cualquier cosa que no se alinea con el patrón básico es detectada y erradicada completamente.

13. Sin embargo, un título de Geburah puede ser muy despistante, y éste es Pachad, Temor. Si hay algo que no tiene parte alguna en el Plan Divino para la evolución, y que es en sí mismo malo sin reservas, en origen y manifestación, esa cosa es el Temor. Uno casi podría decir que fue del Temor que surgieron todas las otras desviaciones y males, y que proporciona el fundamento para los Poderes del Mal.

14. Donde hay Fe, o Conocimiento de Dios, no hay Temor. Se recordará que las Virtudes y Vicios de Daath, el Sefirah del Conocimiento, tienen mucho que ver con la ausencia o la presencia del Temor. Como bien se ha dicho: «La Verdad os hará libres», como parece que lo eran los primeros mártires Cristianos, que iban cantando a su muerte, y sin embargo, por supuesto que muchos temen a la Verdad, y la temen tanto que no pueden siquiera admitirse a sí mismos la existencia de su temor. El Temor desde luego se halla enraizado muy profundamente y es común a animales y hombres, así que no es primariamente un resultado de la Caída del hombre. Se ha dicho que fue una causa primaria de la legendaria Guerra de los Cielos, cuando ciertos grandes seres, Angélicos o de otros clase, se rebelaron contra la Voluntad de Dios, temiendo su extinción o un cambio excesivo. Este suceso, primario por lo que respecta a la humanidad, ha sido transmitible en la leyenda popular como la rebelión de Lucifer —aunque Lucifer ha sido muy mal alineado por esta atribución, pues es realmente un aspecto de las fuerzas de Prometeo, al significar su nombre «la Luz»— aunque se dice que cayó por Orgullo. El Orgullo, sin embargo, es un lado de una moneda cuyo otro lado es el Temor, y el Temor es un resultado de la falta de Fe, una traición al Amor de Dios.

15. Geburah es uno de los Santos Sefiroth, así que el Temor no debería tener parte en él —ni deberían tenerla la Furia o la Ira, pues todas estas cosas son aberrativas, y no parte del Plan Divino. Son síntomas y productos de la separación del Plan. La valoración y la acción correctora son parte del Plan, pero esto no significa crítica destructiva o furia e ira que producen temor; éstas son distorsiones típicamente humanas.

16. Es interesante considerar la Escala de Tono de la

capacidad humana dada por Hubbard y usada como base para la cientología y la dianética. Aquí, el ser humano que funciona a la máxima altura de sus poderes se dice que está en una condición de avidez y vigor, y es obvio que el trabajo analítico y corrector de Geburah podría ser hecho mejor por un ser humano funcionando en este nivel. Conforme aumenta la aberración, el ser humano se hace menos eficiente, y en vez del ávido vigor, tiene declives de capacidad que pasan del interés fuerte, interés moderado, indiferencia, aburrimiento, resentimiento y demás, a través de la ira y el temor, hasta la lamentación y la apatía, que en su forma más apática es la muerte —la indiferencia completa ante la supervivencia. Ahora bien, obviamente que uno de los Diez Santos Sefiroth, las Emanaciones del Dios Inmanente, poco ha de tener que ver con un estado de tan pesada oclusión psicológica humana como la ira o el temor.

17. El que las ideas de ira y temor estén asociadas con Geburah vienen probablemente de las asociaciones típicamente humanas derivadas de un estudio superficial de su simbolismo. El título, Pachad, Temor, se refiere más al respeto que le envuelve a uno al contemplar una vasta manifestación del poder de Dios en la naturaleza, lo que podría llamarse también el Temor de Dios, que no es en modo alguno lo mismo que el miedo ordinario.

18. La ira y el temor pueden también ser reacciones humanas ante las fuerzas de Geburah en funcionamiento. Esto es, ira ante la realidad revelada, y temor de las consecuencias necesarias para llevar la realidad al alineamiento con la Verdad Espiritual o las Realidad Espiritual.

19. Aunque la Energía y el Coraje son verdaderamente Virtudes de este Sefirah, pues representan las fuerzas en acción del ser humano no aberrado completamente funcional, como lo establece L. Ron Hubbard, la Ira y el Temor podrían muy bien incluirse en sus Vicios. La Crueldad es obviamente un vicio de Geburah, pues aparte de las variedades más crudas de crueldad física, es en sus niveles más sutiles una distorsión de los poderes de calibración y corrección en criticismo capcioso y brutalidad mental y emocional.

20. No obstante, la atribución de la Destrucción como

Vicio puede conducir a un malentendido, y sería mejor considerar al Vicio como Destrucción Desenfrenada. La destrucción, cuando la destrucción se necesita, es una cosa necesaria y santa, y se halla desde luego bajo la presidencia del Cuarto Aspecto de la Deidad.

21. Hay mucha gente que mira hacia cualquier cosa destructiva como mala, pero esto es sólo porque miran a corto plazo en vez de a la larga, y consideran cualquier cambio como una amenaza para su seguridad. Así tenemos al viejo espantajo, Temor, cosechado otra vez.

22. Pero una reflexión momentánea mostrará la falacia de este temor a la Destrucción. Si uno tiene cáncer, el deseo de la destrucción de ese crecimiento debería serle obvio a cualquiera. En niveles más sutiles, las fuerzas de la destrucción están siempre a nuestro alrededor, presionándonos a través de los siglos, y han de encontrarse nuevas formas para dar expresión a estas nuevas fuerzas. Como Nuestro Señor señaló, uno estando buscándose problemas al verter vino nuevo en odres viejos. Sin embargo, a pesar de esto, parece que la humanidad necesita guerras y desastres antes de conseguir el impulso para romper lo viejo y construir lo nuevo. Se requirió la devastación de dos guerras para echar muchas miserias Europeas. Se necesitó de la revolución, al menos una vez en la historia, de casi toda nación Occidental, para romper las viejas formas de pensar, y preparar el camino para la democracia en una forma u otra. Y sin embargo, el principio es tan simple —no puedes tener una tortilla sin romper primero los huevos.

23. La misma resistencia al cambio acontece en la constitución del ser humano en su búsqueda de la iluminación espiritual. Quizá la más grande barrera para todo estudiante es el rehuse a abandonar los esquemas pasados de hábitos emocionales y mentales. En el Apocalipsis de San Juan, El que se sentaba sobre el trono dijo, «Mirad, yo hago todas las cosas nuevas», pero no se pueden hacer todas las cosas nuevas dentro de uno mismo sin cambiar lo antiguo.

24. Es cuando un estudiante esotérico invoca a las fuerzas que harán nuevas las cosas, y trata entonces de

oponerse a los cambios resultantes, que se mete a sí mismo en problemas. La fuerza espiritual llega, perforando como una broca a través de la madera, y si encuentra bloqueos comienzan el calor y la fricción, lo que puede ser no sólo desagradable sino incluso dañoso para el alma.

25. Cuando se halla implicada la duplicidad consciete, la catársis resultante será aún mayor, y la historia Bíblica de Ananías y Sapphira da un ejemplo. En los primeros días de la Cristiandad, cuando los miembros de la Iglesia contribuían con toda su riqueza y posesiones a la comunidad, Ananías y su mujer vendieron un terreno, quedándose no obstante con parte del precio. Cuando fueron acusados por San Pedro de hipocresía, persistieron en negarla, y ambos fueron muertos. Este es un ejemplo de la acción Gebúrica del Espíritu Santo, y debe recordarse que él no les buscó al comienzo. Ananías y Sapphira tomaron la iniciativa de buscar el conocimiento superior, y rehusaron después aceptar el precio para conseguirlo. Trataron de mantenerse en su antigua seguridad mientras buscaban la nueva.

26. Hay aquí una gran lección para quienquiera que buscar invocar los poderes del Espíritu. Serán necesarios cambios en la orientación del alma, y si se niega esa reorientación o se resiste, entonces el producto del conflicto resultante puede ser desagradable en extremo, resultando en los casos malos en el desplome nervioso o físico, la demencia, o incluso muerte. Y mientras que las malas intenciones siegan su propia mala recompensa, por lo que respecta a las fuerzas superiores incluso las buenas intenciones no son garantía de seguridad. Es por ello que la supervisión y el largo entrenamiento son necesarios para cualquiera que busca los dominios superiores del ocultismo práctico.

27. Debe tenerse presente que los ajustes kármicos menores son a menudo tan dolorosos como un equilibramiento mayor. En cualquier ajuste que se hace es necesario tirar hacia abajo de, y desgajar, los aspectos implicados y reemplazarlos en el alineamiento correcto. La Fuerza de Geburah es una que, posiblemente por encima de todas las otras, necesita calma y desapego en su aplicación. Se confunde demasiado fácilmente con la violencia bruta, pe-

ro representa realmente la Majestad de la Ley en los planos internos.

28. El símbolo de la gran Balanza sostenida por la figura de la Justicia puede elucidarse a la luz de otra imagen. Esa imagen es la de un barco a la deriva en el que el marino debe adaptarse a las peores circunstancias haciendo todo lo que puede para mantenerse a flote, y finalmente, cuando ha hecho todo lo que está en su poder para ayudarles, poniendo su confianza sólo en Dios.

29. Los resultados del trabajo en el Sefirah Geburah variarán de acuerdo con el temperamento de quien trate de contactar sus fuerzas. Con algunos trastornará las condiciones del plano físico, con otros los estados emocionales, y puede traer un conflicto al nivel mental. Pero todo esto es para mejor, pues muestra que las fuerzas están trabajando y se están haciendo reajustes. Finalmente, por supuesto que todos tendrán que encarar estos reajustes, sea que deseen los contactos de Geburah o no.

30. Un guerrero barbudo es una de las Imágenes Mágicas de Geburah, y es bueno vincularla con alguna figura ideal tal como San Jorge, Ares, Marte, o cualquiera de los héroes caballerescos, Arturianos o de otro tipo. Sir Galahad, el caballero perfecto de la Mesa Redonda y el Santo Grial, cubierto de armadura de hierro, y de pie en una estrella rubí, es una forma muy buena a usar.

31. El grado esotérico alcanzado en Geburah es el de Adeptus Major, que es uno completamente diestro en trabajar la magia. Difiere del grado superior de Chesed en que en Chesed el adepto *es* magia. Por magia se da a entender la construcción de formas apropiadas para que las habiten las fuerzas espirituales.

32. El Nombre de Dios del Sefirah es Elohim Gibor, traducido quizá mejor como Dios Todopoderoso, implicando el Poder de la Ley Cósmica que no puede ser evadido. La figura escarlata soberbia del Arcángel Khamael, y las Serpientes de Fuego o Serafim, son quizá los medios más seguros de contactar esta omnipotente y omnisciente fuerza, reajustante y equilibrante. Khamael es protector del débil y equivocado, y también el Angel Vengador que persigue a los transgresores de la ley cósmica o humana. Esto no significa que sea un empleado de la

policía, sino que trabaja en la conciencia del que comete el error. Pocos de los que traspasan la ley descansan cómodos en sus camas, y «Crimen y Castigo» de Dostoevsky da un relato de cómo los trabajos de la propia mente del criminal pueden conducirle a la retribución.

33. Hemos considerado ya los Angeles Brillante y Oscuro del alma del hombre, y atribuído su esfera de acción a Chesed y Geburah. Quizá la mejor forma en la que se podrían visualizar estas dos entidades asignadas a todo ser humano sería como miembros de las Ordenes de Angeles Chesédica y Gebúrica. El Angel Brillante como una figura ovoide semejante a un orbe de púrpura brillantemente reluciente, y el Angel Oscuro como una serpiente de fuego escarlata brillante. Estas pueden servir mejor que las representaciones antropomórficas que la tradición popular ha servido teñidas con los epítetos de «Bueno» y «Malo».

34. El Chakra Mundano de Geburah es el planeta rojo, Marte, uno de los llamados «maléficos» de la astrología popular. El planeta ha sido descrito por el Tibetano en «Astrología Esotérica» de Mrs. Bailey como productor de grandes luchas pero conduciente finalmente a una gran revelación. La evolución Marciana está basada en los niveles pasionales e instintivos —como la Tierra está basada en el nivel físico— y así sus efectos en este planeta ocurren a menudo a un nivel pasional, y por consiguiente a menudo a un nivel grupal. La afirmación de que una evolución planetaria está fundamentada sobre cierto plano puede parecer extraña, pero está basada en la enseñanza sobre los Seres Planetarios dada en «La Doctrina Cósmica», mencionada anteriormente. El asunto entero es amplio, y por lo tanto, sólo puede ser mencionado de pasada en el contexto presente.

35. El número cinco juega una parte importante en el simbolismo geométrico de Geburah, y el uso del Pentagrama como signo para delimitar un círculo y expulsar fuerzas no deseadas está claramente de acuerdo con los principios del Sefirah. Otro modo simbólico de mirar geométricamente al Séfirah es concibiendo la figura sólida de Chesed, ahora en movimiento, dinámica.

36. De los panteones paganos, los Dioses de la Guerra, Ares, Marte, Thor y demás, son aplicados usualmente

a Geburah en vista de su simbolismo marcial general, pero esto no debe conducir a una sobresimplificación de la idea del Sefirah. Ares no estaba bien considerado por los Griegos por causa de su brutalidad y violencia ciegas y Thor era también con mucho el simple guerrero rudo. Quizá el Marte Romano da una figura más completa, por cuanto que él fue primero un dios de la Primavera, que es el movimiento nuevo y la vitalidad de Geburah, y después padre de Rómulo y Remo, los fundadores del gran imperio que trajo ley y orden a la mayor parte de Europa, después de conquistarla bajo la égida de Marte como Dios de la Guerra.

37. Es un error pensar en Geburah enteramente en términos de simbolismo guerrero pues tiene también sus aspectos de justicia, valoración, análisis, resistencia y demás. Así, uno podría atribuir también al Sefirah muchas formas divinas y héroes, desde las Furias Vengadoras o Erineas de los Griegos, a través de los cuarenta y dos Dioses de Valoración del Libro Egipcio de los Muertos, hasta el caballero burlón Dinadan del ciclo Arturiano, pues la risa también cae bajo la presidencia de Geburah. El humor es el destructor de la emoción dolorosa, su cara opuesta, como lo implican las máscaras Griegas unidas, cómica y trágica, e incluso, aparte de su aspecto satírico cortante, es una de las armas más grandes contra la tiranía. La pluma es más poderosa que la espada, y el tipo de vanagloria que a menudo se establece a sí misma como autoridad puede sobrevivir a repulsas, maldiciones, o incluso a la persecución directa, pero nunca a la risa y el ridículo. Se ha encontrado también que la gente con un sentido del ridículo bien desarrollado no es fácilmente «lavada de cerebro», y es así que la risa debería quizá ser considerada como una fuerza primaria de Geburah, pues es perfeccionante, y más cortante que el buril de hierro o las armas marciales del tradicional simbolismo Gebúrico. Podría haber mucho de valor en meditar sobre la «risa de Dios».

CAPITULO XII

TIFARETH-BELLEZA

«*El Sexto Sendero es la Inteligencia Mediadora, porque en ella están multiplicados los influjos de las Emanaciones; pues hace que esa influencia fluya a todos los reservorios de las bendiciones con las que ellas mismas están unidas.*»

IMAGEN MAGICA: Un rey. Un niño. Un dios sacrificcado.
NOMBRE DE DIOS: Jehovah Aloah va Daath.
ARCANGEL: Rafael.
ORDEN DE ANGELES: Malachim. Reyes.
CHAKRA MUNDANO: El Sol.
VIRTUD: Devoción a la Gran Obra.
TITULOS: Zoar Anpin, El Rostro Menor. Melekh, el Rey.
EXPERIENCIA ESPIRITUAL: Visión de la Armonía de las Cosas. Los Misterios de la Crucifixión.
COLOR YETZIRATICO: Salmón-rosa rico.
COLOR BRIATICO: Amarillo.
COLOR YETZIRATIVO: Salmón-rosa rico.
COLOR ASSIATICO: Ambar dorado.
VICIO: Orgullo.
SIMBOLOS: El Lamen. La Rosa Cruz. La Cruz del Calvario. La Pirámide Truncada. El Cubo.

1. Tifareth es el Sefirah central del Arbol de la Vida, la piedra angular de toda la creación, manteniendo el equilibrio entre todos los otros Sefiroth que conecta:

entre Dios en los Alturas, en Kether, y el Universo físico de Malkuth; entre los polos superior e inferior de la psique en Daath y Yesod; entre los opuestos de Chokmah y Binah Chesed y Geburah, Netzach y Hod; entre las potencias similares de Chesed y Hod, Geburah y Netzach; de hecho, es en verdad la Inteligencia Mediadora asignada a él por el Texto Yetzirático. Hay un fructífero campo para la meditación en todos los triángulos formados por los Senderos que conducen entre Tifareth y los otros Sefiroth, y sin un conocimiento de lo que representan todos estos Senderos y su interrelación no puede haber nunca un completo entendimiento de Tifareth. Lo mismo se aplica a los otros Sefiroth, por supuesto, pero las interrelaciones de Tifareth son tan fundamentales y diversas, que un entendimiento de Tifareth es casi sinónimo con un entendimiento de todo el Arbol. Es el Sefirah de la Belleza, la cual significa el Plan Divino llevado a cabo en la manifestación tal como debería de ser.

2. El Texto Yetzirático establece que todas las influencias de las otras Emanaciones, o Sefiroth, fluyen a Tifareth, donde son bendecidas con una impresión de unidad en conjunto. Este Sefirah, pues, es el aspecto integrador de todo el Arbol, conduciente hacia la síntesis y la unidad, que es un estado hacia el que la humanidad ha estado forcejeando por miles de años, y cuya carencia es la causa primaria del dolor y el sufrimiento. Es porque Tifareth representa la meta que todos han de alcanzar, que su Virtud es la de Devoción a la Gran Obra. Y como dentro del alma del hombre la Gran Obra es regeneración o renacimiento, el Sefirah está lleno de simbolismo de muerte y resurrección. Es el Sefirah de todos los Dioses Redentores, incluyendo por supuesto al ejemplar Supremo de redención humana, Nuestro Señor Jesucristo.

3. Las Experiencias Espirituales son en número de dos, en vez de una como es usual. Esto significa que hay dos lados en Tifareth, y desde luego es *par excellence* un Sefirah vinculador, reconciliando la parte superior del Arbol con la inferior. Hay una fragmentación en la conciencia humana «normal» originada por la Caída Original, y esto está simbolizado por el Golfo situado justo por debajo de Tifareth. El hombre corriente tiene poco concepto de la vasta esfera de su conciencia divina que se halla por enci-

ma de los niveles de la mente del trabajo diario, y sólo se percatará de la conciencia de Tifareth si es de una persuasión religiosa. Incluso entonces, puede no tener una gran percepción fundamental funcional de las realizaciones de esta gran esfera, que confiere una Visión de la Armonía de las Cosas y un entendimiento de los Misterios de la Crucifixión. Y es la realización lo importante, no una mera concepción teórica intelectual.

4. Los colores del Sefirah son rosas, amarillos y ámbares, que pueden percibirse mejor en las bellezas supremas del horizonte, al ponerse el sol y al alba. El Nombre de Dios en este Sefirah es Jehovah Aloah.va Daath, que significa Dios Manifestado en la Esfera de la Mente, pero desgraciadamente Dios se manifiesta poco en la mente del hombre en el momento presente.

5. La Armonía, o la Belleza, implican salud y curación, y así Rafael, el Arcángel «que se halla en el sol», es obviamente parte integral de Tifareth. En el trabajo ritual es el Arcángel que guarda el cuarto cardinal del Este (*), que es el cuarto del Elemento Aire. El Este ha sido considerado siempre como la fuente de toda santidad; es el punto por donde aparece primero la luz del sol después de largas horas de noche, así como la Luz Espiritual amanece en la obscuridad de la conciencia no iluminada. El Elemento Aire es también un símbolo del Espíritu, de movimiento libre y no confinado, penetrándolo todo.

6. Rafael puede ser visualizado, como alternativa a los colores Sefiróticos, en los colores de oro y azul del disco brillante del sol en un cielo claro, irradiando los poderes curadores y sustentadores de la luz solar que incluye las fuerzas de calor radiante, infrarrojo y ultravioleta, aparte de la iluminación espiritual y la aceleración de la vida del Sol detrás del Sol. Puede ser concebido con alas que baten el aire, causando un impulso de fuego y aire que revitaliza las fuerzas de cualquier aura que contacta —es un gran contacto de curación, espiritual y psicológica, así como física.

(*) N. del T.: El templo mágico se halla dividido en cuatro «cuartos» (1/4), correspondientes a los 4 puntos cardinales.

7. El orden de Angeles es llamado Malachim, Reyes, y pueden ser considerados como agentes curadores y traedores de vida bajo la presidencia de Rafael. Hay por supuesto un gran poder curativo en la naturaleza, la Esfera de los Elementos, y los Cuatro Reyes Elementales, los Regentes de las gentes de cada Elemento, pueden ser asignados a Tifareth, aunque la esfera de los Elementos pertenece realmente a Malkuth.

8. Es bien conocida la tradición de que los Elementales, siendo unidades de vida creadas por los primeros Poderes Constructores del Universo, y no emanando de los dominios de la Realidad Espiritual, tienen sólo existencia fenomenal y no noumenal. Por tanto, cuando el Día de Manifestación llegue a su fin, se extinguirán, salvo que entretanto hayan captado la vibración del ser espiritual durante su curso. Ellos pueden obtener esta oportunidad de inmortalidad a partir de cualquier evolución que habite el planeta cuya cáscara corporal mantienen en existencia, y así, en la Tierra, dependen de los contactos con la humanidad. Uno sólo tiene que echar un vistazo a la humanidad para llenarse con una grave duda respecto a sus oportunidades. La mayor proporción de la humanidad es ignorante de su propia espiritualidad, dejando de lado el que perciba la necesidad de mediar esta cualidad. E incluso cuando el hombre ha alcanzado una alta percepción espiritual, ha estado demasiado a menudo acompañado por un desdén y un horror al ser físico. La teología medieval marcó a todos los seres Elementales como demonios, y en tiempos modernos su misma existencia es negada. Así que el adepto ha sido considerado siempre el iniciador de los Reinos Elementales como el único cualificado, en razón de su estatura y realización espirituales, para hacerlo así. El extraño y viejo libro «Comte de Gabalis» de Abbe N. de Montfauçon de Villars contiene muy grandes verdades sobre estas materias bajo la guisa de hacer burla de ellas, a menudo el único modo en que las verdades sobre estas materias pueden ser pasadas a través de la dura concha del parroquialismo cósmico del hombre.

9. Cuando un Elemental ha alcanzado la percepción espiritual se puede decir que tiene conciencia de Tifareth, y los Reyes Elementales, aquellos Elementales que han

alcanzando este estado, son también mostradores del Camino para ellos. Los Reyes Elementales tienen los nombres de Paralda, para el Aire; Niksa, para el Agua; Ghob, para la Tierra; y Djin, para el Fuego; pero una consideración completa de la evolución Elemental pertenece realmente a Malkuth.

10. El Chakra Mundano de Tifareth es el Sol, que es la fuente de luz y vida para su Universo, y por tanto una manifestación física de los poderes de Dios Mismo y los mundos espirituales. El Condicionador y Sustentador de nuestro Sistema Solar es el Logos Solar —referido comúnmente como Dios— y aunque El es el Dios Unico por lo que concierne a la humanidad y el resto del Sistema Solar, El es Dios solamente sobre ese Sistema, y el Sol puede ser considerado Su cuerpo físico, aunque todo el resto de la existencia física del Sistema Solar está bajo Su presidencia.

11. Donde la teología esotérica difiere de la teología exotérica es en que la última considera a Dios como inmutable y supremo sobre toda la existencia. La teología esotérica, por otro lado, considera a Dios, grande como El es, evolucionando. También considera que toda estrella es un Dios presidiendo sobre Su propia creación, y que por encima del Dios de nuestro Sistema Solar hay otros Dioses, elevándose en grandeza hasta el Dios que preside sobre todo el Sistema Galáctico, que, como los Sistemas Solares, es una rueda giratoria gigantesca; y que, presumiblemente, puede haber un Dios presidiendo sobre todos los Sistemas Galácticos a todo lo largo del espacio interestelar e intergaláctico.

12. Esto no es una negación del monoteísmo pues el Dios o Logos Solar de nuestro Sistema es omnipotente, omnisciente y omnipresente dentro de este Sistema, y es por tanto el Dios Unico para todo aquello sobre lo que preside. Todas las influencias extra-logoidales, sean de Sirius, la Osa Mayor, las Pléyades, Andrómeda, o las constelaciones del Zodíaco, afectan al Sistema Solar solamente a través de la mediación del Logos Solar, no directamente.

13. Todas estas cosas relativas a Tifareth recién consideradas, Dios Manifestado en la Esfera de la Mente, los

grandes poderes curativos armonizadores de Rafael, la conciencia divina de los Reyes Elementales, la luz y el calor del Sol dadores de vida, tienen referencia a la Visión de la Armonía de las Cosas. Hay sin embargo otra Experiencia Espiritual —los Misterios de la Crucifixión.

14. Es en Tifareth que el Espíritu hace su contacto con la mente del hombre, y este contacto al principio será pequeño. El símbolo supremo para el nacimiento de la conciencia espiritual es proporcionado en la historia de Navidad del niño Cristo nacido en un pesebre observado por las bestias del campo. El hombre es un ser colgado a mitad de camino entre dios y la bestia, y la conciencia espiritual es al principio débil, como un pequeño niño en el mundo animal de la psique —la voz aún pequeña que puede ser ignorada tan fácilmente.

15. Pero el niño, si se le da protección, crece, aprendiendo gradualmente los hechos de su nueva existencia física, hasta que finalmente se convierte en un hombre, y tratándose del Espíritu no sólo en un hombre, sino en un rey entre los hombres. Siguiendo el simbolismo Cristiano, que son la Vía, la Verdad y la Vida ejemplares, se recordará que Cristo fue llamado Rey de los Judíos, aunque como él dijo, su Reino no era de este mundo. En sus malabarismos intelectuales sobre lo que es la Verdad, Pilatos pudo haber realizado que muchas palabras verdaderas se dicen —o, en su caso, se escriben— en broma.

16. Siguiendo con el principio de la regencia, que es el dominio del Espíritu sobre el resto de la psique, el alma recorre la Vía del Amor, que es el sacrificio del yo para el beneficio de otros, así como Nuestro Señor fue crucificado —aunque la Crucifixión no es el fin, sino el medio por el que llegan la Resurrección y la Ascensión posteriores, y el establecimiento del Reinado Divino.

17. Esta es la secuencia de ideas que se halla detrás de las Imágenes Mágicas de este Sefirah, el Niño, el Rey y el Dios Sacrificado, y es una vía que toda alma tiene que recorrer, no una vez, sino muchas veces. El patrón completo está establecido en la vida de Nuestro Señor. En el progreso del alma la Crucifixión no es más que un símbolo para un modo de acción, aunque no es por ello menos real. Lo extraño es que haya tantas almas aparentemente

fijadas de modo permanente en la Crucifixión; almas que hacen de toda su vida un fatigado patrón de autosacrificio y sufrimiento autoinfligido, completamente sordas a los gemidos de los «espíritus en prisión» del lado animal de sus propias personalidades, y rehusando pasar a través del Descenso a los Infiernos para dar a estos aspectos de sí mismas la realización de los principios espirituales envueltos, y a la liberación e iluminación de la Resurrección y la Ascensión. Es una clase de masoquismo espiritual —decididamente patológico, y resultante probablemente de un rehúse a encarar ciertas áreas del alma que fueron responsables, o son un resultado de la desviación inicial del Plan Divino.

18. Todos tienen su propia Crucifixiób, o «Cruz que cargar» como dice el dicho, de acuerdo con su fortaleza, y es usualmente sólo en una o más de las últimas encarnaciones terrestres que la vida misma es sacrificada en devoción a u principio para el bien de otros. La muerte del cuerpo físico es una de las formas más supremas del principio de la Crucifixión. Una que la iguala es la «muerte de la iniciación». Esta es la iniciación relativamente alta en la que la vida entera es dedicada al servicio del Espíritu, que es el servicio a todos los demás, y el iniciado en vez de morir por un principio vive su vida de acuerdo con un principio, y esto puede ser una cosa mucho más dura. El se convierte en «un muerto viviente», esto es, vive plenamente una vida en el mundo, pero después de su dedicación sin reservas está viviendo en tiempo prestado. La Gran Obra viene primero, cualquiera que sea el costo, y así la Virtud de Tifareth es la Devoción a la Gran Obra. Y Devoción no quiere decir interés intelectual, trabajo de una parte del tiempo, buenas intenciones vagas. Estas son suficientemente buenas para el laico o el aspirante menor, pero irremediablemente inadecuadas para el iniciado superior que ha hecho su dedicación, servido su término de probación, y ha sido aceptado finalmente por la Jerarquía de los Planos Internos para su entrenamiento y trabajo individual.

19. Por otra parte, aunque se solicita una dedicación sin reservas, esto no quiere decir que las fraternidades esotéricas deberían ser corrillos o fanáticos. El fanatismo

es una aberración. Como ya se ha mencionado, el fanatismo es una forma de Orgullo, que es el Vicio asignado a Tifareth, y uno muy probable de llegarle al iniciado recién tomado por un Maestro para probación individual. La Gran Obra requiere seres humanos, y cuando uno dedica su vida a un principio hay un modo correcto y un modo erróneo de llevarla adelante.

20. El modo erróneo es identificarse completamente con la función del principio, de modo que uno se convierte más en un objeto en funcionamiento que en un ser humano. La forma más común de esto es la profesora de escuela de una aldea pobre, a la que no se le permite ser otra cosa que la profesora de la escuela, esté en su tarea o fuera de ella. Los otros miembros de la comunidad no la dejarán ser ninguna otra cosa. Cuando la hablan, es siempre a la «profesora de la escuela» a la que hablan, y no a un ser humano de carne y hueso.

21. La forma de dedicación correcta es retener todas las características humanas, y sin embargo vivir una vida enteramente dirigida por el principio. Puede no necesitar de ninguna clase de actos externos de virtud heróica o autosacrificio espectacular; sin embargo, se espera que las virtudes del iniciado se eleven hasta el nivel heróico. No sólo requiere acciones completamente éticas sobre el plano físico en los detalles más pequeños —y la virtud persistente en las llamadas cosas pequeñas es tan importante como, incluso más difícil que, un corto reventón de virtud a gran escala— sino que requiere también el control de los pensamientos y las emociones. Como dijo Nuestro Señor: «Habéis oído que se decía por aquellos de los viejos tiempos, No cometerás adulterio: Pero yo os digo, Que cualquiera que mira a una mujer con lujuria ha cometido ya adulterio con ella en su corazón.» Para el ocultista todo plano de existencia es de igual importancia, y una vida exteriormente virtuosa sobre el plano físico es inútil si no hay una virtud igual sobre los planos internos. Una condición semejante sería una de gran hipocresía, y casi una patología espiritual, pues implicaría una conformidad con la ley externa con una fragmentación en el ser, separando la conformidad externa de la condición real caótica y anárquica del alma.

22. Esta es la función real del mago, construir las formas correctas de su propio ser para que las habite su propia fuerza espiritual. Los trabajos rituales de la magia ceremonial no son sino una técnica especial para elevar al grado enésimo una particular potencia de la vida para darla una orientación correcta. El ritual real es un proceso de veinticuatro horas al día de vivir la vida de acuerdo con principios espirituales, de modo que, por esta acción talismánica, se formen patrones del correcto vivir en la mente inconsciente de la raza, de manera que este modo de vivir correcto resulte más fácil para aquellos que siguen detrás.

23. Puede pensarse que unos pocos iniciados, viviendo la vida de acuerdo con el principio, podrían tener poco efecto sobre la vasta masa de gente viviendo sus vidas en varios grados de caos, buscando sólo el placer y el provecho más que el principio. El punto es, sin embargo, que una vida vivida con intención talismánica tiene una fuerza mucho mayor que una que tiene sus patrones basados, no sobre la realidad espiritual, sino en la conveniencia física de día a día. Además, el iniciado tiene una mente entrenada, y sus formas de pensamiento claramente definidas y la vibración de su aura tienen un profundo efecto sobre el ambiente. Las formas de pensamiento del hombre corriente son generalmente demasiado débiles y vacilantes para tener mucho efecto permanente, excepto por el peso del número. También, toda la fuerza de la Gran Logia Blanca mediando la Voluntad de Dios está trabajando detrás y al lado y a través de los iniciados que hay en el mundo.

24. Debería recordarse que después de la muerte de Nuestro Señor, el modo de vida que posteriormente formaría toda la Cristiandad fue empezado por once hombres de una oscura nación sometida de Oriente Medio. También, uno puede considerar los ideales de la Tabla Redonda, tan con nosotros ahora en los principios de la democracia, aunque con muchos defectos. Uno puede imaginar cuán pocos de sus ideales pudo haber conseguido físicamente de modo consistente el Arturo original, y sin embargo el ideal vivió a través del apogeo y la declinación del feudalismo, a través de la elevación y el declinar de los gremios mercantiles, a través de la elevación y la declinación de la burguesía propietaria de factorías del siglo XIX, hasta

nuestros tiempos más o menos democráticos de «conferencias en mesa redonda» e igualdad para todos, en la teoría si todavía no en la práctica. Desde luego, siendo como es el ser humano, estas cosas llegan con aplicaciones variadamente distorsionadas. Así, en vez de ser un círculo donde todos los representados contribuyen a la solución general, una conferencia de mesa redonda es usualmente una pandilla de gente, empujados todos por sus propios caminos separados, guardando celosamente sus propios intereses menores, de modo que todo lo que queda es un montón de discordias y amargas recriminaciones, y en el mejor de los casos un dudoso y odiado compromiso trabajable universalmente. Además, la tendencia general de los luchadores por la igualdad del hombre ha sido empujar hacia abajo al superior hasta el nivel del populacho, en vez de elevar el populacho hasta el nivel del aristócrata en corazón, mente y acto. Pero hay abundancia de tiempo evolutivo para recorrer, incluso si la humanidad se da a sí misma un paso atrás de varios cientos o miles de años al resolver temporalmente sus dificultades con bombas de hidrógeno.

25. La única solución final para los problemas de la humanidad es por la realización universal de la Visión de Armonía de las Cosas de Tifareth, lo que implica la ética suprema del Servicio, y esto está simbolizado por la Vía de la Cruz. Así, uno de los más importantes símbolos de Tifareth es la Cruz, sea en su forma de la Cruz del Calvario negra con tres peldaños negros que conducen hacia ella, o la Cruz dorada de Brazos Iguales con una rosa roja floreciendo en su centro.

26. La Cruz del Calvario representa la vía del autosacrificio en beneficio de otros, y es el único camino por el que el hombre puede retornar a su hogar espiritual. Como dijo Nuestro Señor: «Ningún hombre llega al Padre sino por Mí.» Sólo después de que ha sido aceptado y experimentado el Camino de la Cruz, puede venir el conocimiento de la Rosa Cruz, cuando la Rosa del Espíritu florece sobre la Cruz Universal de la manifestación en la materia densa. En este último símbolo, la Visión de la Armonía de las Cosas y los Misterios de la Crucifixión son uno. Sobre la Cruz del Calvario, es el hombre sacrificado como un ser separado; sobre la Rosa Cruz, es el Espíritu del hombre en

armonía con todo el Universo, incluyendo la manifestación más densa.

27. El principio detrás de la Cruz del Calvario es el del mostrador del Camino que descendió a la corrupción de la existencia humana en la Tierra y mostró la fórmula de la Redención. El principio detrás de la Rosa Cruz es el del mostrador del Camino que permaneció fuera de la manifestación guardando el patrón perfecto de lo que debería ser el hombre, no teñido por la corrupción. Si no hubiese habido caída del hombre la Cruz del Calvario, hubiera sido innecesaria, no habría habido ilusión de separatividad, ni falta de hermandad y servicio mutuo entre los hombres. El Espíritu habría brotado y florecido después como una rosa fragante sobre la cruz dorada de una existencia física armoniosa. Tal como estamos ahora, la Rosa Cruz es inobtenible sin aceptar primero la Cruz del Calvario.

28. El Título Cabalístico para Tifareth es Zoar Anpin, el Rostro Menor, por oposición al título Arik Anpin, el Rostro Vasto de Kether. Por tanto, Tifareth es concebido en este simbolismo como Kether en un arco inferior, el manantial del Espíritu, no en la fuente de la creación, sino en medio de ella.

29. Alternativamente, estos títulos de Rostro Vasto y Rostro Menor son puestos en su forma Griega de Macroposopos y Microposopos, y entonces Malkuth, el mundo físico, es conocido como la Novia del Microposopos. O, cuando se cita a Tifareth como el Rey, Malkuth es la Reina. Esto muestra llanamente que el mundo físico tiene un lugar importante en el Plan de Dios, pues es el mundo físico, Malkuth, el que será unido en «matrimonio» y «gobierno» con Dios-manifestado-en-el-medio-de-la-creación.

30. Esto es lo implicado en el Apocalipsis de San Juan: «Y yo, Juan, vi a la ciudad santa, la nueva Jerusalén, viniendo de Dios desde el Cielo, preparada como una novia adornada para su esposo.» Y posteriormente, «Y vino a mí uno de los siete ángeles... y habló conmigo diciendo, Ven aquí, yo te mostraré a la novia, la esposa del Cordero. El me condujo en el espíritu a una montaña grande y elevada, y me mostró a esa gran ciudad, la Jerusalén santa, descendiendo de Dios desde el cielo.» La Nue-

va Jerusalén es el Jardín del Edén en un arco superior, y el propósito de Dios y el hombre es civilizar espiritualmente la forma simple de creación primaria representada por el Jardín del Edén hasta lograr la expresión de las realidades espirituales en los niveles más densos de la manifestación, tal como está representado por la construcción de la Nueva Jerusalén sobre la Tierra.

31. La misma idea inspira a muchos versos de William Blake:

> «Los campos desde Islington hasta Marybone,
> Hasta Primrose Hill y Saint John's Wood,
> «Fueron construidos con pilares de oro;
> Y allí estaban los pilares de Jerusalén.»
>
> «Sus Pequeños correteaban por el campo,
> Se podía ver al Cordero de Dios entre ellos,
> «Y la bella Jerusalén, Su Novia,
> Entre los pequeños prados verdes.»
>
> «Pancras y Kentish Town reposan
> Altos entre sus pilares dorados,
> «Entre sus arcos dorados que,
> Lucen sobre el cielo estrellado.»

32. Cualquiera que tenga conocimiento de algunos de estos distritos de Londres tendrá una concepción muy buena del abismo que exista entre la visión y la realidad.

33. Debería ser innecesario, por supuesto, afirmar que el objetivo último del adepto iniciado no es el uso del oro como material de construcción, ni una reconstrucción del mundo en una clase de mezcolanza pre-Rafaelista. Sin embargo, es quizá bueno recalcar el hecho, pues es poco más fatuo que la idea de que, porqué usan a menudo simbolismo judáico e imponen juramentos de secreto, las Escuelas Esotéricas Occidentales son agentes secretos del Sionismo Internacional —que fue una acusación hecha contra ellas hace algunos años cuando el antisemitismo estaba más de moda.

34. De los restantes símbolos asignados comúnmente a Tifareth, el cubo, aunque a primera vista es un símbolo de Chesed, puede corresponder a Tifareth por sus seis caras. La pirámide truncada, también una figura de seis

caras, tiene implícita en su forma la sugestión del ápice, que sería Kether, aunque los niveles superiores no son realmente en la forma de la figura sólida, que representa a la forma por debajo de Tifareth, de base amplia y diversa en el nivel más bajo, y ascendiendo hacia la Unidad del punto apical —la Deidad. El Lamen es el símbolo sobre el pecho que usa el mago, que tiene escrito sobre él la naturaleza exacta de la fuerza con la que está trabajando, y se corresponde por tanto con Tifareth, que es la Visión de la Armonía dde todas las fuerzas de la naturaleza, particularmente al ser llevado sobre el pecho, que es el centro de Tifareth cuando se aplica el Arbol de la Vida al cuerpo humano.

35. En los panteones paganos todos los dioses solares, dioses curadores y dioses sacrificados redentores pueden aplicarse a Tifareth, y en su diversidad pueden dar valiosas claves de los muchos aspectos de este Sefirah, cuyas ramificaciones son tremendas. Una de las atribuciones no inmediatamente obvia es Percival, uno de los Caballeros Arturianos de la Tabla Redonda. En su juventud fue apartado de la caballería por su madre, que había perdido a todos sus otros varones en la batalla, pero Percival encontró finalmente a algunos caballeros, y encendido por su ejemplo fue, no siendo sino un joven de un rudo país, a la Corte de Arturo. Allí mató a un caballero, aún yendo él mismo sin armadura, y era tan ignorante de los hechos de la caballería que, incapaz de quitarle la armadura a su víctima, encendió un fuego y trató de asarlo para que saliera de ella. Fue finalmente tomado y entrenado por un cariñoso vasallo de un vasallo y llegó a ser posteriormente uno de los más grandes caballeros y un conquistador del Grial. Este es otro ejemplo de los primeros intentos del Espíritu por manifestarse en los mundos inferiores, simbolizados por el Niño de Tifareth, obteniendo posteriormente control, y ejecutando las obras de su Padre en el Cielo.

CAPITULO XIII

NETZACH-VICTORIA

«El Séptimo Sendero es llamado la Inteligencia Oculta porque es el esplendor refulgente de las virtudes intelectuales que son percibidas por los ojos del intelecto y las contemplaciones de la fé.»

IMAGEN MAGICA: Una bella mujer desnuda.
NOMBRE DE DIOS: Jehovah Tzabaoth.
ARCANGEL: Haniel.
ORDEN DE ANGELES: Elohim. Dioses.
CHAKRA MUNDANO: Venus.
VIRTUD: Generosidad.
TITULOS: Firmeza. Valor.
EXPERIENCIA ESPIRITUAL: Visión de la Belleza Triunfante.
COLOR ATZILUTHICO: Ambar.
COLOR BRIATICO: Esmeralda.
COLOR YETZIRATICO: Verde amarillo brillante.
COLOR ASSIATICO: Oliva, moteado de oro.
VICIO: Impudicia. Lujuria.
SIMBOLOS: Lámpara y cinto. Rosa.

1. Al ser el Séptimo Sendero la Inteligencia Oculta y al querer decir «oculto» escondido o secreto o lleno de misterios, el Sefirah Netzach está atestado de espejismo y malentendido. Cuandoquiera que la mente humana se encuentra con cosas misteriosas, proyecta toda clase de concepciones erróneas y supersticiones en ese vacío.

2. El término «intelectual» del texto Yetzirático significa no tanto los procesos lógicos de la mente concreta, cuanto la mente humana como un todo, la psique por debajo de Tifareth. La Tríada Sefirothica de Kether, Chokmah y Binah fue traducida similarmente por Mathers como la Tríada Intelectual, conduciendo así a un grave riesgo de malentendido porque estos tres Sefiroth Supernos están bastante por encima de la mente intelectual, cuya esfera real es Hod. Así ocurre con la traducción de Westcott del Texto Yetzirático, y despistaría menos dejar la última mitad como «porque es el esplendor refulgente de la psique, cuya refulgencia psíquica es percibida por la mente inferior, tanto por discernimiento mental como por percepción religiosa.»

3. Este esplendor refulgente de la psique es realmente la fuerza de la imaginación creativa, y así Netzach es la esfera de donde emana la inspiración, no sólo del artista sino de todos los que trabajan creativamente. Es un Sefirah de perfecto equilibrio de fuerza y forma, aunque antecede a la concreción de formas mentales en Hod, y la percepción del equilibrio perfecto produce éxtasis, gozo, delicia y cumplimiento, o, en otras palabras, la Experiencia Espiritual de la Visión de la Belleza Triunfante. El resultado de las aproximaciones a esta perfección de equilibrio se manifiesta finalmente no sólo en grandes obras de arte, sino también en la belleza de herramientas, maquinaria, instrumentos científicos y demás, bien diseñados, pues la perfección de la precisión en el uso da belleza de forma. Uno sólo tiene que comparar las bellas líneas y la eficiencia del moderno avión supersónico, con lo desgarbado y la ineficacia de las primeras «máquinas-más-pesadas-que-el-aire», para ver este principio en operación. Hay una alianza entre el arte y la invención científica —como ha sido demostrado por el genio de Leonardo da Vinci— y esto es porque ambos emanan de la «refulgencia psíquica» de Netzach, la imaginación creativa.

4. La Victoria del Título de Netzach es la victoria de la consecución, y hay un vínculo entre Netzach, el Séptimo Sefirah, y el Séptimo Día de la Creación del Génesis: «Así fueron terminados los cielos y la tierra, y toda la hueste de ellos. Y en el séptimo día Dios terminó Su obra que había

hecho; y descansó en el séptimo día de todo Su trabajo que había hecho. Y Dios bendijo al séptimo día, y lo santificó, porque en él descansó de toda Su obra, que Dios creó e hizo.»

5. La consecución de la perfección en forma y fuerza requiere tanto Firmeza como Valor, dos títulos posteriores de Netzach, y que pueden ser mirados como dos lados del símbolo del Equilibrio —Geburah en un arco inferior. Se podrían llamar Firmeza y Valor a los dos Pilares laterales conforme se manifiestan en Netzach. Los colores Atzilúthico y Briático son ámbar y esmeralda, y los dos Pilares del Templo Tiriano eran oro y verde. Hay también un vínculo con los Misterios Hibernios, los Pilares de cuyos Templos representaban la Ciencia y el Arte.

6. La Rosa —un símbolo de Netzach— es en sí misma un sistema simbólico completo, y es considerada usualmente como la flor perfecta, combinando aroma, color y forma en gran belleza; también, es una esfera que contiene semiesferas dentro de ella, y es en verdad un Patrón Cósmico centrado alrededor del corazón dorado de su sistema —de aquí la Rosa Mística.

7. Cualquiera que haya intentado alguna vez el trabajo creativo conocerá el sentimiento de vasta inercia que ha de ser superado. No sólo hay inercia en el material en que se busca la expresión, sino que hay también inercia en los medios de expresión, la naturaleza inferior, que siendo más un animal que un dios, no está concernida básicamente con formas superiores de creación. Sin embargo, esta inercia es superada, y los medios para su superación son la energía creativa y flameante de Netzach, pues Netzach es un Sefirah activo, siendo asignado al elemento Fuego, como su opuesto diagonal superior, Geburah, y el opuesto diagonal superior de Geburah, Chokmah.

8. Con el impulso de la creación que supera con éxito la inercia de los niveles más densos, viene el gozo de la creación, un placer satisfecho en la percepción de la fuerza vital, sea que se use en el sexo, el arte, la magia ritual, o lo que sea. Netzach tiene mucho que ver con la magia, y hasta que la energía de Netzach no trabaje, las imágenes de Hod no estarán animadas, y por tanto cualquier ritual

será meros gestos y palabras vacíos, y cualquier arte estará sin vida.

9. Por tanto, las armas mágicas asignadas a Netzach son la Lámpara y el Cinto. El Cinto, aquello que ciñe los lomos para la acción, y la Lámpara, la Lámpara Eterna de los Misterios que trae la iluminación. Las operaciones de la magia ceremonial son trabajo creativo en el mejor sentido.

10. Jehovah Tzabaoth, el Señor de las Huestes, es el Nombre de Dios en el Sefirah Netzach, e indica el aspecto diversificante del Sefirah, que, como un prisma, fragmenta la luz Solar de Tifareth —la fuerza Unica de la Luz Espiritual— en los bellos aspectos dde los mundos inferiores. Podría lograrse un buen símbolo del Sefirah por contemplación del cielo matinal, con los destellos del sol naciente sobre las nubes evocando la imagen de un glorioso ejército con estandartes —particularmente si está también en el cielo la Estrella de la Mañana, el planeta Venus, el Chakra Mundano de Netzach.

11. El Arcángel Haniel no es conocido tan ampliamente como los otros Arcángeles de los Sefiroth inferiores tales como Mikael, Gabriel y Rafael, el protector, el que proporciona las visiones, y el que trae la curación. Es una gran lástima, pues todos los contactos de Netzach pueden lograrse a partir de él, no sólo la percepción de la armonía y la belleza en los mundos inferiores, sino también una gran sabiduría de las interrelaciones de todas las cosas, sea de planetas, plantas, esferas u hombres. Puede ser imaginado, pues, brillando con una llama verde y dorada, con una luz coloreada de rosa en su tope, o sobre su cabeza, si se usa una forma antropomórfica, y emanando en general un aura de vibración arquetípica simpática.

12. La Orden de Angeles es la de los Elohim o Dioses. Netzach, al ser la esfera donde el Uno aparece en diversidad, es la esfera de la formación de todas las fuerzas divinas mitológicas de cualquier panteón. Cuando se usa la clarividencia astral, o la visión en la imaginación pictórica, las formas divinas juegan una parte importante y pueden tomar una vida propia. Tal suceso no es una manifestación directa de Dios Inmanente. La Visión de Dios cara a cara es una experiencia de Chokmah, que no

se logra por una forma de trabajo tan densa como la de la imaginación pictórica. No obstante, algo está motivando las formas y fuerzas de los dioses que son aspectos del Dios Unico, y así puede concebirse que la agencia es la Orden de Angeles de Netzach, la esfera de la imaginación creativa, los Dioses. Se podrían por tanto concebir a estos ángeles como auténticas formas paganas de dioses.

13. El Chakra Mundano de Netzach es el planeta Venus. Este planeta tiene vastas implicaciones, considerado esotéricamente, en su relación con la Tierra, surgiendo principalmente del hecho de que el Regente Planetario de la Tierra, conocido en el Este como Sanat Kumara, vino a la Tierra desde Venus. Es un planeta que afectará profundamente la venida de lo que se llama la Era Acuariana, pues tiene que ver con la coalescerencia simpática y la interrelación de todo. Puede verse que la tendencia general de los asuntos humanos es hacia una unificación final de las razas ahora existentes sobre la Tierra. Las ideas tribales y feudales de relación primitivas, de las que creció el sistema de familia, se encuentran ya en fase de desaparición. Incluso las barreras raciales de la sangre están siendo rotas cada vez más con la facilidad creciente de intercomunicaciones y viaje, y también con la ocurrencia en aumento de matrimonios interraciales.

14. El último factor aún proporciona muchos huesos de debate, pues el mantener pura la sangre de una raza es un instinto muy antiguo que surgió en los primeros días, cuando se estaba construyendo la autoridad de ciertas tribus, familias y razas, y su meta entonces era impulsar hacia adelante a la evolución. Desde un punto de vista esotérico, la sangre fue mantenida pura para incrementar la fuerza de su contacto con el Alma General de la raza. De este concepto vinieron los pactos de dedicación entre la «Entidad de Sangre» y sus guardianes del plano interno, tal como fue hecho, por ejemplo, por los antiguos Judíos, los Mayas y los Chinos, con sus espíritus tutelares. Este pacto se extendió a la Familia Real de una raza, y esta costumbre se ha convertido ahora en los sentimientos tenidos para con la Sangre Real.

15. En tiempos anteriores, el don de la clarividencia etérica —ahora mayormente un atavismo, aunque ha de

volver naturalmente en el futuro lejano como un desarrollo fue mantenido por herencia en el linaje de los Reyes-Sacerdotes, y así la pureza de la sangre era auténticamente el medio del poder de comunicar a voluntad con los planos internos. Además, como la sangre guarda la fuerza vital, está vinculada con el Espíritu. Pero como, con el desarrollo evolutivo del hombre, el Espíritu se vincula más fácilmente de un modo consciente con la materia, la necesidad para las actividades de la Entidad de Sangre cesa. Como ha sido realizado hace tiempo en Oriente, las relaciones de las diversas personalidades de reencarnaciones subsiguientes son más importantes que las relaciones hereditarias.

16. El factor general de Netzach es la polaridad, y por polaridad se quiere decir relación en cualquiera de sus muchas y varias formas. Será bueno dar una lista de algunas de las formas más comunes para mostrar las grandes diversidades posibles.

i) Polaridad en niveles espirituales o mentales entre dos del mismo sexo, i.e., entre dos aspectos de la misma fuerza. La «fórmula» de esto es la «amistad», que fue una vez un aspecto de la caballería tan importante como las relaciones del caballero con las mujeres. Está también por supuesto la bien conocida relación entre David y Jonatán. Esta es ua forma de relación que porta muy grandes dones a ambas partes concernidas. Hay muchos hombres que han servido en las fuerzas armadas, que testificarán que una de las mayores cosas que echan de menos en la vida civil es la camaradería en la adversidad de los Servicios. En sus niveles más intensos puede ser peligroso con gente no dedicada pues, por una confusión de los planos, una elevada y poderosa estimulación mutua en los niveles mental y emocional superior puede degenerar en homosexualidad. A pesar del torrente moderno de apólogos para esta forma de relación emocional y física inferior, es una perversión y mala. Es quizá bueno establecer esto bastante categóricamente, ya que es una forma de vicio a encontrarse probablemente en aumento, con la menor diferenciación en las características sexuales físicas del tipo Acuariano de ser humano que está viniendo ahora al mundo. Esta falta de diferenciación en incremento se está volviendo bastante común; hay cada vez menos hombres que podrían hacer crecer una barba realmente patriarcal, y mujeres, pues las rollizas mamíferas de las pinturas clásicas se están volviendo más parecidas a chicos y angulares de figura, por no decir nada de los ocasionales y tan publicados cambios verdaderos de un sexo en otro. La homosexualidad, como el uso de drogas, es una de las técnicas de la magia negra. En el acto homosexual se hacen salir dos corrientes de fuerza con todo el poder de los instintos, y como estas dos corrientes de fuerza son del mismo tipo no hay circuito posible de fuerza, de modo que las fuerzas combinadas quedan disponibles para su dirección mágica. Es un modo de trabajar mucho más potente que el uso de íncubos y súcubos, elementales inferiores de sensualidad que son formados por la técnica solitaria de las fantasías de la masturbación.

ii) Polaridad entre dos de un sexo diferente. Aquí, de nuevo, el ocultismo se halla muy en el lado de la moralidad «pasada de moda». Mientras que no hay punto alguno en mantener un mal matrimonio porque sí, salvo que hayan niños implicados (y su derecho a un hogar es supremo, sobrepasando cualquier consideración de conveniencia para el padre o la madre), y mientras que las relaciones sexuales semipermanentes pueden producir mucho beneficio a ambas partes concernidas, hay poco que decir a favor de la promiscuidad. Una unión temporal raramente toca algo más profundo que los sentidos y las emociones. La unión de los afectos tiernos, las simpatías intelectuales y los ideales espirituales son el fruto solamente de una relación mantenida largo tiempo. Podría decirse que esto es un consejo de perfección, y raros y afortunados son aquellos que pueden lograrlo. No puede resultar otra cosa más que el bien al romper una relación que se ha hecho rancia con el uso, y que ha degenerado en mera tolerancia mutua por la fuerza del hábito.

iii) Polaridad entre «fuerza» y «forma» procedentes de la misma fuente —la relación entre hermano y hermana, y por la palabra relación se da a entender un contacto psicológico real, no una mera categorización biológica. Así, la hermandad entre miembros de una fraternidad esotérica puede ser tan real como aquella entre dos vástagos de los mismos padres físicos. Como se mencionó antes en este capítulo, hay relación en «espíritu» así como en «sangre».

iv) Polaridad entre los aspectos «superior» e «inferior» de la misma fuerza —ej.: relación de padre e hijo, o madre e hija. Aquí, de nuevo, lo mismo se aplica en espíritu que en sangre. Está la relación de todos los hombres y todas las mujeres a Dios el Padre y Dios la Madre. Sucede a menudo, por lo tanto, que un niño que se halla en muy malos términos con su padre puede hallarse sobre un ciclo de karma relacionado con un rechazo original de Dios el Padre en los días espiritualmente primitivos.

v) Polaridad entre los aspectos «superior» e «inferior» de «fuerza» y «forma», extraídos de la misma fuente —ej.: relación de madre e hijo, o padre e hija. Aquí se aplican de nuevo los mismos principios que arriba.

vi) Polaridad entre aspectos de «fuerza» y «forma» extraídos de otro nivel de la fuente —ej.: relación de tía y sobrino, o tío y sobrina. En elevados niveles esotéricos, la relación entre la humanidad y las evoluciones primeras podría ser catalogada bajo este encabezamiento. El cubrimiento de un alto iniciado por un Señor de la Mente por ejemplo, o el cubrimiento del Señor Jesús con la fuerza de Cristo.

vii) Polaridad entre la fuente de poder y uno de sus niveles a través de un intermediario —ej.: relación de padrino y ahijado. Esta relación contiene también toda la función del sacerdocio.

viii) Polaridad entre profesor y pupilo, en niveles diferentes como en el sentido esotérico, o en el mismo nivel como en el sentido exotérico.

ix) Polaridad entre un grupo y un individuo, como en la relación del líder con los otros miembros. Esto puede ser aplicado esotéricamente a la concepción de los Manús de las antiguas razas.

17. Hay mucha enseñanza de polaridad en historias mitológicas, así en la gran literatura, Lancelot y Guinevere, Tristán e Isolda, Paolo y Francesca, Romeo y Julieta, son todos tipos iniciatorios. Uno de los abusos humanos de los principios de polaridad de Netzach es la exageración de un aspecto particular a expensas de otros aspectos, y esto puede conducir a una gran tragedia, tal como está ejempli-

ficado en los grandes romances. Muy a menudo puede brotar el problema a partir de la magia sexual de tiempos antiguos. La cortesana mantiene en los tiempos modernos una posición muy baja, y con merecimientos, pues los motivos son enteramente comerciales, pero en tiempos anteriores la cortesana del Templo era una sacerdotisa cuyo trabajo era claramente religioso. No se la daban dones y dinero a ella personalmente, sino como una ofrenda de gratitud a la Divinidad en cuyo nombre actuaba. La función llevada a cabo en combinación con el ritual se convierte en un sacramento, como por ejemplo el comer y el beber el pan y el vino aliados con el ritual son hoy actos sacramentales en la Cristiandad, y del mismo modo la función sexual se usaba en tiempos antiguos para atraer el poder divino hasta un alto grado. Así que, si una cosa así se hiciese hoy, quizá inconscientemente a través de las vagas memorias y dictados de una encarnación pasada, el poder hecho descender puede muy bien ser demasiado grande para ser controlado, y por tanto el consorte será adorado como una divinidad, y se esperará que se comporte como una divinidad, y se producirá una situación general que tiene dentro de sí todos los elementos para una gran tragedia.

18. Por supuesto, la imagen contrasexual de la psicología jungiana puede ser atribuida al Sefirah Netzach, aunque hablando estrictamente todo el poder mágico de los arquetipos pertenece a aquí. Sin embargo, siendo Netzach la esfera de Venus-Afrodita, el ánima tiene relevancia particular. La acción de este arquetipo es bastante comúnmente conocida —que es una proyección de las ideas del hombre de la Mujer-Total sobre cualquier mujer particular que resulta hallarse alrededor y que guarda suficiente parecido con la figura arquetípica como para usarla como una percha sobre el que colgarlo. Así la mujer, que puede ser una criatura más bien insípida, es investida en los ojos ciegos de amor, del amante, con todos los atributos que representan para él la esencia ideal de la femineidad. Si la proyección es mutua, el resultado es a menudo un matrimonio rápido y desaconsejado —un matrimonio que es extremadamente inverosímil que dure, pues el matrimonio es un modo de bajar realmente a la realidad, y ningún

consorte puede en tal caso vivir la sublime concepción mantenida dentro de la psique del otro.

19. No se realiza generalmente, sin embargo, que la imagen contrasexual es a menudo la imagen de los aspectos superiores del alma misma que están buscando su unión con el yo inferior. Así que el mejor modo de superar el dominio de una poderosa imagen contrasexual es a través de la vía de la religión. Así, la elevada reverencia por la Virgen María en el Catolicismo Romano, aparte de sus aspectos religiosos, es también una terapia psicológica. Si los atributos divinos de la imagen contrasexual son proyectados con seguridad a un objeto religioso —que es realmente la verdadera dirección de la proyección en cualquier caso— hay menos probabilidad de ser proyectados sobre otro ser humano, con toda la desilusión subsiguiente y la posible tragedia que esto acarrearía. Hay un considerable peligro en el sesgo completamente masculino de la teología protestante, y ello sin duda es un síntoma de la herencia puritana anglosajona que limita muy de cerca con la patología espiritual.

20. El asunto de la polaridad, sexual o cualquier otra, es vasto, y podrían escribirse, y lo han sido, volúmenes sobre él. Todas sus sutilezas sin embargo están bajo la providencia de Netzach, y en vista de esto Netzach es quizá el más sutil e intrincado Sefirah en todo el Arbol, y hay campo para mucha investigación sobre él a la luz de los muchos ciclos mitológicos que se relacionan con él.

21. Afrodita es la principal forma divina del Sefirah, y, como todos los dioses y diosas, tiene un lado «oscuro» y uno «brillante». Como una clasificación grosera, la «Afrodita Blanca» puede ser asignada al Atziluth y el Briah de Netzach, y la «Afrodita Oscura» a Yetzirah y Assiah. Un jeroglífico útil para la meditación que se deriva de esto es un pilar o una figura de Venus o Afrodita en la que la mitad superior es blanca y la mitad inferior negra. También, los dos grandes símbolos de Afrodita, la paloma y el leopardo, pueden ser asignados a los aspectos «superior» e «inferior» respectivamente. Hablando ampliamente, en relaciones sexuales, representan el cónyuge feliz y fructífero del generoso lado brillante, cuyo aspecto anverso es el frívolo; y el cónyuge dominante del lado oscuro, cuyo

aspecto anverso es el frívolo calculador que usa el aspecto destructivo de Afrodita para fines egoístas. No hay sin embargo una clasificación rígida, y las combinaciones de aspectos son infinitas en la vida real, pues la misma persona puede manifestar diferentes aspectos en diferentes momentos. Las grandes figuras del mito, la leyenda y la literatura, proporcionan tipos más consistentes para el estudio, por ejemplo, Guinevere, Morgan le Fay, Desdémona, Lady Macbeth, Julieta, Clitmenestra, Electra y demás. Las Reinas y damas del ciclo Arturiano dan una figura general muy completa de los varios tipos de hembra funcionando en las relaciones de Madre, Doncella, Concubina, Tía y demás, y las ocupaciones de Guía, Guardiana, Mujer Sabia, Maga, Reclusa, etc.

22. Hay también enseñanzas muy sutiles y avanzadas contenidas en otras mitologías, tales como el casamiento de Isis y Osiris *después de la muerte del último* para dar nacimiento a Horus, que podría ser descrito como la «Fuerza Regenerada del Casamiento emergente de la Destrucción». Hay una enseñanza similar en los Misterios de Hécate, relacionados con las fuerzas liberadas cuando el período reproductivo de una mujer ha concluido que, tan a menudo, debido a actitudes y enseñanzas erróneas, resulta en un trastorno de las condiciones físicas haciendo fallar la salud de un modo u otro. Si la fuerza, liberada de la reproducción, fuera conducida para trabajar consciente y poderosamente en los planos internos, el individuo estaría todavía mejor que antes en cuerpo y mente. Se olvida demasiado a menudo que hay un aspecto «vertical» así como uno horizontal para todas las formas de polaridad en funcionamiento.

23. En vista de esto, Venus-Afrodita es llamada a veces «La Despertadora». Esto no se refiere sólo al despertar de la polaridad horizontal del sexo, sino también a la polaridad vertical de la conciencia y contacto del plano interno. Otro aspecto de esta fuerza «despertadora» es particularmente evidente en las artes, donde la imaginación creativa está siempre trayendo nuevas formas y concepciones, resultantes usualmente al principio en un gran antagonismo por parte de aquellos que no son despertados fácilmente a la nueva experiencia, y de aquí la batalla

contra la indiferencia y la hostilidad que casi todo gran artista creativo tiene que encarar antes de que su trabajo sea aceptado por primera vez, y llevado entonces al grueso del academicismo establecido, que artistas posteriores tienen a su vez que combatir. Similares dificultades ocurren en otras ramas de la actividad creativa humana, el pionero siempre es agraviado, sea él científico, doctor, u ocultista.

24. Esto puede ser simbolizado por Lucifer, el portador de la Luz, que está estrechamente asociado con Venus, la Estrella de la Promesa que se eleva sobre las tormentosas olas —y no se espera que la Victoria de Netzach se consiga sin Valor, Firmeza y Lucha. Es interesante notar que Lucifer ha sido fácilmente asociado con el Diablo.

25. Otra fórmula muy esotérica es la de «El Hijo de su Madre» que hace referencia a la Diosa dando a la luz a un Hijo, que, cuando es adulto, es reabsorbido en su matriz en los arcos más elevados. Esto está detrás de la fórmula de Isis, Nefthys y Horus —«el Toro engendrado por las Dos Vacas». Una fórmula similar se halla en el Libro del Apocalipsis, refiriéndose al libro que cuando se come es dulce como la miel en la boca, pero amargo en las entrañas. Esto tiene referencia a la relación interna entre Netzach y el «gran Mar amargo» de Binah.

26. En la mitología Asiria, Ishtar es un aspecto del lado de «fuerza» de la «Diosa Oscura», y podría ser descrita como la «Cortesana Arquetípica». Su mitología merece la pena ser estudiada.

27. Una figura mitológica que tiene mucho que ver con las fuerzas de Netzach es Orfeo. Este gran ser trajo armonía a los Elementos, los pájaros, las bestias y los árboles, aunque en el mito no la trajo al hombre —este último podría ser llamado el trabajo del «Orfeo Acuariano». Orfeo es la figura que preside sobre lo que se llama el Rayo Verde, el cual podría considerarse que tiene tres facetas —proporción buena o filosofía, poder y armonía, incluyendo serenidad y equilibrio. Orfeo puede ser considerado por tanto como el Poder Equilibrador en los planos inferiores, así como Thoth lo es en los superiores. Estos dos grandes seres son los Equilibradores Supremos, así como Osiris y el Señor Jesús podrían ser denominados, cada uno a su manera, Los Que Sostienen la Balanza.

28. Aún más, hay mucho significado en la gran Lira de Siete cuerdas de Orfeo, siendo siete el número de Netzach, y también el número de planos en el Universo y el Cosmos.

29. Todas estas sugestiones pueden no significar mucho al principio de leerlas, pero se pretende sólo que indiquen líneas fructíferas de meditación e investigación individual.

30. Quedan por considerar el Vicio y la Virtud del Sefirath. La generosidad es realmente la necesidad primaria para cualquier éxito en cualquier trabajo de polaridad, y esto debe resultar rápidamente obvio incluso aunque sea de difícil aplicación. Los Vicios de Impudicia y Lujuria no han de tomarse solamente en su connotación sexual. La falta de castidad es la impureza y la carencia de definición clara en el uso de la fuerza, resultantes en «bordes borrosos» y en confusión general, lo opuesto de la Firmeza de Netzach. Es esta falta la que conduce a menudo a esa insípida concepción de refinamiento, dulzura y luz, que es una parodia de la gloriosa, claramente definida y dura belleza de Netzach. La lujuria es un sobreénfasis y una exageración de la fuerza, y por tanto una infracción del equilibrio perfecto que resulta en la verdadera Belleza Triunfante del Sefirah.

31. Es fácil interpretar a Netzach enteramente en términos de sexo, así como, igualmente de un modo superficial, interpretar a Geburah en términos de guerra. La bella mujer desnuda de la Imagen Mágica puede ser identificada con Venus-Afrodita, mientras uno recuerde que hay algo más en la diosa que una santa patrona de cabarets y espectáculos de strip-tease. La Danza de los Siete Velos es asociada usualmente en la mente occidental con el aterrorizante sensualismo oriental, o con nauseabundos clubs nocturnos, pero si uno considera los siete velos como los Siete Planos del Universo, entonces la Diosa desnuda revelada es obviamente mucho más que un objeto de erotismo, así como el Eros Cósmico es mucho más que un rechoncho y pequeño querube de amor.

32. La Victoria de Netzach es realmente la victoria sobre todos los falsos ideales evolucionados desde y por la Caída, tal como, por ejemplo, los «grandes amantes» —la

concepción de que un abrumador amor pasional por otro ser humano es una cosa purificante y ennoblecedora. Eloísa y Abelardo, Romeo y Julieta, y todos los demás, fueron justas víctimas de un completo espejismo. Y hay muchos otros ideales falsos que son generalmente abrigados generosamente con un espeso jarabe de este mismo espejismo. Las charangas y banderas desplegadas que incitan a los hombres a matarse uno al otro, por ejemplo. La guerra real, como el amor real, no es una cosa de espejismo. La exterminación del mal requiere más la actitud del cirujano que la concepción popular de un héroe patriótico, manchado de sangre, cantando hacia su muerte o su victoria. Hay una gran diferencia entre ser quemado con el embeleso de una batalla en un periódico en casa, y encontrarse realmente a un enemigo en un campo cenagoso con la bayoneta fija, cara a cara.

33. La Victoria de Netzach sobre todos estos falsos ideales sólo puede venir completamente después del Sacrificio de Tifareth; y antes de que pueda venir, todos los falsos ideales de «Belleza» y «Paz» tendrán también que ser destruidos —aquellas perversiones de la verdad y la belleza que uno ve en su forma más grosera en el arte de «salón» del siglo diecinueve, o en el tipo de «misticismo» negador de la Tierra que todavía se apega al ocultismo. Más crudamente, la religión de «empanada en el cielo».

34. Los falsos ideales de la Belleza han impedido efectivamente que los Muchos se convirtieran en Uno, pues la Belleza *debe* estar de acuerco con la Verdad. Por ello, la Experiencia Espiritual podría ser llamada mejor «La Visión del Triunfo de la Verdad y la Ley» —pues eso *es* Belleza.

CAPITULO XIV

HOD-GLORIA

«El Octavo Sendero es llamado la Inteligencia Absoluta o Perfecta, porque es el instrumento de la Primordial, aue no tiene raíz por la que penetrar y descansar, salvo en los lugares escondidos de Gedulah, de donde emana su esencia idónea.»

IMAGEN MAGICA: Un hermafrodita.
NOMBRE DE DIOS: Elohim Tzabaoth.
ARCANGEL: Mikael.
ORDEN DE ANGELES: Beni Elohim. Hijos de Dios.
CHAKRA MUNDANO: Mercurio.
VIRTUD: Veracidad.
TITULOS: ——.
EXPERIENCIA ESPIRITUAL: Visión del Esplendor.
COLOR ATZILUTHICO: Violeta púrpura.
COLOR BRIATICO: Naranja.
COLOR YETZIRATICO: Rojo bermejo.
COLOR ASSIATICO: Negro amarillento, moteado de blanco.
VICIO: Falsedad. Deshonestidad.
SIMBOLOS: Nombres y Versículos. Mandil.

1. Hod es primariamente el Sefirah de las formas de la mente concreta y el intelecto, y puesto que la forma se formó primero en Chesed o Gedulah, que es su opuesto diagonal, la relación entre estos dos Sefiroth es recalcada

en el Texto Yetzirático. Se verá que Chesed es también un opuesto diagonal de Binah, donde es concebida por primera vez la idea de la forma, y por tanto estos tres Sefiroth están vinculados de este modo, estando considerados como bajo la presidencia del Agua, así como Chokmah, Geburah y Netzach están referidos al Fuego, y la línea de Sefiroth centrales al Aire.

2. Puesto que la mente humana trabaja en términos de forma, es obvio que Hod es la Inteligencia Perfecta o Absoluta, pues cuando las formas son verdaderas, entonces ellas son el medio por el que el hombre puede captar las verdades sin forma de las regiones Primordiales o Supernas del ser. Sin embargo, la forma, cuando se ve desde el punto de vista Primordial, Superno o Espiritual, no tiene realidad, tiene existencia fenomenal, no noumenal, y así el texto Yetzirático establece que estas formas inferiores, pese a lo valiosas que puedan ser, no tienen realidad básica salvo «en los lugares escondidos de Gedulah», que sería más o menos una condición de Daath donde las fuerzas espirituales están tomando por primera vez condiciones de forma.

3. Es así que el hombre antropomorfiza a sus dioses. Los diversos aspectos de Dios tienen su esfera de acción en los mundos inferiores en el Sefirah Netzach, pero Netzach es un Sefirah de fuerza, no de forma. Por lo tanto, a las fuerzas de la naturaleza y a las fuerzas internas del hombre se las dan imágenes, y estas imágenes se forman en el Sefirah Hod. No importa si la forma es grosera o ingenua, tal como la imagen de Dios el Padre como un hombre viejo con barba patriarcal y túnica, o es altamente simbólica y sutil, tal como la representación del mismo concepto como un punto dentro de un círculo o «el punto liso»; se usa una imagen, y todas las imágenes mentales se forman bajo el principio inferior de coherencias de Hod. Así que todas las formas divinas pertenecen a Hod, así como todas las fuerzas de dioses pertenecen a Netzach.

4. El escéptico puede objetar que todas las formas son imágenes reflejadas del mundo físico, y así, en el caso improbable de que un materialista escéptico fuera un Qabalista, él insistiría sin duda en que todas las formas pertenecen a Malkuth. Dadas las premisas del materialista,

esto sería correcto, pero la Qábalah está basada implícitamente en una filosofía idealista y sostiene que las formas son concebidas primero en los niveles internos, y posteriormente se concretizan en formas. Este no es lugar para ir a un análisis del cauce principal de la especulación filosófica —una concepción del Universo materialista o idealista— incluso si tal análisis pudiera ser de algún valor. La mayor parte de las filosofías son estructuras lógicas correctas, y su diversidad surge básicamente de cualesquiera premisas sobre las que estén construidas. Y como la mayoría de las premisas, incluso cuando se contradicen unas a otras, son mantenidas como autoevidentes y por tanto axiomáticas, hay poco que ganar de las disquisiciones lógicas sobre ellas. En último análisis, «pagas tu dinero y tomas tu decisión», y la decisión del Qabalista es el punto de vista idealista.

5. Todas las filosofías, por cuanto que son estructuras de conceptos formalizados, caen bajo la presidencia de Hod, y su única ética es si son verdaderas o falsas, que son la esencia de la Virtud y el Vicio de este Sefirah. La falsedad puede ser denominada error, y puede ser concebida como parte del esquema de las cosas, pues es un fruto de la inexperiencia, y el objetivo de la evolución es ganar experiencia. La Deshonestidad, sin embargo, cuando es consciente, es una perversión deliberada, y por tanto Qlifóthica y mala, y no tiene por ello parte real en el esquema de las cosas, sino que es otro fruto tonto de la desviación primaria del hombre.

6. El Nombre de Dios del Sefirah Hod es similar al de Netzach, siendo Elohim Tazabaoht, Dios de las Huestes, por comparación a Jehovah Tzabaoth, Señor de las Huestes. En Netzach, las Huestes son las miríadas de fuerzas de los mundos inferiores, mientras que en Hod son las miríadas de formas que sirven para vestir a estas fuerzas. Hay un campo interesante de especulación en porqué Netzach debería tener Jehovah como la primera parte del Nombre de Dios, y Hod tener Elohim. Como ya hemos discutido, Jehovah se refiere a la manifestación de fuerzas en planos diferentes, y así el Nombre es aplicable a Netzach, pues da indicación de las relaciones de las fuerzas en todos los niveles. Elohim, por otro lado, es un Nombre que

tiene en sí implícitos la polaridad y la pluralidad, los muchos en la forma de uno, y Hod es un Sefirah donde se hacen las estructuras lógicas, proceso que es uno de encontrar una unidad coherente a aspectos diversos. Se notará que la Imágen Mágica de Hod es el Hermafrodita, una forma que, como Elohim, tiene dualidad y polaridad implícitas en una forma. Además, los Nombres Jehovah y Elohim aparecen por primera vez en Chokmah y Binah respectivamente, de los que, de acuerdo con el principio de similaridad de los Sefiroth diagonalmente opuestos, Netzach y Hod son formas inferiores. Cuando el jeroglífico de los Pilares es sobreimpuesto al Arbol de la Vida, Chokmah y Netzach están a la cabeza y base del Pilar Activo de la Fuerza, y Binah y Hod a la cabeza y base del Pilar Pasivo de la Forma.

7. El Arcángel de Hod es Mikael, el gran Guardián que mantiene a raya las fuerzas del Averno. En el trabajo mágico se le asigna el Sur, el Cuarto cardinal del Fuego, y puede ser visualizado como una gran figura columnar refulgiendo con todos los rojos del fuego. Alternativamente puede usarse la familiar forma antropomórfica de un poderoso ser alado, con la espada levantada, aplastando a un dragón o serpiente bajo su pie. Este Arcángel es uno a llamar cuando se está asaltado por el peligro o por fuerza desequilibrada de cualquier naturaleza, incluyendo la acometida de aspectos adversos o demoníacos dentro de uno mismo.

8. El Elemento Fuego es ese Elemento que transmuta las formas a un nivel superior, y está por tanto asociado a Mikael en razón de que él trata igualmente con formas y fuerzas no regeneradas. El Fuego es el Elemento purgante, igual que Mikael es el Arcángel purgante. Como Hod es un Sefirah de «Agua», puede parecer extraño que se le asigne el Arcángel del Fuego, pero los procesos de mentación de Hod, lógica y ciencia, el categorizar lo desconocido en estructuras cognoscibles, es arrojar luz a lugares oscuros, y uno de los mayores temores de la humanidad es el miedo a lo desconocido. Es esta antigua pasión por la categorización lógica lo que ha conducido al acuerdo de que todas las filosofías pre-existenciales han sido intentos de escapar a encararse con un Universo que es ilógico o

absurdo. Sea como sea, y hay más de un grano de verdad en ello, incluso si el Universo no es una estructura de absurdo sinsentido, permanece el hecho de que la ignorancia es el campo de cultivo de mucho mal, y que la ignorancia es dispersada por la luz de la mente de Hod. Así que la atribución de Mikael, el Dispersador de las Fuerzas de las Tinieblas, es correcta.

9. Es un hecho interesante el que la Iglesia Católica haya usado durante largo tiempo a Mikael como protector y guardián, aunque prefijando su nombre con el título de Santo. Deben de haber cientos de lugares dedicados a San Miguel, y son generalmente sitios de adoración pagana, y por tanto lugares frecuentados, de acuerdo con la creencia medieval Cristiana, por los diablos. Estos sitios están a menudo en lugares elevados o colinas, y los más famosos son el Monte de San Miguel cerca de Penzance, Cornualles, y Mont St. Michel fuera de la costa de Bretaña. También la torre que hay en Glastonbury Tor —parte de «la tierra más santa de Inglaterra»— es parte de una iglesia dedicada originalmente a S. Miguel. El resto de la iglesia, se dice, fue demolido por un terremoto dejando sólo la torre de pie —un símbolo pagano, así que quizá las viejas fuerzas han vencido aquí. Uno no necesita tomar esto demasiado seriamente, sin embargo, pues las diferencias entre la adoración de Dios pagana y cristiana son realmente superficiales. Básicamente es una sola adoración, y un sólo Dios.

10. La Orden de Angeles, los Beni Elohim o Hijos de Dios o Hijos de los Dioses, pueden ser concebidos como trabajando en conjunción con la Orden de Angeles de Netzach, los Elohim, o Dioses. Estas dos Ordenes de Angeles podrían ser consideradas como los aspectos de fuerza y de forma de todos los diversos dioses y diosas concebidos por la mente del hombre. El término «Hijo» significa una relación esotérica, como puede verse cuando Cristo llama a dos de sus discípulos Boanerges, Hijos del Trueno; y Cristo mismo es conocido como Hijo de Dios e Hijo del Hombre, no estando derivado enteramente lo primero de la creencia en la Inmaculada Concepción por el Espíritu Santo.

11. El Chakra Mundano de Hod es el planeta Mercurio, el planeta físico que se encuentra más próximo al Sol

y recibe mayor luz que cualquier otro. Está estrechamente involucrado esotéricamente con Venus y la Tierra, y está asociado con el nivel psíquico de la mente abstracta. Tiene mucho que ver con los Misterios de Hermes.

12. Hermes ha dado su nombre a toda una tradición oculta —el Rayo Hermético, que es la vía de la iluminación a través de la mente. Hod, por tanto, es con mucho la esfera de la filosofía esotérica y de la magia. Los tres Senderos principales del ocultismo Occidental pueden ser alineados con los Sefiroth inferiores. El Rayo Verde del misticismo de la naturaleza y el arte se refiere a Netzach, el Rayo Púrpura del misticismo devocional a Yesod, y el Rayo Naranja de la magia y la filosofía oculta a Hod. Todos los tres Senderos se unen sin embargo al nivel de Tifareth. Las figuras clave sobre cada Sendero son Orfeo, Nuestro Señor, y Hermes, respectivamente.

13. Hermes Trismegistus pasa bajo diversas variaciones de nombre; Mercurius Termaximus y el Tres Veces Grande Hermes son los equivalentes romano y castellano de la forma griega, que derivó probablemente del Thoth-Tehuti egipcio. El aspecto más elevado era como el «Pimandro Divino». «Pimandro» quiere decir «Pastor de hombres», y significa el líder arquetípico, instructor e iluminador de la humanidad. El es sin embargo un ser que trabaja principalmente a través de la enseñanza de la mente más que a través de las emociones o la fé religiosa, como se indica en un extracto de algunos de los escritos Herméticos: «Tenerme en vuestra mente, y cualquier cosa que deseéis aprender os la enseñaré», y Emersón se sintió movido a escribir: «No puedo recitar, ni siquiera así rudamente, las leyes del Intelecto, sin recordar a esa clase sublime y arrebatada que han sido sus profetas y oráculos, el alto sacerdocio de la Razón pura, el Trismegisto, los expositores del pensamiento de edad en edad. Cuando, a largos intervalos, nos volvemos sobre sus páginas abstrusas, parece maravillosa la calma y gran aire de estos grandes señores espirituales que han caminado en el mundo —éstos de la antigua religión... Esta banda de grandes, Hermes, Heráclito, Empédocles, Platón, Plotino, Proclo, Sinesio, Olimpiodoro, y los demás, tienen algo tan vasto en su lógica, tan primario en su pensamiento, que parece

anteceder a todas las distinciones ordinarias de retórica y literatura, y ser a la vez poesía, y música, y danza, y astronomía, y matemáticas.»

14. El secreto de la lógica de estos filósofos Herméticos es que está basada sobre la Verdad, y por ello habla a la intuición así como a la mente inferior. Las filosofías no iluminadas pueden ser farragos de estupidez, aunque su estructura pueda ser completamente lógica, simplemente porque no están basadas en la Verdad. Uno puede edificar un gran e imponente edificio lógico, pero su valor último dependerá de sus cimientos: si está construido sobre la roca de la Verdad, o sobre las arenas movedizas de la opinión personal. De nuevo, esto nos refiere a la Virtud y el Vicio del Sefirah Hod —Verdad y Falsedad.

15. De acuerdo con Clemente de Alejandría toda la filosofía religiosa Egipcia estaba contenida en los Libros de Thoth. Thoth, el Señor de los Libros y el Aprendizaje, era considerado como el inspirador de todas las enseñanzas sagradas y el instructor de toda religión y filosofía. Más aún, como nos dice Iámblico, Thoth era el presidente de toda la disciplina sacerdotal, y todo sacerdote Egipcio era tenido como un sacerdote de Thoth, sobre y por encima de todas sus otras funciones sacerdotales, porque Thoth era el sacerdote o hierofante arquetípico —el Alma general de todos los sacerdotes.

16. Como ya se ha mencionado bajo Netzach, Thoth puede ser considerado como el Poder Equilibrante en los planos superiores, así como Orfeo lo es en los inferiores. Esto no implica que uno sea más grande que el otro, pues todos los Sefiroth, y por tanto todos los planos, son igualmente santos. Hod, puesto que es un reflejo inferior de Chesed, es un vínculo entre la humanidad y todos los instructores de los planos superiores, sean Maestros, (esto es, humanos altamente evolucionados) o Señores de la Mente. Los Señores de la Mente son seres perfeccionados de una evolución previa, y Hermes, Merlín, Buddha y el Espíritu individual de Jesús de Nazareth (esto es, Jesús como aparte de la fuerza de Cristo) se dice que han sido de esa evolución. La técnica de instrucción de los Señores de la Mente es siempre vincular algo de la Razón Divina con la mente superior del hombre; en otras palabras, dan

conocimiento de Dios en distinción a *percepción* de Dios, el último de los cuales es el método de los instructores de Venus, tales como Orfeo. Los sacerdocios internos conocidos como la Orden de Prometeo y la Orden de Melquisedek derivan de Mercurio y Venus respectivamente, aunque detrás de estos planetas están trabajando las fuerzas de ciertas constelaciones.

17. Puede parecer extraño que Jesús fuera considerado en relación con el Rayo Hermético puesto que él es primariamente un instructor del Aspecto Amor de Dios. Sin embargo, debe recordarse que ningún Aspecto puede considerarse sin los otros, y que todos ellos se entrelazan. Mucha gente está ansiosa de darse a sí misma a la Sabiduría, a pesar del hecho de que carece de la base necesaria para ello. Esta base es el Amor, pues la compasión en su verdadero sentido fertiliza la Sabiduría, de modo que se hace un uso correcto de ella. Muchos líderes de grupos esotéricos que, por su carácter de Sabiduría, son llevados al campo de la enseñanza, tienen personalidades en las que el Aspecto Amor no está adecuadamente desarrollado. La verdadera Sabiduría no puede estar presente sin los otros Aspectos Logoidales, pues, como dice el Credo Atanasiano del Principio de Sabiduría del Logos: «No es hecho, ni creado, ni nacido, sino que procede.»

18. Las imágenes de Hod no son las mismas que las de Yesod —la Casa del Tesoro de las Imágenes. Son formas hechas y controladas por la mente y la voluntad y reflejadas en el gran Templo del Agua de Hod. Son imágenes de eternidad, a menudo concebidas y situadas ahí por seres superiores, para ser cogidas por el hombre y ser meditadas, para dar una posterior revelación, y la Visión del Esplendor que es la Experiencia Espiritual de Hod. El Agua de Hod no es el Agua Elemental sino el Pozo de la Verdad, claro como el cristal.

19. En esta categoría de formas simbólicas pueden ser situados todos los principales sistemas pictóricos de enseñanza esotérica, tales como las letras hebreas, los signos astrológicos, y el Tarot, el último de los cuales es llamado a menudo el Libro de Thoth. El origen de las cartas del Tarot está envuelto en la oscuridad, siendo situado por algunas autoridades tan hacia atrás en el tiempo como los

Misterios Egipcios, y por otros tan tarde como el siglo dieciséis. Sin embargo, este tipo de investigación escolástica no importa nada, pues su verdadero origen viene de los planos internos, y su autoridad no se deriva de la fecha de su incepción física sino de su uso como un sistema práctico aquí y ahora.

20. Los atributos mitológicos del Thoth Egipcio dan una ilustración general de las atribuciones del Sefirah Hod. Fue retratado con la cabeza de un ibis, cuyo largo pico puede ser comparado a la mente analítica, picando migajas de Verdad de las cenagosas aguas de la falsedad. Era también un dios lunar, teniendo la luna creciente sobre su cabeza, el cuerpo celestial que trae luz reflejada a las horas oscuras de la Tierra, así como los reflejos en símbolos de los poderes superiores de Chesed traen luz a la mente del hombre en Hod. Aparte de ser el Demiurgo en Hermópolis, la «Ciudad del Ocho», era también un Juez o Equilibrador Divino, y su acción en el tribunal celestial ante el que aparecieron los implacables enemigos Horus y Set, le ganaron el título de «El que juzga a los dos compañeros». También ayudó a Isis a defender al niño Horus del peligro, y extrajo el veneno del cuerpo del niño cuando fue picado por un escorpión. Esto es análogo a las tareas y poderes del Arcángel Mikael. Thoth fue también inventor de todas las artes y ciencias y de los jeroglíficos, y el primero de todos los magos —también claramente atributos de Hod, aparte de ser heraldo de los dioses, como lo fue Hermes, la contraparte griega de Thoth, y también el Mercurio romano. Por cuanto que las imágenes de Hod son símbolos de significado divino, la atribución del mensajero así como la del mago es claramente obvia.

21. Al analizar de este modo los atributos de un dios, pueden deducirse relaciones de aspectos divinos. Hay mucho significado en la relación de Thoth con Isis, Horus, Osiris y Set, por ejemplo, y de Hermes con Palas Atenea, Perseo, Apolo y Zeus. Hablando en general, los mitos Egipcios son más puros, porque la civilización Egipcia era muy rígida, siempre estrictamente bajo el control del sacerdocio. La Griega no era así, y mientras que las divinidades Griegas pueden ser más humanas y apelantes, uno tiene que guardarse contra la distorsión y liviandad populares

Griegas. Hermes, por ejemplo, era el patrón de los mercaderes, viajeros, sueltos de lengua y ladrones, cuyas atribuciones se derivan probablemente de segunda mano del hecho de que era un Mensajero Divino. El aspecto de artificio y truco no existía en el Thoth Egipcio.

22. Las formas divinas Egipcias fueron prescritas cuidadosamente por el sacerdocio, el cual tenía un gran conocimiento de los efectos psicológicos de ángulos y líneas. Así que puede ganarse mucho por la contemplación de la imaginería Egipcia, y su simplicidad de forma la hace fácil de recordar, visualizar y sostener en la imaginación. Los dioses Griegos, por otra parte, son con mucho más humanos, siendo de hecho idealizaciones de tipos humanos. Por tanto, de los principales panteones del Oeste, el Egipcio tiende a dar el lado interno esotérico de las fuerzas divinas, y el Griego el lado externo más humano. La mitología Romana deriva mayormente de la Griega, siendo los Romanos demasiado pragmáticos como para preocuparse de fuerzas internas salvo como un medio de llevar más lejos sus ambiciones materiales. Los dioses y diosas Asirios son dignos de estudio, pues el Este no tiende a reprimir su subconsciente como lo hace el Oeste, mientras que lo Nórdico es valioso por cuanto que puede apelar más a la mentalidad Nórdica, y mira a los hechos más duros de la vida directamente en la línea del ojo, pues la vida en el Norte era, por razones puramente climáticas, mucho más dura que la vida alrededor del Mediterráneo.

23. Puede edificarse un considerable depósito de conocimiento y sabiduría ocultos por una consideración cuidadosa de toda la variedad de formas divinas, y éste es esencialmente un proceso bajo la provincia de Hod.

24. El otro método de trabajo de Hod es el de la magia, pues la magia es esencialmente un proceso de construir formas para que las habiten fuerzas, y Hod es el Sefirah de las formas mágicas. Los Nombres y Versículos, símbolos de Hod, son los escritos que tiene el mago que simbolizan y describen las potencias con las que está trabajando; son, de hecho, formas talismánicas de estas potencias.

25. El Mandil, que tiene asociaciones Masónicas, es la vestimenta característica del artesano, el constructor de

formas, lo que el mago por supuesto es. El que las formas puedan ser mentales o astrales en vez de físicas es sólo una diferencia de nivel no de función. El Mandil cubre también el centro de la Luna, las ijadas, así como el Lamen cubre el centro del Sol, el pecho, y se recordará que Thoth es un dios de la Luna, de donde deriva su nombre de Tehuti.

26. Como última consideración, hay una interesante tradición que dice que los Beni Elohim, los Hijos de Dios, eran Hijos e Hijas de otras Esferas, que descendieron a la Tierra en tiempos muy primitivos, y se casaron con los humanos, produciendo una raza de Sabiduría de la que no ha sido vista desde entonces ninguna comparable. El casamiento y el retoño, aunque santo al principio, degeneró en seres malvados de gran poder que tuvieron que ser destruidos al final. Este hecho se dice que está detrás de muchas extrañas leyendas de todas las razas, y el hecho de que estos seres fueran andróginos y pudieran usar cualquiera de ambos sexos a voluntad es sin duda el fundamento de leyendas tales como la de Sodoma. La Imagen Mágica de Hod es, por supuesto, el Hermafrodita, y el trazado a través de esas correlaciones, a menudo extrañísimas, del alfabeto mágico de símbolos, es una búsqueda de gran interés y fascinación. Aunque, como sucede con todas las búsquedas de fascinación, particularmente las esotéricas, es bueno no dejar ir demasiado suelto al entusiasmo de uno, pues hay un límite muy traidor y cambiante entre la Virtud y el Vicio de Hod —Verdad y Falsedad.

CAPITULO XV

YESOD-EL FUNDAMENTO

«*El Noveno Sendero es llamado la Inteligencia Pura, porque purifica las Emanaciones, prueba y corrige el diseño de sus representaciones, y dispone la unidad con la que están diseñadas sin disminución o división.*»

IMAGEN MAGICA: Un bello hombre desnudo, muy fuerte.
NOMBRE DE DIOS: Shaddai el Chai.
ARCANGEL: Gabriel.
ORDEN DE ANGELES: Kerubim. Los Fuertes.
CHAKRA MUNDANO: La Luna.
VIRTUD: Independencia.
TITULOS: La Casa del Tesoro de las Imágenes.
EXPERIENCIA ESPIRITUAL: Visión de la Maquinaria del Universo.
COLOR ATZILUTHICO: Indigo.
COLOR BRIATICO: Violeta.
COLOR YETZIRATICO: Púrpura muy oscuro.
COLOR ASSIATICO: Limón, moteado de azul.
VICIO: Ociosidad.
SIMBOLOS: Perfumes y Sandalias.

1. Yesod es el Sefirah del plano etérico, y por lo tanto no es sólo la central de energía o maquinaria del mundo físico, sino que también sostiene el armazón en el que están enredadas las partículas de materia densa.

2. El estudio del etérico es vasto, pues es coextensivo con toda la gama de ciencias físicas, pero su efecto en el mundo físico puede ser considerado aproximadamente como Vitalidad. Es una energía de integración que coordina las moléculas físicas, las células y demás, en un organismo definido, y sin ella, por tanto, nuestros cuerpos físicos no serían más que colecciones de células independientes. No es un producto de la vida física, pues Yesod está más cerca de la fuente de las cosas que Malkuth, sino que las criaturas vivientes, las plantas, e incluso los minerales, son sus productos. Y así como una carencia de ella en el sistema nervioso conduciría hacia la exhaustión y la muerte, así un exceso de ella produciría enfermedad y posteriormente la muerte.

3. Es el agente controlador en los cambios químico-fisiológicos del protoplasma, y muestra su presencia por el poder de los organismos de responder a los estímulos, y es por tanto la base detrás de las células fibrosas que constituyen los nervios y dan el poder de sentir placer y dolor. Es sostenido por la ciencia esotérica que es el vehículo etérico, y no el cuerpo físico, el que tiene el poder de sentir, y éste es el principio que se halla detrás del uso de ciertos anestésicos; extraen al doble etérico fuera del cuerpo físico, tal como ocurre en el sueño, en el trance profundo, y finalmente en la muerte. El cuerpo físico es sólo el receptor de las impresiones de los sentidos físicos, y no tiene percepción sensoria aguda, excepto sentimientos vagos, apagados, difusos, tales como una fatiga general. La formación de un sistema nervioso está causada por una mezcla de astral con fuerza etérica, y por lo tanto sólo hay una estructura nerviosa rudimentaria en las plantas, y ninguna en absoluto en los minerales. Todos, sin embargo, tienen su estructura construida y sostenida por la red o malla etérica, y es por tanto el fundamento de la existencia física, y «El Fundamento» es el Título de Yesod.

4. De este modo se puede decir que Yesod sostiene la imagen de todo lo que existe en el mundo físico, y es por tanto el Almacén de las Imágenes. Y sin embargo, no solamente contiene estas imágenes, sino que tiene el poder de alterarlas, y es por esto que el Yogi, por ejemplo, puede producir cambios dentro del organismo físico por medio de

la meditación y las técnicas de posturas del Hatha Yoga. Este aspecto particular de Yesod es el recalcado en el Texto Yetzirático: «El Noveno Sendero es llamado la Inteligencia Pura porque purifica las Emanaciones, prueba (i.e. pone a prueba) y corrige el diseño de sus representaciones...» lo que por supuesto resulta en formas funcionales en el mundo físico, Malkuth. La función integradora sobre la vida celular y molecular está cubierta en el resto del Texto, que dice: «dispone la unidad con la que son diseñadas (las emanaciones), sin disminución o división». Finalmente, la imagen suprema integrada de Yesod es la de «La Imagen Luminosa del Creador» que se muestra y oculta en el plano físico. Por tanto, el Nombre de Dios del Sefirah Yesod es Shaddai el Chai, el Dios Todopoderoso y Viviente.

5. Naturalmente que como Yesod es un Sefirah muy relacionado con lo etérico, con las imágenes de manifestación pre-física de todas las emanaciones superiores, y también con el vasto cuerpo de enseñanza desarrollado alrededor de la Luna —el gran reflector de la luz del Sol—, el Arcángel del Sefirah es el Arcángel de la Anunciación, Gabriel, que da los poderes de la Visión.

6. El puede ser imaginado como una bella figura azul-verde con destellos plateados de luz, y un tremendo remolino de colores de los diversos matices de tintas de la cola del pavo real punteados con plata que son sus alas, o una parte de su aura dilatada, y alrededor de su cabeza y bajo sus pies arroyos de plata líquida. Puede notarse que éstos no son los colores Sefirothicos estrictamente hablando, pero uno no debería dejar que la imaginación estuviese atada demasiado fuertemente por la tradición, particularmente con símbolos como los Colores Relanpaguenates que son arbitrarios en gran medida. Los colores dados arriba en conexión con el Arcángel Gabriel deberían evocar mucho del poder del Mar y de la Luna que es una parte integral de Sefirah Yesod.

7. Esta forma antropomórfica puede entonces verse cambiar a un tremendo pilar de luz plateada, quizá con un tinte gris-malva, extendiéndose hacia arriba hasta el cielo y reposando sobre la Tierra, y alrededor del pilar de nuevo nubes de los colores azul y verde del pavo real. Este

tremendo Pilar debería ser concebido como una batería del Universo —una batería eléctrica— y todas las acciones del Universo os son enchufadas, como si fuera, a través de esta gran batería, pues es la base de la Visión, sea clarividencia o clariaudiencia.

8. El poderoso pilar de plata puede entonces ser cambiado a una figura nónuple, una figura sólida de cristal con nueve lados, pero reflejando luz plateada y azul-verde. Imaginad en esa figura nónuple una gran cantidad de fuerza del anterior gran pilar plateado y azul-verde, y observadlo; observad este sólido igual que observarías un globo de cristal, y ved qué aparece. Como conclusión a este experimento es mejor cambiar la forma de nuevo a la bella forma Angélica protectora, irradiante de los poderes de la Luna y del Agua, que son cualidades en sintonía con las facultades visionarias que pueden dar un entendimiento real y correcto de la vida interna. Es Gabriel quien rige «los arroyos de Agua Viva que brotan del Trono Más Elevado». (Cf. Apocalipsis XXII i: «Y me mostró un río puro de agua de vida, claro como el cristal, procedente del trono de Dios y del Cordero» y también Génesis II x «Y un río salió del Edén para regar el jardín: y desde ahí se dividió, y se convirtió en cuatro cabezas.»).

9. La Orden de Angeles de Yesod es los Kerubim, los Fuertes, cuyo título es adecuado cuando uno considera que Yesod sostiene los niveles y las tensiones etéricas de los que depende la forma física. Es esta concepción la que está también detrás de la Imagen Mágica —el bello hombre desnudo, muy fuerte, que podría ser comparado con Atlas, que sostenía el mundo sobre sus espaldas, teniendo la fortaleza de esos otros «Fundamentos» clásicos del Universo, el Elefante, la Tortuga y el Aguila. En cierto modo, estas tres criaturas, junto con el hombre Atlas, pueden ser concebidas como reflejos de las Cuatro Santas Criaturas Vivientes de Kether. También, el hombre fuerte y bello puede ser considerado como Nuestro Señor, como un equilibrio compensador del «gentil Jesús, dócil y manso» de la escuela dominical, concepción que desgraciadamente ha crecido alrededor suyo. Jesús, el hombre fuerte que tuvo la fortaleza pasiva de no resistirse a sus perseguidores cuando todo el tiempo tuvo el poder de hacer todas esas cosas con

las que le tentó el diablo en el Desierto; que tuvo la suficiente «presencia» de poder como para impresionar e impeler a la fe a un centurión Romano de duro carácter cuyo sirviente estaba enfermo; que tuvo el poder y conocimiento sobre los niveles etéricos para curar al enfermo, realizar «milagros», elevar a los muertos, y reconstruir su cuerpo de nuevo, glorificado, después de tres días.

10. Los Kerubim trabajan en la edificación de conocimiento y el enjaezamiento de fuerza en los métodos etéricos o Yesódicos, de los que uno es el uso de símbolos relativos al entendimiento Yesódico dentro de las profundidades de la mente subconsciente. Con el progreso del tiempo, estos símbolos se vuelven menos «ritualísticos» y más mentales —esto es, se convierten en herramientas en las manos de las varias escuelas de psicoanálisis. De todos modos, estas imágenes de curación psicológica son todavía versiones del día presente de los contenidos de «La Casa del Tesoro de las Imágenes», y las fuerzas detrás de esta terapia son la Orden de Angeles de Yesod, pese a lo fantástico que ello pueda sonarle a la mente científica. Los grandes poderes en la esfera etérica son los Angeles mismos, los Kerubim, y como los poderes etéricos son las grandes fuerzas formativas del mundo y del hombre, estas grandes fuerzas deben ser tenidas en cuenta por la investigación médica si es que ha de tener algún valor. Aparte de los aspectos subconscientes, que resultan en muchas enfermedades psicosomáticas, el entendimiento completo del mecanismo que trabaja el cuerpo de modo que pueda curarse en la enfermedad, lo mantiene en buena condición cuando está bien, y rejuvenecido cuando es viejo, están todos contenidos en Yesod, el fundamento etérico detrás del reino físico de Malkuth.

11. Es en esta dirección que están progresando los nuevos métodos de curación no «ortodoxos», tales como la antroposofía, radiónicas, y las técnicas de Alexander. A menudo, ciertas de estas técnicas trabajan mejor con gente que tiene alguna percepción consciente de sus niveles astrales y etéricos, y cuyos niveles inferiores son por tanto menos densos. La gente que ha hecho un fetiche de la droga, por otro lado, es menos probable que pueda ser ayudada por tratamientos vegetales y homeopáticos. Sin

embargo, en los niveles internos, el incremento de la radioactividad está teniendo el efecto de hacer menos densos los niveles etéricos, de modo que parece haber algún bien que viene de este mal, aunque desde luego puede conducir a una terrible enfermedad si no se controla adecuadamente, como es bien sabido.

12. El Chakra Mundano de Yesod es la Luna, y la Luna está íntimamente conectada con el crecimiento de las plantas, y hay mucha tradición olvidada en relación con hierbas y plantas y su influencia sobre la enfermedad y otras materias que Paracelso trató de revivir, y que son todavía revividas hoy en día, aunque la falta de método científico no ayuda mucho a la causa, y es un campo de caza común para mentecatos y faroleros.

13. La Luna está íntimamente conectada con la Tierra, así como el plano etérico está íntimamente conectado con el físico. El poder de la vitalidad etérica es como el poder de la Luna que produce los grandes movimientos de las mareas sobre la faz de la Tierra; y la actividad cíclica de la «Maquinaria del Universo» etérica es como la actividad cíclica de la Luna y el ciclo fisiológico de la mujer —el sexo Lunar.

14. En adición a esto está la vasta cantidad de enseñanza esotérica que se centra alrededor de la Luna, pues la Luna y el Sol son los dos grandes principios que tienen sus análogos en los Pilares detrás de toda la manifestación. Puede decirse que Pan e Isis son aspectos de la esfera Yesódica, porque Pan da la idea de fortaleza arquetípica que es característica del etérico y de la acción de la Luna sobre la Tierra, e Isis da la idea de la virginidad arquetípica del lado Femenino de Dios. Todo el lado receptivo de las cosas es mostrado por el reflejo de la luz Solar por la Luna, y por el Sefirah Yesod como receptáculo de todas las emanaciones superiores para que sean formadas en las imágenes que son la base de las formas en el mundo físico. También, la función principal de Yesod, el mecanismo por el que la raza humana vive y muere, nace y se casa, es también la función de la Gran Madre, o Isis, pues Isis contiene a todas las otras diosas.

15. Está también el lado mágico de la Luna, y Yesod es más importante mágicamente que cualquier otro Sefirah,

excepto posiblemente Hod. Siendo un Sefirah Lunar, el Dios Thoth está también conectado íntimamente con Yesod. Este hecho está detrás de algunas de las leyendas que cuentan de Thoth como siendo un ayudante de Isis. Puesto que Yesod está conectado tan íntimamente con la purificación y la unificación de las formas, será obvia su relevancia con la magia práctica, pues todas las fuerzas superiores tienen que pasar a través de Yesod antes de que puedan manifestarse físicamente en Malkuth.

16. La atribución de las Sandalias a Yesod muestra también el estrecho vínculo mágico con el Sefirah Hod, pues un aspecto de ellas son las Sandalias Aladas del Gran Mensajero, que es refiere a Hermes, Mercurio y Thoth. En otro sentido, las Sandalias son enseres mágicos que le permiten a uno caminar con facilidad sobre los Fundamentos de los varios niveles psíquicos.

17. Los perfumes, asignados también a Yesod, contienen otra rama completa del entendimiento de las vibraciones etéricas detrás de minerales y plantas. Esto es de nuevo parte del aspecto Lunar de Yesod, y una esfera que ha sido poco investigada a pesar de los profundos cambios de conciencia que pueden efectuarse por medio de varios perfumes —como desde luego con la música. Como señaló Dion Fortune, «Cuán rápidamente se apartan nuestros pensamientos de las cosas terrenales cuando el amontonado humo del incienso nos llega desde el elevado altar; ¡cuán pronto vuelven a ellas de nuevo cuando nos llega una bocanada de pachulí desde el banco próximo!» («La Cábala Mística» de Dion Fortune —publicado por Editorial Kier, Buenos Aires.) Más aún, está el lado esotérico superior del perfume, que ya hemos tocado con referencia a Isis y Daath. Hay una fuerte conexión entre Daath y Yesod, y se dice que son «polos opuestos del circuito mágico». Esto es, Daath es la parte más elevada y Yesod la parte más baja de la psique, cuando se descuentan el cuerpo físico en Malkuth y los niveles espirituales de la Tríada Superna; son los polos extremos del vínculo entre Espíritu y Materia.

18. En el capítulo de Daath se hizo mención de Moisés y la montaña Lunar del Sinaí, y el Antiguo Testamento como un todo contiene un vasto compendio de simbolismo

Yesódico. Mucho se ha extinguido a través del curso de las edades y por traducción, pero los grandes símbolos de adoración Lunar están ahí para aquellos que se preocupan de buscarlos.

19. Para empezar, tal como nos dice el Génesis, la tribu nomádica que llegó a ser conocida como los Judíos vino originalmente de Ur de Caldea. Ur era la gran ciudad Lunar de Caldea, y llevaba una gran enseñanza del Agua y de la Luna en la adoración de ese extraño ser, Ea, el Hombre-Pez Divino, que, de acuerdo con Berosio, el sacerdote e historiador Babilonio, «escribió un libro sobre el origen de las cosas y los comienzos de la civilización, y se lo dio al hombre». Este libro daba probablemente esos relatos del Diluvio y de la Torre de Babel que aparecen en fragmentos de la Biblioteca Real de Nínive así como en la Biblia. Ea, u Oannes como le llamaron posteriormente los Griegos, dice Berosio, «solía pasar todo el día entre los hombres, sin tomar alimento alguno, y les daba conocimientos de letras, y ciencias, y toda clase de arte; él les enseñó cómo fundar ciudades, construir templos, introducir leyes y medir tierras; les enseñó cómo plantar semillas y recoger cosechas; en breve, les instruyó en toda cosa que hace más suaves la maneras y eleva la civilización, de modo que desde ese tiempo nadie ha inventado algo nuevo. Entonces, cuando el sol se venía abajo, este monstruoso Oannes solía hundirse de nuevo en el mar y pasar la noche en medio de las aguas sin Límite, pues era anfibio.»

20. Envuelto como está en las profundidades de la leyenda y la mitología, no podemos estar seguros de si el mar se da a entender como tal, o si se da a entender el mar etérico. En la leyenda, las descripciones aparentemente físicas pueden implicar muchas cosas —por ejemplo la conciencia de Daath es simbolizada usualmente por el vidente ascendiendo a una montaña, o yendo a una habitación superior. A partir de la descripción de sus funciones, sin embargo, Ea era obviamente lo que la tradición esotérica llama un Manú o líder y civilizador de una raza primitiva. Se dice que estos seres no tenían cuerpos físicos permanentes, sino que se materializaban etéricamente, algo al modo en que ocurren las materializaciones ectoplásmicas en la sesión espiritista. En aquellos días, también, se

dice que todos los hombres tenían visión etérica, de modo que el Manú era visible a todos. Sea como sea, fue de este trasfondo de tradición que descendieron los primeros Judíos.

21. Los poderes Lunares y los poderes del Mar fueron adorados como dioses antes de que los hombres adorasen a toda la fuerza del poder del Sol, y aunque Jehovah finalmente llegó a estar fuertemente identificado con el Sol fue desde los primeros días una fuerza Lunar. Así, el gran poder de la Luna respecto a la fertilidad se convirtió con los antiguos Judíos en una cosa sagrada, como por ejemplo en el ritual de la circuncisión instituido por Abraham.

22. En los primeros días la Luna era adorada como un dios así como una diosa, y ciertas razas se inclinaban más hacia un lado o hacia otro. Los Judíos, por supuesto, tendieron hacia el lado masculino, y apareció generalmente la confusión cuando la raza encontraba tribus rivales que adoraban una representación femenina de la misma fuerza, tal como Ishtar o Astarté. El extraño libro de El Cantar de los Cantares de Salomón surge probablemente de uno de estos encuentros, pues su verdadero significado se refiere sin duda a los aspectos oscuros de la diosa Lunar:

«Soy negra, pero hermosa, oh hijas de Jerusalén, como las tiendas de Cedar, como las cortinas de Salomón. No me miréis, porque soy negra, porque el sol ha mirado sobre mí...»

23. Salomón e Hiram son dos ejemplos de figuras mágicas en los que, aunque históricamente se puede decir que han existido ciertos hombres que se corresponden con ellos, son realmente grandes figuras arquetípicas animadas por grandes fuerzas hasta un grado mucho más allá de lo que mortal alguno pudiera haber encarnado. Estas figuras aparecen en todas las razas, como por ejemplo el Rey Arturo, Robin Hood y demás, y el proceso trabaja incluso con figuras bastante contemporáneas tales como los héroes del Oeste Salvaje.

24. El Segundo Libro de Paralipómenos o Crónicas nos cuenta la construcción del Gran Templo de Salomón que fue construido con la ayuda de Hiram, Rey de Tiro, que había ayudado también a David. El Templo fue cons-

truido con medidas muy intrincadas y precisas —un gran ritual Lunar de medida, y las formas puras y exactas de Yesod— y el simbolismo merece la pena de estudiarse pues comprende cosas tales como representaciones de Kerubim —la Orden de Angeles Yesódica—, y pilares rematados por granadas —claros símbolos femeninos— y en medio estaba situada el Arca de la Alianza.

25. El Arca es un gran símbolo Lunar y del Mar, y por tanto pueden trazarse orígenes primitivos de este culto en la historia del arca de Noe, que fue construida también de acuerdo con medidas precisas, y en la extraña historia de Jonás y la ballena. Aunque los símbolos de la Luna se refieren mucho a la fertilidad, no es solamente una cuestión de fertilidad física, sino también de fertilidad de la mente, de la imaginación y del alma. La enseñanza superior del Arca es la de que es una vasija de Misterio, un tipo primitivo y oriental del Santo Grial, y el Santo Grial es el punto de fusión entre planos donde se hace un receptáculo en la conciencia inferior que puede actuar como un contenedor, o dador de forma, a fuerzas de conciencia superior.

26. Está también toda la tradicción de enseñanza estelar conectada con los Misterios del Mar, pues el Mar, como la Piedra, es un símbolo del espacio cósmico. El conocimiento de los cuerpos estelares alcanzó una gran altura entre los sacerdotes de Caldea. El número juega una parte significativa en el Antiguo Testamento, y en conexión con la historia de David está el cuento de una escaramuza mortal entre doce hombres contra doce, y en una batalla posterior la muerte de trescientos sesenta hombres. (2. Samuel. Cap. II) Obscurecido por traducción y retraducción y comentario, esto probablemente se relaciona con el simbolismo zodiacal primitivo y el calendario, pues el número de días en el año se decía que era de trescientos sesenta en los tiempos primitivos. David también estaba ansioso por ir a buscar el Arca de la Alianza de modo que se estableciera en un lugar digno y fuera recibida en la nación con la debida pompa, y para ello danzó ante ella. Podemos creer que esto no era mera exuberancia primitiva sino un acto ritual definido, y probablemente la antigua

«Danza de las Estrellas», una imitación del movimiento de las estrellas en el cielo.

27. Finalmente está el gran líder racial Moisés, que como tantos Líderes Judíos había estado en Egipto, el centro de entrenamiento de los Misterios. Siendo el hombre que era, es extremadamente probable que hubiera estudiado en el sacerdocio Egipcio, y pudo muy bien haber sido un sacerdote del gran dios Lunar Osiris, el Gran Regente, como Moisés mismo había de llegar a ser.

28. Puede hacerse un gran contacto de Yesod visualizando a este gran instructor de los Misterios Lunares sobre la Montaña Lunar del Sinaí. Puede ser imaginado a la manera de la bien conocida estatua de Miguel Angel; una cara como una espada, pelo muy denso, que tiene casi una fuerza vital como si fuese una criatura viva en sí misma, y desde la glándula pineal, extendiéndose desde cada lado de la frente, pueden imaginarse dos grandes chorros de luz semejantes a espadas. El Monte Sinaí puede ser concebido como una gran montaña de origen volcánico, gris y oscura en color, y extendiéndose hacia arriba entre las nubes.

29. Esta imagen, construida fuertemente, puede muy bien traer una clase de contacto de Daath, pues tuvo que haber sido un estado de conciencia de Daath en el que Moisés se hallaba para recibir el contacto Divino directo, y formular las potentes imágenes supernas impactadas sobre su conciencia superior en lenguaje y preceptos que transmitir como las leyes básicas de la raza.

30. Los Diez Mandamientos resultantes se dice que se corresponden con las éticas de los Diez Santos Sefiroth de la Qábalah. Lo que sigue es un análisis personal de los Mandamientos tal como son dados en la Versión Autorizada de la Biblia. La interpretación no hace alegatos de autoridad, pero de acuerdo con ella se verá que la lista ordenada de los Mandamientos tiene también significación Qabalística.

1. *No tendréis otros dioses antes que yo,* se refiere a la unidad Kether.

2. *No haréis imágenes esculpidas,* se refiere a la Devoción sin forma de Chokmah, donde la única imagen es la Visión de Dios cara a cara.

3. *No tomaréis el nombre del Señor vuestro Dios en vano,* tiene referencia a la Virtud del Silencio en Binah, la raíz de la Fe.

4. *Recordad el día del Sabbath, tenedlo por santo. Seis días habéis de trabajar, etc.* Seis es el número de Tifareth, y la observancia del Sabbath o séptimo día tiene referencia a la Devoción a la Gran Obra y a la Visión de la Armonía de las cosas en Tifareth.

5. *Honrad a vuestro padre y a vuestra madre,* se refiere a Chesed cuya Virtud es la Obediencia.

6. *No mataréis,* se relaciona obviamente con Geburah.

7. *No cometeréis adulterio,* aunque superficialmente puede parecer referirse al Vicio de Netzach, se aplica realmente mejor a Yesod, el Sefirah de la purificación —la Inteligencia Pura.

8. *No robaréis,* es una exhortación a la virtud de Netzach, Generosidad, y a la Firmeza y al Valor de este Sefirah. El robo es una debilidad solapada, y un abuso obvio de todos los principios de polaridad, pues el robo se puede aplicar a otros niveles aparte del físico.

9. *No cometeréis falso testimonio,* se relaciona con Hod. El aspecto Qlifóthico de Hod es referido como «el Acusador Falso», y en el panteón Griego el lado adverso de Hermes era considerado como el patrón de los ladrones.

10. *No codiciarás la casa de tu prójimo..., ni cualquiera cosa que sea de tu prójimo,* se refiere al Vicio de Malkuth —Avaricia.

31. En este orden de los Diez Mandamientos tenemos la formulación de, primero, Kether, Chokmah, y Binah, un triángulo que apunta hacia arriba; después sucesivamente Tifareth, Chesed, Geburah, y Yesod, Netzach, y Hod, triángulos ambos que apuntan hacia abajo, y finalmente Malkuth. La referencia al jeroglífico del Arbol de la Vida mostrará que estos triángulos son los mismos que las tres Tríadas de los Sefiroth.

32. Con respecto a sistemas de leyenda y mitología distintos de la Biblia, las ramificaciones son vastas, pues incluyen todas las deidades del Mar, la Luna, las Estrellas, y las medidas.

33. Teniendo presente la Imagen Mágica de Yesod, el hombre muy fuerte, Hércules es una figura importante, una figura que en verdad representa a toda la humanidad. Los Doce Labores de Hércules puede decirse que representan las tareas evolutivas del hombre y pueden ser alineadas con los Doce Signos del Zodíaco.

34. La diosa Egipcia Maat es asimismo digna de mencionarse. Era pintada a menudo como una mujer sentada sobre sus talones —una sugestión de las Sandalias de Yesod y el Fundamento. Era ella la que, usualmente en la forma de una pluma, se situaba en el plato de la Balanza del salón del Juicio de Osiris, opuesta al corazón del recién fallecido para probar su veracidad. Aquí de nuevo tenemos el acento en la medida y en la pureza de Yesod. Estaba también conectada íntimamente con Thoth, que era llamado a veces «el Maestro de Maat» —el Maestro de Verdad y Justicia.

35. Está también el triple aspecto de la Luna, y el triple aspecto de la mujer; virgen, esposa, y anciana. Estas están representadas en el panteón Griego por Artemisa, Selene, y Hécate, aunque otras diosas tienen aspectos solapantes; Palas Atenea, por ejemplo, podría calificarse como Virgen de la Luna en sus aspectos inferiores. Así, referencias en ciertos viejos grimorios a tener una virgen joven o una hechicera para ayudar al mago, pueden muy bien haber sido originalmente referencias guardadas a cierto simbolismo lunar y a las potencias que se hallan detrás de él. A partir de esto se verá que se necesita un método mágico experimentado de mentación antes de chapucear en materias ocultas, pues la verdadera interpretación de mucha tradición mágica depende de la analogía, la alegoría y el símbolo más que de una lógica rectilínea.

36. En la práctica esto resulta desgraciadamente en el hecho de que la persona de mentalidad científica considera al ocultista como completamente falto de cualesquiera poderes de lógica de razonamiento sensible. Sin embargo, el ocultismo es en realidad una ciencia muy exacta —debe serlo, o el operador práctico se encuentra pronto en problemas, y el entrenamiento de un adepto es tan minuciosamente riguroso y largo como el de un licenciado avanzado de una de las ciencias. Es de esperar que en el futuro los

dos métodos de trabajo mental e investigación coalescerán, como de hecho parece que lo están haciendo a través del campo de la moderna psiquiatría y el interés creciente en el simbolismo y el mito.

CAPITULO XVI

MALKUTH-EL REINO

«El Décimo Sendero es llamado la Inteligencia Resplandeciente, porque está exaltada por encima de toda cabeza y se sienta sobre el trono de Binah. Ilumina los esplendores de todas las Luces, y hace emanar una influencia desde el Príncipe de las Faces, el Angel de Kether.»

IMAGEN MAGICA: Una joven mujer, coronada y entronizada.
NOMBRE DE DIOS: Adonai Malekh, o Adonai ha Aretz.
ARCANGEL: Sandalfon.
ORDEN DE ANGELES: Ashim, Almas de Fuego.
CHAKRA MUNDANO: Esfera de los Elementos.
VIRTUD: Discriminación.
TITULOS: El Portal. Portal de la Muerte. Portal de la Sombra de la Muerte. Portal de Lágrimas. Portal de Justicia. Portal de Oración. Portal de la Hija de los Poderosos. Portal del Jardín del Edén. La Madre Inferior. Malkah, la Reina. Kallah, la Novia. La Virgen.
EXPERIENCIA ESPIRITUAL: Conocimiento y Conversación del Santo Angel Guardián.
COLOR ATZILUTHICO: Amarillo.
COLOR BRIATICO: Limón, oliva, bermejo y negro.
COLOR YETZIRATICO: Limón, oliva, bermejo y negro, moteado de oro.
COLOR ASSIATICO: Negro, rayado de amarillo.

VICIO: Avaricia. Inercia.
SIMBOLOS: Altar de doble cubo. Cruz de brazos iguales. Círculo mágico. Triángulo de evocación.

1. El Sefirah Malkuth representa todo el mundo físico, y aunque podría parecer que el hecho del mundo físico es obvio a todos, hay probablemente poca gente que sea realmente capaz de vivir en él a voluntad; esto es, cuya conciencia esté enfocada en el tiempo y lugar presentes, y no vagando hacia condiciones felices o traumáticas del pasado, o sueños de satisfacción del deseo o preocupaciones vagas del futuro. Así que hay mucha gente que tiene todas sus facultades centradas en su vida mental o su vida emocional más que en la vida sensoria del mundo físico. Hay incluso una clase de aversión religiosa a la sensitividad —la palabra misma tiene matices desagradables en muchos aspectos, de modo que frecuentemente tiende a confundirse como la sensualidad: la indulgencia indebida en los placeres más groseros de los sentidos. Es interesante señalar que originalmente la palabra «sensual» era bastante inocente, pero su significado se corrompió, de tal manera que Milton tuvo que acuñar la nueva palabra «sensitivo», que se ha deteriorado ahora también en el uso popular, si es que no en definición académica (*). La propia frase de Milton para describir la gran poesía, «simple, sensual y pasional» por ejemplo, podría muy bien ser vista hoy en día como un slogan para vender en la tapa de una novela barata o proclamado en el trailer de cualquier película semierótica. De nuevo, éste es uno de los síntomas de la patología puritana —una compulsión inconsciente por restregar la suciedad en los portales de los sentidos. El alma de una raza puede ser juzgada por su uso del lenguaje, así como la psicología de un individuo puede ser calibrada por el periódico y las revistas que lee.

2. La actitud ambivalente ante el mundo de la sensación física es extraña. Es, al mismo tiempo, un correr lejos

---

(*) N. del T.: las dos palabras a que hace referencia el texto inglés, *sensuous* y *sensual*, pudieron haberse traducido por «sensual». Por causa del razonamiento expuesto se ha utilizado sensitivo, conservando el sentido de relativo a los sentidos.

de ella hacia el pasado, el futuro, o la santimonia, y también una extraña fascinación malsana y un sentimiento de culpa que caracteriza a la mentalidad anglosajona en particular. Sin embargo, mirando a las cosas desde un punto de vista evolutivo y reencarnacionista, el mundo físico es el mundo que debería ser captado concienzudamente por el alma —hay amplio tiempo para divagaciones emocionales y mentales después de la muerte. El mundo físico, por cuanto que uno debe volver a él una y otra vez, debe guardar la clave del desarrollo espiritual. Y con seguridad que este desarrollo no se ha de conseguir considerando toda la naturaleza física como una trampa y una tentación que debe ser obligatoriamente negada y alejada de uno.

3. De acuerdo con la enseñanza esotérica, el hombre desciende en el arco involutivo desde los planos del Espíritu, formando vehículos funcionales en todos los planos descendentes. En el arco evolutivo, su destino es conseguir el control objetivo de todos los planos en orden ascendente. El primer plano en el sendero evolutivo, pues, es el físico, pero ¿cuántos aspirantes al crecimiento espiritual tienen control efectivo de él? Demasiado a menudo la persona de inclinación mística es inepta en el plano físico, y así la afinidad aparente con las cosas sagradas es en realidad un correr lejos, y una intentada evasión, del siguiente paso en el Sendero —la expresión del Espíritu funcionando efectivamente en el mundo mundano, que podría ser llamada «la Iniciación del Nadir».

4. El Texto Yetzirático del Sefirah Malkuth muestra la importancia del mundo físico en el esquema Divino de las cosas. «El Décimo Sendero es llamado la Inteligencia Resplandeciente, porque está exaltada por encima de toda cabeza, y se sienta sobre el trono de Binah.»

5. La referencia a Binah muestra que Malkuth es la manifestación suprema de la forma, que fue concebida primero como una posibilidad en el Mundo Superno de Binah. Se halla por tanto «exaltada sobre toda cabeza» pues Malkuth es el resultado final del impulso Divino en manifestación —el patrón espiritual manifestado físicamente.

6. Su título, la Inteligencia Resplandeciente, se expli-

ca en la última mitad del texto: «Ilumina los esplendores de todas las Luces, y hacer emanar una influencia desde el Príncipe de las Faces, el Angel de Kether». Las Luces pueden ser consideradas, bien como las Chispas Divinas de los hombres, o bien como los otros nueve Sefiroth, que cubren toda la gama del ser creado. Hay mucha enseñanza implicada en este corto texto, pues indica que se necesita de la existencia física objetiva antes de que puedan extraerse las verdaderas potencialidades que se hallan dentro del Espíritu de cada ser humano. «Ilumina los esplendores» de todos nosotros, o debería hacerlo. Muchos, tal parece, se hallan en el hábito de acarrear gruesos celemines redondos de irrealidad para esconder bajo ellos sus luces. El Texto da realmente una ilustración de lo que debería ser la existencia física —y lo que sin duda deberá ser antes de que pueda hacerse un progreso evolutivo posterior.

7. Hay también una gran importancia en la frase, «hace emanar una influencia desde el Príncipe de las Faces, el Angel de Kether». El mundo material puede ser considerado como un punto enfocante o aterrizante para los poderes creativos del Espíritu —pues el Angel de Kether es Metatron, el gran ser que superentiende el Mundo Creativo de Kether. Así, Espíritu y Materia son como grandes polos en una vasta batería cósmica; cada uno ha de ser funcional antes de que la corriente pueda fluir en el circuito mágico entre Daath y Yesod. Esto implica incluso que puede lograrse todo el conocimiento de las realidades espirituales por contemplación del mundo físico —el reflejo del Rostro vasto de Kether. De nuevo volvemos al axioma Hermético primario: «Como es arriba-es abajo.»

8. Esta revelación ha sido mencionada por Blake en sus «Augurios de Inocencia»:
«Ver un Mundo en un grano de arena,
Y un Cielo en una flor silvestre,
Contener el Infinito en la palma de tu mano,
Y la Eternidad en una hora.»

9. Los diversos títulos de Malkuth que se refieren a él como un Portal muestran que el mundo físico es una etapa definida en el desarrollo espiritual, o una cosa *a través* de la cual tiene uno que ir.

10. El Portal de la Muerte y el Portal de la Sombra de la Muerte se refieren a los grandes confines de Malkuth por lo que concierne a la existencia física del hombre —nacimiento y muerte. Por el nacimiento llegamos al mundo, y por la muerte salimos de él. Nacimiento y muerte, sin embargo, son dos lados de la misma moneda, pues cuando uno muere físicamente nace a los mundos superiores, y cuando uno nace físicamente está muerto desde el punto de vista de los mundos superiores.

11. El aspecto de Malkuth como el Portal de la Muerte puede ser considerado en dos modos, pues está el Portal de la Muerte del Cuerpo Físico y el Portal de la Muerte de la Iluminación. Estos dos aspectos han sido explicados admirablemente en «La Doctrina Cósmica» (*), y es así que uno no puede hacer nada mejor que acotar las referencias por completo.

12. *Muerte Física:* «cada conciencia individualizada vive para morir y muere para vivir. Es sólo por la muerte que podemos cosechar los frutos de la vida. Pacemos en los campos de la Tierra, y yacemos en los campos del Cielo para rumiar. Se ha dicho: «por una hora de estudio, haced tres de horas de meditación». En la muerte, es la meditación del alma, y en la vida su estudio.»

13. «Si únicamente "viviérais", todas las experiencias pasarían a través de la conciencia y dejarían poca impresión después que las pocas primeras imágenes hubieran llenado todo el espacio asequible. Todo sería concreto, no relacionado, no sintetizado; en la meditación que es la "muerte", se extrae la esencia abstracta de la vida, y en vez de un millón de imágenes concretas hay el concepto abstracto. Aprended a creer en la muerte. Aprended a amar a la muerte. Aprended a contar con la muerte en vuestro esquema de las cosas, y realizad regularmente el ejercicio de visualizaros como muertos y concibiendo cómo seréis entonces, pues entonces aprenderéis a construir el puente entre la vida y la muerte, de modo que será hollado con facilidad creciente. Veros a vosotros mismos como muertos y trabajando vuestro destino. Veros a vosotros mismos

---

(*) Obra publicada en castellano por *Luis Cárcamo, editor* (Madrid, 1980).

como muertos y continuando vuestro trabajo desde el plano de los muertos. Así se construirá el puente que conduce más allá del Velo. Que se tienda por este método un puente en el vacío entre los llamados vivos y los llamados muertos, de modo que los hombres cesen de temer a la muerte.»

14. El ejercicio espiritual de imaginarse uno mismo a la hora de la muerte es por supuesto bien conocido en la Iglesia Católica Romana. También, la práctica de volver sobre los sucesos del día justo antes de irse a dormir es ampliamente recomendada en varios grupos esotéricos, pues de este modo se hace en vida mucho del trabajo «abstractor» de la muerte. Debería señalarse también que el tender un puente sobre «el vacío entre los llamados vivos y los llamados muertos» debería alcanzarse por el trabajo de meditación dentro de uno mismo, y no por la llamada indiscriminada a los muertos en la sesion espiritista. Interferir continuamente con un alma muerta de este modo es arriesgarse a hacerla un gran daño, pues puede muy bien «ligarse a la tierra», lo que da cuenta de ciertos tipos de obsesiones.

15. *La Muerte de la Iluminación:* En esta muerte «la conciencia es extraída de la Personalidad y hecha una con la Individualiad, y entonces un hombre ve por siempre el rostro de su Padre Que está en los Cielos incluso cuando él mismo reside sobre la Tierra. Es por ello que el Iniciado iluminado no es como los otros hombres. La Iniciación Completa es una muerte en vida.»

16. «Aquellos que desean las cosas de los sentidos y el orgullo de la vida usan las palabras "muerte en vida" para denotar el destino más terrible que puede tocarle al hombre; pero aquellos que tienen conocimiento saben que la "muerte en vida" significa la libertad del espíritu traída hasta el plano de la materia. Significa la percepción del Cielo mientras se mora en la Tierra. Por consiguiente, el Iniciado va hacia la muerte en vida que es libertad mientras aún se está en el cuerpo, pues la muerte anula la Ley de Limitación, libera las potencialidades del espíritu, da vista al ciego y poder al impotente. Aquello que esperamos vanamente en la vida lo realizamos en la muerte, pues la muerte es vida y la vida es muerte.»

17. «Para la conciencia más amplia, la matriz es una tumba y la tumba una matriz. El alma evolucionante, al entrar a la vida, dice adiós a sus amigos que la lloran, y tomando su coraje en ambas manos y encarando la gran ordalía y sometiéndose al sufrimiento, entra en la vida. Su primera acción en la vida es inhalar el aliento. Su segunda acción con ese aliento es establecer un lloro de angustia, porque ha entrado con pesar a la tarea de la vida; y su objetivo en la vida es hacer la vida soportable. Pero cuando entra a la tumba pasa a través de un portal de entrada a la vida más amplia de conciencia; y cuando el Iniciado quiere pasar a la vida más amplia de conciencia, pasa a ella a través de un portal de entrada que simboliza la muerte; y por su muerte a las cosas del deseo obtiene la libertad, y camina entre los hombres como un muerto. En la muerte en vida, que es la libertad del espíritu en las ataduras de la carne, trasciende la Ley de Limitación; estando muerto, es libre; estando muerto, se mueve con poder entre aquellos sepultados en la carne; y ellos, viendo la luz resplandecer brillantemente a través de él, saben que está muerto, pues la Luz no puede brillar a través del velo de la carne. Mientras la conciencia esté encarnada en el cuerpo, la Luz no puede brillar a través de esa conciencia; pero cuando la conciencia está desencarnada, la Luz brilla a su través. Si la conciencia desencarnada está todavía manipulando el cuerpo, entonces esa Luz brilla en el mundo de la materia e ilumina a los hombres. Pero recordad esto, y meditad sobre ello —el Iniciado iluminado es un hombre muerto que manipula su cuerpo de modo que pueda servir a aquellos a los que no podría aproximarse de otro modo.»

18. Este pasaje se refiere por supuesto al adepto completamente iniciado —y éstos son escasos. Incluso así, esto no significa que el adepto vaya por ahí encendido como un árbol de Navidad, con la glándula pineal llameante como los faros de un automóvil. La Luz es la Luz Interna de la Iluminación, y aunque afecta profundamente a aquellos que caen en su entorno, les afectará inconscientemente, y reaccionarán frecuentemente con hostilidad. Se recordará que incluso Jesús de Nazareth, el más iluminado de los hombres, fue hecho burla en Nazareth, donde su propia

parentela y vecinos no pudieron superar sus prejuicios sobre su humilde origen familiar, debido a un largo hábito; y en la ciudad de Jerusalén, fue primero festejado histéricamente, y posteriormente, igual de histéricamente, azotado y llevado a la muerte.

19. Esa, en clase si no en grado, es con mucho la recepción que el adepto moderno recibe. Aunque es improbable que sea perseguido físicamente hoy en día, usualmente se encuentra con la indiferencia, la mofa o la hostilidad por una parte, y una exagerada reverencia por la otra.

20. La referencia a Malkuth como el Portal de Lágrimas enfatiza su conexión con el Sefirah Binah, cuya Experiencia Espiritual es la Visión del Pesar. El entendimiento del pesar es una de las lecciones de Malkuth, y debe realizarse que no tiene nada que ver con la autocompasión o el sentimentalismo, que son las raíces de la mayoría del pesar humano. La realización completa está implicada or la división hecha por el Abismo; es el Pesar Divino, que viene de los retrasos y las separaciones implícitos en la evolución y en el desarrollo de la forma. Se expresa quizá mejor con la palabra alemana «Weltschmerz».

21. El Portal de Justicia es un recordatorio de que es en las condiciones de la Tierra que normalmente se trabaja el karma, al estar el alma corriente mayormente en un estado subjetivo o incluso inconsciente mientras está muerta para el mundo físico.

22. La oración es un resultado activo del hecho de la Fe, como Malkuth lo es de Binah, el Autor de la Fe, así que ésta es probablemente la base del título asignado a Malkuth —el Portal de Oración. El título Portal del Jardín del Edén se refiere por supuesto al estado original de perfecta creación que la Tierra ha de alcanzar de nuevo bajo el simbolismo de la Nueva Jerusalén.

23. Los títulos restantes, la Madre Inferior, la Reina, la Novia, la Virgen, tienen el denominador común de la femineidad. Esta atribución es obvia cuando se considera que Malkuth es el receptor de todas las emanaciones superiores del Arbol. La Reina y la Novia son referencias a la relación de Malkuth con Tifareth, el Rey y el Rostro Menor, la Armonía de cuyo Sefirah ha de volverse manifiesta en Malkuth, que es también la Cruz de la materia

densa sobre la que el Espíritu es crucificado; así tenemos un vínculo posterior con Tifareth en los Misterios de la Crucifixión.

24. La Madre Inferior indica de nuevo el vínculo con Binah, la Madre Superna, y el título de Virgen podría ser aplicado tanto a la condición pristina del Jardín del Edén, como a la condición de la Tierra antes de convertirse en la Novia de Tifareth.

25. La mayoría de estos títulos femeninos están asumidos en la Imagen Mágica de Malkuth que es la de una joven mujer, coronada y entronizada. El Trono es realmente el de Binah, y la doncella puede ser identificada con una diosa de la Tierra tal como Perséfona, la hija de Deméter, la Madre Tierra.

26. El Nombre de Dios del Sefirah Malkuth es Adonai Melekh, el Señor que es Rey, o Adonai ha Aretz, el Señor de la Tierra. Y debe recordarse que Adonai es una emanación santa de Dios, tanto como Eheieh o cualquiera otro de los Nombres. Así, Malkuth no es en modo alguno menos santo que Kether —pues es una expresión en manifestación de la misma fuerza. Si este hecho hubiera sido recordado siempre habrían habido menos formas insanas y patológicas de ascetismo en la historia de la religión y el misticismo. Este hecho puede verse en el dogma de la Iglesia Romana de la Asunción Física de la Virgen María al Cielo. Hay una gran verdad espiritual detrás de este dogma, que resulta evidente cuando uno recuerda la Imagen Mágica y los título femeninos de Malkuth, así como su destino.

27. El Arcángel de la esfera es Sandalfon, y sus colores limón, oliva, bermejo y negro. Puede conseguirse una buena idea de estos colores mirando a la piel de una manzana. Este Arcángel es el Guía o Inteligencia del planeta Tierra, y aquí yace una enseñanza de gran importancia.

28. La formación de las esferas planetarias es un asunto que pertenece más a un tratado de cosmogonía esotérica que a un bosquejo de la Qábalah. Sin embargo, puede decirse brevemente que las esferas planetarias fueron formadas una después de la otra por las primeras evoluciones, los Señores de la Llama, Forma y Mente, que

construyeron las tensiones y estructuras iniciales de la forma. Cada planeta fue construido primero a un cierto nivel, por ejemplo Júpiter en el plano de los niveles espirituales más densos; Mercurio en el plano de la mente abstracta; Saturno, mente concreta; Venus, las emociones superiores; Marte, los niveles instintivo y pasional; y la Tierra y su Luna en el etérico/físico. Posteriormente cada planeta desarrolló las fundas o vehículos inferiores, de modo que todos ellos se manifestaron físicamente y pueden verse en el cielo nocturno. Cada uno, no obstante, tiene que depender de las entidades que lo habitan para que sean construidos sus niveles superiores.

29. La implicación práctica de esto es que la estructura etérico/física de la Tierra, que se construye por las proyecciones de conciencia de entidades Elementales, depende de la humanidad para ponerla en contacto con las realidades espirituales. Como los Elementales son «creaciones de los creados», esto es, son unidades de conciencia creadas por las Evoluciones de la Llama, Forma y Mente, y no por su propio desarrollo a partir de la realidad espiritual del Gran Inmanifestado, están condenados a la extinción al final de un Día de Manifestación salvo que hayan captado para entonces la vibración espiritual, y el único modo en que pueden hacer esto es a través de la mediación de la humanidad. Puesto que la mayoría de la humanidad parece gloriosamente ignorante de su propia espiritualidad, por no decir nada de la existencia de los reinos Elementales, será obvio que el trance de estas entidades Elementales es grave.

30. La suma total de todas estas entidades que mantienen juntas las tensiones etéricas del planeta es llamada el Ser Planetario. (En algunas cosmogonías es referido como el Espíritu Planetario, pero, a la luz de los hechos recién mencionados, el título es despistante, pues no tiene contacto inherente con el espíritu.) El Arcángel Sandalfon es su guía, pues guarda el concepto de lo que debería llegar a ser, y este concepto, que tiene existencia objetiva en su propio nivel, puede ser llamado la Entidad Planetaria. Sin embargo, el puente entre el Ser Planetario y la Entidad Planetaria tiene que ser construido por la humanidad misma, y ésta constituye una de las tareas de los

adeptos iniciados, aunque sea realmente la responsabilidad de toda la humanidad.

31. El Ser Planetario es ayudado mucho por una actitud correcta ante las cosas terrestres —esto es, la aplicación de principios espirituales en la vida ordinaria. La ética de Malkuth, Orden y Eficiencia, ha de ser perseguida conscientemente a lo largo de todo el día, y es de poca utilidad inducirlo solamente por cortos períodos como en el trabajo ritual, o considerar la tarea a regañadientes como un deber o convención. También, el Ser Planetario no puede ser ayudado mucho por el intelecto, pues no tiene mente, sino que es contactado y ayudado por lo que podría llamarse la dedicación constante de los instintos. Esto no se aplica sólo al instinto sexual, sino también a tomar comida y a cultivar la Tierra para hacerla rendir frutos, pues todos éstos son sacramentos en su correcta comprensión —y la vida del adepto es la vida sacramental dedicada a la mayor gloria de Dios, el Hombre, y el Ser Planetario.

32. En todas estas consideraciones debe hacerse la distinción entre la Tierra como planeta, Tierra como uno de los Cuatro Elementos, y Tierra como Malkuth —el plano físico de todo el Universo. Así, el Arcángel tradicional de Malkuth es Metatrón, el mismo ser que es Arcángel de Kether, lo que de nuevo muestra el fuerte vínculo entre el Espíritu como Espíritu, y el Espíritu como Materia. Sandalfon es realmente el Arcángel del planeta Tierra; y el Arcángel del Elemento Tierra es Uriel.

33. Uriel es uno de los grandes Arcángeles de los Cuatro Cuartos Cardinales. En el Este está Rafael; en el Sur, Miguel; en el Oeste, Gabriel; y en el Norte, Uriel. Los tres primeros Arcángeles ya han sido descritos. Uriel es una gran figura construida con los verdes y marrones oscuros de la Tierra y que, en sus aspectos internos, representa la Luz primaria de Dios Mismo y está muy relacionado con los grandes instructores que han venido periódicamente a la Tierra. Así, en el Este está la gran fuente de curación, en el Sur la gran fuente de equilibrio y protección, en el Oeste la gran fuente de visión, y en el Norte la gran fuente de enseñanza. Uriel está también conectado con Mikael como fuerza equilibrante, y está detrás de los grandes cataclismos de la Tierra, tal como son descritos en

las leyendas de la Atlántida, y de Sodoma y Gomorra.

34. Al construir las formas de los Arcángeles de los Cuatro Cuartos Cardinales éstos son concebidos mejor como grandes fortalezas o torres coloreadas en los colores *activos* del Elemento en cuestión, es decir Amarillo, Rojo, Azul, y Verde, respectivamente, por oposición a los colores pasivos, Amarillo, Rojo Oscuro, Plata, y Negro. Interpenetrándolo todo, puede concebirse al Arcángel Sandalfon en limón, oliva, bermejo y negro, pulsando con las lentas vibraciones de la Tierra.

35. Se pueden construir también los Reyes de las Fuerzas Elementales, rodeados por los ciudadanos menores del Elemento, en cualquier forma que apele más a la imaginación. El Rey representa lo que podría llamarse el Elemental espiritualmente iluminado.

36. En el Este está el Rey del Aire, Paralda, presidiendo sobre las Sílfides. Puede ser imaginado en torbellinos de aire, que son casi como las olas del mar con su extremo apuntando hacia arriba; aire y viento fluyen de él en luz radiante.

37. En el Sur está el Rey del Fuego, Djin, presidiendo sobre las Salamandras. Puede ser imaginado con olas de calor elevándose a su alrededor, y puntos de fuego y llama que queman la atmósfera y alcanzan hasta el techo.

38. En el Oeste está el Rey del Agua, Niksa, presidiendo sobre las Ondinas. Puede ser imaginado permeado con humedad y corrientes de espuma que dan vueltas alrededor de sus pies, y se vierten desde su aura.

39. En el Norte está el Rey de la Tierra, Ghob, presidiendo sobre los Gnomos. Puede ser imaginado con olas de «poder Terrestre» —no tanto una idea de terreno como un estado intermedio de materia, moviéndose lentamente, pero enormemente fuerte.

40. Los Elementos pueden ser concebidos como formando una gran Cruz de Brazos Iguales, que es un símbolo de los Elementos y del Sefirah Malkuth, y en el centro de la Cruz se puede pintar la Rosa del Mundo, que florece lentamente con el desarrollo de los elementales, y cuyo rocío, al caer, ayuda a estos seres a manifestarse.

41. Podría escribirse todo un tratado sobre el asunto de los Elementales solamente, pues, al igual que la huma-

nidad, forman una evolución completa, tan diversa como lo es la humanidad. Aunque comparten el planeta Tierra con el hombre, son poco conocidos o reconocidos por el hombre, salvo en el folklore o la literatura. Ej.: «Nosotros que somos viejos, viejos y alegres, ¡oh, tan viejos! Miles de años, miles de años si se contasen todos.» (W. B. Yeats). A fin de evitar la superstición, se debe recordar que las formas asignadas a ellos son hechas por el hombre, pues el hombre lo antropomorfiza todo, incluyendo a Dios. Lo que se requiere sin embargo es el reconocimiento de su existencia, y esto se hace mejor por un uso *inteligente* del antropomorfismo y animismo primitivos.

42. Los Cuatro Puntos Cardinales, o Cuadrantes, pueden ser considerados también bajo los encabezamientos astrológicos de Fijo, Cardinal y Mutable. El aspecto Fijo es el «temperamento» del Cuadrante, y está basado en la naturaleza de una de las Cuatro Santas Criaturas Vivientes de Kether. El aspecto Cardinal es la Gran Inteligencia detrás del Cuadrante, que es el poder rector del Arcángel. El aspecto Mutable es regido por los Reyes Elementales, que trabajan a través del «cambio».

43. La Orden de Angeles de Malkuth, los Ashim, o Almas de Fuego, puede ser considerada como las «conciencias atómicas» que mantienen en agregación a la materia física, y el Chakra Mundano, la Esfera de los Elementos, ha sido cubierto adecuadamente arriba.

44. La Experiencia Espiritual de Malkuth es el Conocimiento y Conversación del Santo Angel Guardián. El Santo Angel Guardián es confundido a menudo con el Yo Superior o Individualidad, (Daath, Chesed, Geburah, Tifareth) que está detrás del Yo Inferior o Personalidad. (Netzach, Hod, Yesod, Malkuth.) En realidad, sin embargo, es algo muy diferente.

45. En los primerísimos días de manifestación, antes de que la humanidad hubiera comenzado el viaje de la evolución, el Plan Divino fue proyectado por la Mente de Dios en la conciencia del enjambre de Chispas Divinas que constituía la base de la humanidad. Con la venida de la vida evolutiva, el enjambre se rompió para actuar como unidades individuales, y al mismo tiempo el concepto del

Plan Divino también se «fragmentó», yendo una pequeña parte con cada Chispa Divina.

46. Esto, por supuesto, está en términos muy metafóricos, pero las implicaciones son de importancia muy real. La verdadera Experiencia Espiritual del Conocimiento y Conversación del Santo Angel Guardián no es una visión astral sino la percepción del verdadero destino que cada ser humano ha de cumplir como su tarea evolutiva. Usualmente esto se ha de manifestar como un impulso interno dentro de un hombre, y un hombre así va por la vida física con una misión, es un «hombre de destino». Ocasionalmente, esta impulsión a una forma definida de actividad puede ser concebida como una entidad separada, como en el caso de Sócrates y su «daimon», que era probablemente un aspecto de su Santo Angel Guardián.

47. Los símbolos subsidiarios de Malkuth incluyen el Círculo Mágico y el Triángulo de Evocación, que implican la manifestación efectiva del trabajo mágico. El Círculo Mágico es el área de delimitación que el mago escoge para trabajar dentro de ella, y el Triángulo es el área en la que conjura a aparecer a una entidad. Esto tiene mayor importancia simbólica que práctica, pues la evocación etérica de entidades desencarnadas es una forma muy baja de magia, poco usada hoy en día.

48. El Altar de Doble Cubo es una figura de seis lados, aunque tiene en su nombre la implicación de diez, el número de Malkuth. Malkuth es por supuesto en sí mismo un Altar, pues es el lugar sobre el que, o en el que, descienden fuerzas superiores, y en otro sentido un altar es también un Portal, particularmente cuando el ser completo se ofrece en dedicación en el Altar del Sacrificio —lo que no implica derramamiento de sangre aunque sea igualmente drástico.

49. Los Vicios de Malkuth son Avaricia e Inercia. La Avaricia es obvia: uno sólo tiene que mirar a la condición de la raza humana hoy en día; y la Inercia la encontrará cualquiera que trate de cambiar las cosas o hacer alguna clase de trabajo creativo. La Virtud es la Discriminación, que es realmente la clave y el primer factor esencial para el desarrollo esotérico, pues no todo el que grita «Señor, Señor», ha de ser escuchado —y esto incluye aspectos de

uno mismo, aparte de los charlatanes del mundo exterior.

50. De la enseñanza mitológica, obviamente que todos los dioses y diosas de la Tierra tienen gran importancia con relación al Sefirah Malkuth. Deméter y Perséfona quizá más que ninguna, pues éstas eran las deidades de los Misterios Eleusinianos, que era uno de los más grandes centros del aspecto interno del Culto de la Tierra. Hay también mucho que ganar a partir de la investigación de los Misterios Kabíricos y de los dioses del Averno.

51. Esto concluye nuestro análisis de los Diez Santos Sefiroth, y Malkuth ha tomado mucho espacio, y podría fácilmente tomar mucho más, pues somos seres inmersos dentro de esa esfera, tanto si lo queremos como si no, y es una de las más importantes de todo el Arbol, pues es el Portal de Entrada a todo desarrollo espiritual posterior, y hasta que las lecciones de Malkuth no sean aprendidas bien y verdaderamente los senderos de las esferas superiores deben estarnos cerrados.

52. Es una tendencia muy humana tomarse un mayor interés en lo que es remoto, pero en ocultismo, como en todas las cosas, es el siguiente paso el que cuenta. Y ese paso, para todos nosotros, está justo delante de nosotros, en el mundo físico, Malkuth.

Parte III

CAPITULO XVII

LA FLEXIBILIDAD DEL ARBOL

1. Hemos cubierto ahora los Sefiroth individuales del Arbol de la Vida por medio de un análisis general de ciertas de las potencias que caen bajo el encabezamiento de cada uno. Básicamente, un Sefirah es una Emanación Divina, y éste es realmente el núcleo de toda la cuestión. Todas las atribuciones, aparte de los Nombres Divinos, son realmente aplicaciones de la fórmula abstracta de los Sefiroth en varios contextos. Así, cualquier atribución particular no debería ser considerada como una regla tajante, pues depende mucho de la manera en que se aplique el Arbol de la Vida a los diversos factores de la manifestación. Debe procurarse siempre la flexibilidad de la mente si es que ha de usarse el Arbol de la Vida en todo su potencial.

2. Hablando en general, en nuestro análisis hemos aplicado el Arbol de la Vida a la manifestación de nuestro propio Universo espiritual, esto es, con el Logos Solar en Kether y el mundo material del Sistema Solar en Malkuth. Sin embargo, Malkuth podría ser aplicado también a todo el plano físico en general, tanto en el Sistema Solar como fuera de él, y de este modo Kether sería la esfera del Dios Supremo sobre todos los Logos. O, si el Sefirah Malkuth se aplica solamente al planeta Tierra, entonces Kether podría ser el Sefirah del Logos Planetario. En el microcosmos que es el hombre podría tomarse a Malkuth por el cuerpo físico, y entonces Kether sería el Espíritu del hombre o su Chispa Divina.

3. Se verá por tanto que hay un Arbol de la Vida en todo Sefirah. Pues si Kether se toma como representante del elevado ser espiritual que es la fuente de toda la Creación o de un Sistema de Sistemas Solares, el nivel Atzilúthico de Tifareth podría ser adscrito entonces a un Logos Solar y el nivel Atzilúthico de Malkuth a un Regente Planetario. Pero como un Regente Planetario tiene toda una jerarquía espiritual dependiente de él, se requiere todo un Arbol para categorizar esa jerarquía, Arbol que estaría enteramente en el Malkuth del Arbol mayor.

4. El número de modos en que puede aplicarse el Arbol, pues, es casi infinito, y podría decirse que, hablando cósmicamente, el Arbol de la Vida completo que usamos como sistema de desarrollo místico no es sino el Malkuth de un Arbol Cósmico. Cuando uno ha alcanzado el estado de conciencia infinitamente alto conocido como Unión con Dios, sólo ha obtenido la libertad del plano Cósmico inferior, y comienza por tanto una evolución cósmica superior en el Malkuth Cósmico.

5. Todo esto es realmente de consecuencia sólo para el estudiante esotérico avanzado, e incluso entonces el interés puede ser mayormente académico, pues el Logos Solar es el Condicionador y Sustentador de nuestro universo espiritual, y nosotros no podemos conocer directamente nada que se halle fuera de la jurisdicción de nuestro Logos. Todo lo exterior nos es mediado a través del Logos Solar, y nuestra tarea primaria es la evolución dentro de este sistema. Tendremos toda la eternidad para habérnoslas con los aspectos extra-Logoidales del Cosmos, una vez que hayamos alcanzado nuestra meta dentro de este sistema Logoidal.

6. Sin embargo, la especulación en estas materias no es enteramente inútil pues alguna idea, pese a lo vaga que sea, de nuestro destino Cósmico, puede actuar como un sentido equilibrante de proporción espiritual cuando «el mundo se queda demasiado con nosotros».

7. Sin embargo, los aspectos inferiores de los medios por los que pueden realizarse cambios en los significados de los Sefiroth pueden ser de uso más inmediato para nosotros.

8. Si las cuatro funciones de la psicología jungiana se

aplican a los Sefiroth inferiores, se ajustan bien como sigue: Intuición a Tifareth, Sentimiento a Netzach, Intelecto a Hod, y Sensación a Malkuth. Alternativamente podrían ser alineadas con los Elementos, en Malkuth: Intuición a Aire, Sentimiento a Agua, Intelecto a Fuego, y Sensación a Tierra. En este caso hay una línea útil de especulación en los aspectos Cardinal, Fijo y Mutable de los Cuatro Cuadrantes Elementales aplicados a las funciones psíquicas jungianas.

9. Por otra parte, los arquetipos jungianos podrían ser alineados experimentalmente con los diferentes Sefiroth. El *anima* a Netzach y el *animus* a Hod, por ejemplo. Aquí hay una indicación interesante de que los proyectores de cada arquetipo son de diferente polaridad sexual, pues Netzach está en el Pilar Masculino y Hod en el Femenino cuando el jeroglífico de los Pilares es aplicado al Arbol.

10. El Niño Milagroso sería alineado probablemente mejor con Tifareth, el Anciano Sabio con Chesed, y la Sombra con Geburah. El Amigo podría ser un aspecto del Santo Angel Guardián de Malkuth.

11. El Mandala, como símbolo de integración, es obviamente un símbolo de Tifareth, y usando las implicaciones del Arbol puede ser visualizado como un reflejo del ser verdadero de Kether, y se encuentra por supuesto reflejado en el «Espejo Mágico» de la subsconciencia de Yesod.

12. Cuando en el análisis jungiano aparecen figuras mitológicas, pueden por supuesto ser alineadas Sefiróthicamente, como ya ha sido sugerido a modo de tanteo en nuestro examen de los Sefiroth.

13. Para ilustrar un método posterior de aplicar el Arbol podemos volvernos al sistema oriental de los chakras etéricos. Todos éstos se aplican al cuerpo etérico, y podrían ser descritos por tanto como una delineación del Arbol en Yesod, o, puesto que tienen relaciones con las glándulas endocrinas, en Malkuth.

14. El Chakra Muladhara, un «loto» de cuatro pétalos situado en la base de la columna, puede ser asignado a Malkuth; el Chakra Svadisthana, situado en los órganos generativos, estaría entonces en Yesod. Los Chakras Manipura y Anahata, teniendo su correspondencia en el plexo solar y el corazón, se aplicarían a Tifareth, aunque habría

buenas razones para asignar el primero a los alcances superiores de Yesod. El Chakra Visuddha de la laringe, y el Chakra Ajna de entre los ojos, han sido asignados a Binah y Chokmah respectivamente, pero es mejor quizá mantener estas atribuciones a los Sefiroth centrales, que se corresponden con la línea vertical de la columna —unirían por tanto su función, como lo hacen Chokmah y Binah, en Daath. Finalmente, el Sahasrara Chakra, el Loto de Mil pétalos por encima de la cabeza, corresponde obviamente a Kether, la Corona.

15. En todos estos métodos de aplicación no hay reglas tajantes, pues mucho depende del entendimiento individual de la persona que hace las atribuciones. Las sugerencias aquí publicadas no pretenden ser autoridad en ningún caso, sino que se mencionan meramente para sugerir el método por el que puede ser aplicado el Arbol de la Vida a sistemas no hebráicos.

16. También, una vez que se ha captado una buena concepción del Arbol, formulando lo que sería el modo de acción de una Sefirah dentro de un Sefirah, pueden ser deducidas sutilezas posteriores. En verdad, los Sefiroth podrían ser concebidos como cajas chinas, cada una teniendo un Arbol completo dentro de ella, y cada Sefirah de ese Arbol teniendo un Arbol posterior dentro de él, y así hasta el infinito.

17. Por supuesto que un exceso de refinamiento mata su propio propósito, pero puede ser un buen ejercicio tomar en cualquier caso este proceso durante una etapa y considerar todos los Sefiroth en cada Sefirah. Esto dará cien categorías diferentes si se aplica a todo el Arbol, y es improbable que hubiera mucha utilidad en ir a la segunda etapa y producir mil de ellas, aunque el numerologista adiestrado puede encontrar datos interesantes.

18. Como comienzo, se podría tratar de concebir la acción de los Tres Pilares en cada Sefirah, esto es, el modo de acción activo, pasivo y equilibrado del Sefirah. Se podría proceder entonces a analizar cada uno de acuerdo con sus cuatro niveles; y a partir de aquí la siguiente etapa de formular los diferentes Sefiroth en un Sefirah no es un paso tan formidable.

19. El simbolismo numérico bíblico se deriva mucho

de la Qábalah, aunque debe recordarse que los primeros Qabalistas consideraban que habían sólo diez Sefiroth, pues Daath no era considerado entonces un Sefirah en su propio derecho. Así, el número cuarenta, que aparece en el contexto del Diluvio, el Exodo de los Judíos de Egipto, y el tiempo que empleó Nuestro Señor en el Desierto, tiene relevancia a los cuatro niveles de cada uno de los diez Sefiroth. Los números cuatro, siete, diez, doce, y el resultado de multiplicar estos números, como en cuarenta, cien, ciento veinte, ciento cuarenta y cuatro, mil, ciento cuarenta y cuatro mil, etc., aparecen muy frecuentemente en la literatura bíblica. Todo esto es realmente un estudio de especialista, pero puede ser interesante hacer un poco de meditación especulativa teniendo presentes los cuatro mundos Qabalísticos, las cuatro Santas Criaturas Vivientes y los cuatro Elementos, los siete planos y los siete Sefiroth del «circuito mágico», los diez Sefiroth, los doce signos del Zodíaco, y demás.

20. En relación con la referencia al circuito mágico de los siete Sefiroth —i.e. Daath, Netzach, Yesod, Hod, Geburah, y Tifareth— puede objetarse que Daath no era uno de los Sefiroth originales. Sin embargo, había una división séptuble bien conocida del Arbol de la Vida que fue usada por los primeros Qabalistas, conocida como los Siete Palacios. En ésta, la Tríada Superna es contada como uno, Yesod y Malkuth como uno, y los restantes Sefiroth, excluyendo a Daath por supuesto, como uno cada uno. Hemos visto que Daath es realmente el punto de contacto de las fuerzas Supernas con la forma, y también que Yesod y Malkuth, etérico y físico, están relacionados muy íntimamente; por lo tanto, para propósitos prácticos, está en orden usar a Daath como un Sefirah en esta manera, y de hecho es muy útil el hacerlo así, siempre que uno recuerde mantener el camino del medio entre la inexactitud y la pedantería.

21. No puede afirmarse demasiado a menudo que el Arbol de la Vida es un sistema viviente, y que la vida depende del uso y de la función eficiente. Y cualquiera que lea mucho en libros viejos sobre la Qábalah encontrará una considerable cantidad de madera muerta. Aparte de tener el sentido de rechazar ésta, es también esencial

poner la energía creativa de uno en el desarrollo de nuevas ramas del Arbol Qabalístico —mientras el nuevo crecimiento no sea de una naturaleza parasítica y fungoide que tenga que ser arrancada por generaciones posteriores.

22. Puede ser útil jugar con los conceptos del Arbol como una clase de juego de salón a fin de ganar flexibilidad en su uso. Así, uno podría tratar de aplicarlo al sistema gubernamental de un país. Kether —la Jefatura del Estado, Chokmah —los ideales nacionales, Binah —la Construcción, Daath —la jerarquía religiosa, Chesed —la legislatura, Geburah —la Magistratura, Tifareth —el servicio civil, Netzach —las artes, Hod —las ciencias, Yesod —las fábricas, Malkuth —la tierra.

23. Esta clase de cosa puede conducir a la frivolidad, pues las implicaciones más profundas de los Sefiroth son etapas de existencia espiritual, pero en cualquier caso un ejercicio así es útil, y válido incluso como una representación del Arbol en Malkuth aplicado en una base sociológica. Es cuando uno ha adquirido la facilidad de arrojar los Sefiroth como un malabarista jugando con pelotas de colores, junto con un buen conocimiento de sus aspectos más profundos, que realmente comienza a apreciar el valor del sistema como un campo de trabajo sobre el que basar toda la mentación propia.

CAPITULO XVIII

RELACIONES DE LOS SEFIROTH

1. A partir de una mirada superficial a los Textos Yetziráticos de los Sefiroth puede verse que ciertos Sefiroth están particularmente relacionados a otros, y desde luego que en un último análisis están todos interconectatos pues el Arbol de la Vida es un jeroglífico compuesto de las relaciones que forman un todo completo, sea ese todo un Universo, el Hombre, o incluso un Sefirah en sí mismo. Es a modo de guía a ciertas de estas relaciones que otros jeroglíficos subsidiarios son aplicados al Arbol de la Vida, tales como el Rayo Relampagueante, los Pilares de Manifestación, el Caduceo, etc.

2. El Rayo Relampagueante da el orden de manifestación de los Sefiroth, desde Kether, a través de Chokmah, Binah, Daath, Chesed, Geburah, Tifareth, Netzach, Hod y Yesod, hasta Malkuth. Y en este orden de cosas un Sefirah puede ser considerado positivo ante el que le sucede, y negativo ante el que le precede. Así Hod, por ejemplo, depende de Netzach para las fuerzas que construyen sus formas, y es la fuente de influencia formativa para la Casa del Tesoro de las Imágenes de Yesod. Se verá también que Kether es el Sefirah supremamente positivo, y Malkuth el supremanente negativo, así que hay una fuerte polaridad entre estos dos Sefiroth.

3. Los Pilares de Manifestación, cuando se aplican al Arbol, dividen a los Sefiroth en tres categorías. Alineados con el Pilar Activo están Chokmah, Chesed y Netzach;

alineados con el Pilar Pasivo están Binah, Geburah y Hod; y alineados con el Pilar Central del Equilibrio están Kether, Daath, Tifareth, Yesod y Malkuth. Del mismo modo que un Sefirah es positivo o negativo para su vecino cuando se aplica el jeroglífico del Rayo Relampagueante, puede concebirse una relación similar arriba y abajo de cada Pilar. Así Chesed, por ejemplo, es pasivo ante Chokmah y positivo ante Netzach; y Geburah es pasivo ante Binah y positivo ante Hod; mientras que en el Pilar Central, que también podría ser llamado el Pilar de la Conciencia, los estados de conciencia deberían cada uno influenciar al de debajo y ser receptivos al de encima. Este claro transcurrir del poder desde Kether hasta Malkuth indicaría al hombre espiritualmente iluminado, pero desgraciadamente, para la mayoría de nosotros, hay bloqueos en el camino descendente que son simbolizados por el Abismo al nivel de Daath, el Velo de Paroketh por encima de Tifareth, y el Golfo debajo de Tifareth, por no decir nada de las influencias nocivas que surgen de la Fosa Qlifóthica que se encuentra debajo de Malkuth.

4. La relación entre los Sefiroth del Pilar Central es recalcada también por cuanto que todos ellos son asignados al Elemento Aire, con la excepción de Malkuth, que es Tierra. El Aire es un símbolo para la conciencia, y la Tierra es la concreción densa final que es implicada por Malkuth. Los Sefiroth de los Pilares Laterales son asignados a los Elementos de Fuego y Agua, de acuerdo con su Actividad o Pasividad. Sefiroth de Fuego son Chokmah, Geburah y Netzach. Esto introduce la relación, y la positividad y negatividad, entre los Sefiroth diagonalmente opuestos. Así, los poderes organizativos de Chesed son reflejados desde las ideas de la forma en Binah, e influencian a las formas inferiores de Hod; y la cualidad ígnea motivante de Geburah es reflejada desde la fuerza primaria de Chokmah, e influencia a la vitalidad de las diversas fuerzas de Netzach.

5. La mayoría de estas relaciones están cubiertas por los Senderos entrelazantes del Arbol, y el entendimiento correcto de estos Senderos depende mucho del entendimiento de los Sefiroth que unen, igual que un entendimiento completo de un Sefirah depende mucho de un

entendimiento de los Senderos que conducen a y desde él, y de los Sefiroth que se hallan en el extremo posterior de estos Senderos.

6. La idea de la polaridad de los Pilares está implícita también en la división del Arbol en Tríadas. La unidad de Kether está dividida, en el siguiente plano inferior, en los opuestos de Chokmah y Binah, que son resumidos en la unidad en el siguiente plano inferior en Daath. Descendiendo aún más los planos, la unidad de Daath se divide en los opuestos polares de Chesed y Geburah, resumidos de nuevo en la unidad en Tifareth, para dividirse de nuevo en los opuestos polares inferiores de Netzach y Hod, para asumir finalmente de nuevo la unidad en Yesod y Malkuth. En esto yace mucha enseñanza sobre la degradación o sublimación de fuerza a y desde cada uno de los siete planos. El término «degradación» no se usa peyorativamente, por supuesto, sino en el sentido técnico de «descenso».

7. El Caduceo muestra este principio de otra manera. A la cabeza está el símbolo de la fertilidad, la piña, en Kether —y al fondo, el símbolo inferior de la fertilidad, el signo de Scorpio, el Escorpión. La naturaleza espiritual especial de Chokmah y Binah se muestra por las alas desplegadas que los cubre, y los Sefiroth inferiores se muestran en polaridad por las serpientes enroscadas, cuyas colas se unen en Malkuth y cuyas cabezas se encuentran en Daath, mientras que también se solapan en Yesod y Tifareth. Las espiras de la serpiente oscura pasan a través de los opuestos diagonales de Chesed y Hod, y las espiras de la serpiente brillante a través de Geburah y Netzach. Los colores brillante y oscuro de las serpientes indican potencias de fuerza y forma respectivamente, lo que es confirmado por la naturaleza de los Sefiroth laterales a través de los que pasa cada una.

8. Hay también agrupamientos triples, cuádruples y séptuples de los Sefiroth sobre el Arbol que han sido mencionados previamente.

9. El agrupamiento triple consiste en el Rostro Vasto, el Rostro Menor y la Novia. El Rostro Vasto, Arik Anpin, o Macroposopos, consiste de Kether esencialmente, pero incluye también a Chokmah y Binah como los aspectos de Padre Superno y Madre Superna de este Rostro Vasto. El

Rostro Menor, Zaur Anpin, o Microposopos, está centrado en Tifareth, pero incluye los Sefiroth que lo circundan. La Novia del Microposopos es el Sefirah restante, Malkuth. Aplicada al microcosmos, que es el hombre, está división da el alineamiento de los Sefiroth con el Espíritu, la psique, y el cuerpo y ambiente físicos. En este sistema Zaur Anpin es llamado a veces el Rey, y Malkuth por lo tanto la Reina. Malkuth puede ser llamado también la Eva Terrestre o la Madre Menor, para distinguirla de la Madre Superna, Binah.

10. El agrupamiento cuádruple es el sistema de los Cuatro Mundos, Atziluth, Briah, Yetzirah, y Assiah. Estos son traducidos usualmente como el Mundo Arquetípico, el Mundo Creativo, el Mundo Formativo, y el Mundo Material respectivamente. Atziluth consiste de Kether; Briah, de Chokmah y Binah; Yetzirah, del grupo central de Sefiroth; y Assiah, de Malkuth. Esto es básicamente similar a la división triple, excepto porque se hace una diferenciación dentro de los dominios espirituales de Kether, Chokmah y Binah.

11. El sistema séptuble es llamado «Los Siete Palacios», e incluye a los tres Supernos en un Palacio, Yesod y Malkuth también juntos en uno, y asigna un palacio a cada uno de los otros Sefiroth, con la excepción de Daath, que no es considerado como un Sefirah en esta clasificación.

12. Hemos mencionado ya la división del Arbol en Tríadas, considerando la unidad y división alternas en opuestos polares sobre planos alternos. Sin embargo hay tres Tríadas Qabalísticas principales que consisten de un triángulo que apunta hacia arriba (Kether, Chokmah, Binah) y dos que apuntan hacia abajo (Chesed, Geburah, Tifareth; y Netzach, Hod, Yesod). Estos fueron traducidos originalmente por Mathers como el Mundo Intelectual, el Mundo Moral, y el Mundo Material. Con la posible excepción del Mundo Moral, estos términos pueden ser muy confusionantes. El Mundo Intelectual de Mathers podría ser llamado mejor el Mundo Arquetípico, Superno o Espiritual, y el Mundo Material es insatisfactorio como título, pues el Mundo Material es esencialmente Malkuth. Dion Fortune ha sugerido llamar a la tríada inferior el Mundo Astral, aunque éste no es en modo alguno un título ideal.

Uno podría sugerir llamarlo el Mundo de la Forma o Psicológico, pero el factor importante no es realmente el nombre, sino lo que uno entiende por la tríada —y no parece haber una sola palabra que cubra todas las implicaciones de estos tres Sefiroth.

13. Otro método de unir a los Sefiroth es describir la Estrella de David o triángulos entrelazados alrededor de Tifareth. Así, Chesed, Geburah y Yesod forman un triángulo; y Daath, Netzach, y Hod forman el otro. El principio de los Triángulos Entrelazados es importante en el progreso espiritual. El alma o Yo Superior o Individual es simbolizada por el triángulo que apunta hacia abajo, que proyecta en encarnación su Yo Inferior o Personalidad, simbolizada por el triángulo que apunta hacia arriba. En el hombre no evolucionado no hay contacto entre la conciencia inferior y la superior, y por tanto los triángulos están separados, uno por encima del otro. Sin embargo, durante el proceso de unir la conciencia superior y la inferior, el proceso es simbolizado por los dos triángulos que se solapan gradualmente, hasta que finalmente, en el hombre completamente iluminado, forman la Estrella de David. Esto significa la conciencia inferior que se esfuerza por alcanzar los niveles de percepción de Daath, y la conciencia superior que trata de hacerse efectiva y funcional en los mundos inferiores.

14. Sería posible también por supuesto describir una estrella de seis rayos centrada alrededor de Daath, o construir estrellas de cinco puntas dependientes de Kether o Daath. Más aún, se pueden intentar ajustar gráficamente toda clase de símbolos al Arbol, tal como los signos planetarios por ejemplo. Esta práctica puede dar algunas indicaciones interesantes, o puede probarse abortiva en muchos casos, pero constituye una diversión bastante interesante, y aunque la actitud del juego de salón no es buena para mantenerla en el ocultismo, tales diversiones intelectuales hacen por la familiaridad y la flexibilidad al usar los aspectos del Arbol, y esto es muy para bien.

CAPITULO XIX

LOS GRADOS ESOTERICOS

1. El asunto de los Grados Esotéricos ha causado probablemente más estupidez y malentendido que cualquier otra rama del aprendizaje esotérico.
2. En cualquier grupo esotérico que use el sistema de grados debe recordarse que todos los grados son largamente arbitrarios, en las etapas inferiores en cualquier caso. Así, una fraternidad oculta puede tener un sistema jerárquico de grados que funciona adecuadamente, pero otra fraternidad, trabajando quizá a un nivel superior o más profundo, tendría grados similares, pero todos ellos serían correspondientemente superiores, en función si no en nombre, a los de la primera fraternidad. Consecuentemente, si una fraternidad irrumpe repentinamente en un nuevo campo y liquida con éxito la fase previa de desarollo de su grupo, es necesario a menudo para todo el grupo ser descendidos hasta el grado más inferior y entonces, habiendo establecido cimientos en el nuevo nivel superior, comenzar a edificar la estructura de una nueva jerarquía graduada.
3. A partir de estas consideraciones se verá que un neófito de una fraternidad podría muy bien estar mucho más avanzado espiritualmente que un neófito de otra. Además, en cualquier grupo genuino es necesario que todos los recién venidos empiecen desde el grado inferior y trabajen su camino hacia arriba, encontrando finalmente su propio nivel. De este modo una persona muy avanzada

puede estar en los grados inferiores por algún tiempo. Así que debe hacerse también una distinción entre el grado interno, que es la verdadera capacidad de esa persona, y el grado externo, que a menudo depende principalmente de la fecha en que entró en la fraternidad, tomándose usualmente al menos un año para ir a través de cada uno de los grados inferiores.

4. Con relación al grado interno habrán también diferencias de grado dentro de los aspectos psicológicos de una persona. Así, podría ser capaz de funcionar a un elevado nivel espiritual en algunas direcciones, y estar bastante inrregenerada en otras. Un estudiante esotérico, como una cadena, es tan fuerte como su eslabón más débil, y su avance debería hacerse de acuerdo con el modo en que domeña sus debilidades, más que con lo fuerte que pueda ser en sus fortalezas. Ocasionalmente, no obstante, puede beneficiarle a una persona colocarla en un grado superior, incluso aunque sus debilidades no lo justifiquen, porque el estímulo del grado superior puede ayudarla a superar estas debilidades. Del mismo modo, una persona que tenga una personalidad muy inadecuada puede, por su propia protección, ser llevada a un grado superior donde el énfasis recae más en la conciencia superior que en la inferior. Si fuera dejada en un grado inferior, que trae fuerzas principalmente a los niveles inferiores, la personalidad podría sufrir un daño. Un caso tal como éste sería raro, y aplicado sólo cuando un alma de alto grado tiene una personalidad de bajo grado para una encarnación por razones kármicas. Además, sólo una fraternidad bien establecida se atrevería a avanzar de este modo a gente no preparada, y tal gente no sería puesta en el nivel más elevado donde se estuviera llevando a cabo trabajo pionero, por su propio bien y por el de la fraternidad.

5. Este es un caso extremo, pero se aplica en modos menores a la mayoría de la gente. Por ejemplo, excepto en individuos muy raros, hay ciertos aspectos de la personalidad que no pueden ser perfeccionados, pese a lo largamente que puedan ser mantenidos en los grados inferiores, y por tanto la gente es avanzada usualmente a grados superiores a pesar de ciertas insuficiencias más o menos permanentes que puedan tener. Estas insuficiencias constituirán

siempre una debilidad para el grupo, por supuesto, pero en la existencia física en el momento presente la perfección es imposible. Si alguien fuera perfecto no necesitaría encarnar.

6. Estas debilidades pueden afectar al grupo en ciertos modos. En el trabajo práctico pueden ser minimizadas con una organización inteligente por parte de la cabeza de la fraternidad, pero los resultados que no pueden ser evitados enteramente son las reacciones de los miembros de menor grado que, cuando entran por primera vez en la fraternidad, esperan ver una perfección absoluta manifestada por los miembros mayores y son consecuentemente desilusionados —aunque esto puede no ser una mala cosa, pues es una apreciación de las realidades (la cual se requiere de todo aspirante oculto). El otro modo en el que puede dañar al grupo la debilidad de los miembros mayores es en que puede servir como un canal para las fuerzas del mal, que siempre actúan para desorganizar un grupo. Usualmente estas fuerzas se manifestarán a través de un miembro cuya imperfección es que es un individualista y un perfeccionista, y que no pierde oportunidad para indagar y criticar las faltas de otros. El mal generalmente pasa por ser el bien.

7. Lo que se necesita realmente en un grupo esotérico es mentalidad de grupo, y voluntariedad en volver un ojo ciego a los defectos de otros y cuidar del estado de la propia alma de uno. Esta no es una defensa de la laxitud en materias esotéricas, sino una calibración de los factores tal como son en realidad. Los miembros individuales de un grupo esotérico no deberían caer en el criticismo, en pensamiento, emoción o palabra, pues la responsabilidad de la valoración de los miembros del grupo queda sólo para la cabeza del grupo. Si la cabeza del grupo es gravemente deficiente en algún modo, entonces hay poco que el grupo pueda hacer al respecto. El criticismo no ayudará las cosas en absoluto, sino que servirá meramente para acelerar la ruptura del grupo causada por la insuficiencia de la cabeza.

8. Finalmente está el factor cíclico a tomar en consideración. Una persona puede ser capaz de funcionar en un elevado nivel espiritual por un tiempo, y después volverá

atrás a un nivel bajo. Esta es una ocurrencia bastante normal, especialmente en las primeras etapas, y podría decirse que la persona es de un grado elevado en sus momentos cumbre, y de un grado bajo en sus puntos bajos. Hablando en general, la tendencia sin embargo es hacia arriba, y conforme el tiempo pasa las cimas y los valles se vuelven progresivamente más elevados, de modo que lo que era una cima de consecución para una persona puede, varios años después, ser un nivel normal de funcionamiento, o incluso un nivel comparativamente bajo, experimentado sólo cuando está espiritualmente «fuera de forma». Teniendo en cuenta este factor cíclico o espiral, puede verse que una persona de grado elevado que experimenta un punto bajo puede muy bien actuar en un nivel inferior a una persona de grado bajo que experimenta un período cumbre. Un observador que observase a las dos juntas en un ambiente, no sería capaz de valorar adecuadamente sus méritos relativos, a no ser que pudiera observarlas a lo largo de un tiempo bastante grande —asumiendo incluso que su propia situación espiritual fuera lo suficientemente elevada como para no distorsionar sus poderes de observación y valoración.

9. Se verá por tanto que todo el concepto del grado es complicado, pero hay grados definidos que son alineados con los Sefiroth del Arbol de la Vida. Para propósitos prácticos, estos grados pueden ser a menudo más ideales que reales, pero tienen que ser reales finalmente si es que se ha de hacer algún progreso espiritual. Por medio de los grados asignados a los Sefiroth se puede juzgar la posición de cualquier grupo, pues su verdadera posición está basada en la realidad. La cabeza de un grupo podría llamarse a sí mismo un Ipsissimus, pero si no ha conseguido el control de los elementos dentro de sí entonces no sería, en realidad, ni siquiera un Adeptus Minor, fuera lo que fuera que se llamase a sí mismo; y no sería capaz de iniciar a nadie a un nivel superior al que él mismo ocupara. Por tanto, la calidad de un grupo depende de la calidad de su líder.

10. Incidentalmente, un Adeptus Minor que funcionase difícilmente tendría la falta de realidad como para llamarse a sí mismo Ipsissimus. Como regla general, cuan-

to más alto alega ser un ocultista declarado más bajo suele ser en realidad. No hay nada que impida a uno alegar ser Ipsissimus, o Magus, o lo que quieras, e «iniciar» a gente a través de tantos grados como dinero quieran pagar por ellos, pero no habrá en realidad iniciación alguna. Ningún Adepto genuino (y sólo un Adepto puede iniciar), demandará dinero, simplemente porque la iniciación no puede ser comprada, tiene que ser competida. Como requisito, debería decirse que la mayoría de las escuelas esotéricas cobran tarifas por sus lecciones iniciales o cursos por correspondencia en preparación para la iniciación simplemente para recobrar sus gastos. Después de la iniciación, y la consecuente pertenencia a un grupo, todo lo que se pide son donaciones voluntarias, como en cualquier iglesia, y nunca se permite que la falta de dinero sea un obstáculo para la iniciación.

11. Los grados esotéricos, de acuerdo con el sistema Qabalístico, son como sigue: Malkuth — Zelator; Yesod — Theoricus; Hod — Practicus; Netzach — Philosophus; Tifareth — Adeptus Minor; Geburah — Adeptus Major; Chesed — Adeptus Exemptus; Binah — Magister Templi; Chokmah — Magus; Kether — Ipsissimus. El término Neófito se usa para denotar a cualquiera que acaba de entrar a un grado superior, cualquiera que sea ese grado.

12. Esta asignación de Sefiroth a grados es confusionante en cierta medida, pues el progreso real es lo largo de los Senderos.

13. Malkuth representa, por cuanto que es la esfera de la vida física, al Buscador, que ha realizado que hay quizá mucho que es de significación detrás del mundo de las apariencias físicas, y que tiene el sentido de indagar una búsqueda a seguir. Esto podría ser comparado a una ligera exposición de la Experiencia Espiritual de Malkuth, el Conocimiento y Conversación del Santo Angel Guardián, y en su búsqueda de un grupo esotérico con el que estudiar necesitará toda onza de Discriminación —la Virtud de Malkuth— que pueda mostrar.

14. Al contactar un grupo y perseguir un esquema definido de entrenamiento esotérico, puede decirse que recorre los Senderos 32º y 25º del Arbol de la Vida, desde Malkuth, a través de Yesod, hasta los aspectos exteriores de

Tifareth. Durante este proceso, que es esencialmente un entrenamiento de la personalidad, su tarea es hollar el camino medio entre los empellones conflictivos de las fuerzas de Netzach y Hod.

15. En Malkuth, las pruebas son principalmente las del buen carácter, como podría esperarse de cualquiera en el mundo —aunque el buen carácter es particularmente esencial como base sobre la que construir el uso consciente de los poderes superiores del alma. También, por supuesto, nadie deja nunca el grado más bajo: construye los grados superiores sobre él. Pese a lo espiritualmente avanzada que pueda ser una persona, ella todavía necesita del buen carácter y de la eficiencia mundana y del sentido común de Malkuth. También, se verá que la iniciación plena de Malkuth, el Conocimiento y la Conversación del Santo Angel Guardián, que es habérselas completamente con la vía del destino de uno, no es verosimil que se consiga hasta que se alcance un alto grado de desarrollo.

16. En la fase de desarrollo correspondiente a Yesod, la mente subconsciente debería ser abierta, y así en esta etapa, hablando idealmente, debería pasarse por un curso completo de análisis psicológico, pues proceder al conocimiento oculto superior mientras se sufre de cualquier patología escondida o neurosis es andar pidiendo problemas. Este proceso no es necesariamente lo que se conoce como psicoanálisis —sino conseguir un conocimiento más profundo de uno mismo a través de las técnicas de psicología espiritual.

17. Desde Yesod el alma pasa por una experiencia subjetiva de gran aislamiento, y pueden haber crisis agudas correspondientes al punto en el que el alma pasa, simbólicamente, a través del Sendero lateral 27º. Habiendo sido pasada con éxito esta crisis, empiezan a abrirse los contactos místicos, de modo que el iniciado es capaz de funcionar en polaridad vertical con las fuerzas internas, así como en polaridad horizontal con las fuerzas de sus conocidos, amigos y relaciones en el mundo externo. Si el alma sucumbiese al punto de crisis, usualmente deja el grupo, retornando bastante rápidamente a la condición psicológica en la que estaba antes de unirse a él.

18. Durante todo este proceso desde Malkuth hasta por debajo de Tifareth, el entrenamiento se hace mayormente en una base grupal, y cualesquiera defectos que hayan quedado sin tocar son equilibrados después de, o en, Tifareth, cuando el entrenamiento es más individual. Idealmente, el iniciado que ha alcanzado esta etapa debería ser de mente sana y cuerpo saludable, sin complejos inconscientes reprimidos, y con un área de conciencia mística en funcionamiento. No debería ser dominado por el entorno de Malkuth, ni por los instintos y las pasiones de Yesod, ni por la mente concreta de Hod, ni por el hiperemocionalismo del Netzach desequilibrado. Esto, por supuesto, es un consejo de perfección y raramente se manifiesta en la práctica, aunque es la meta que debe intentarse más ardientemente. De acuerdo a cómo sus miembros se ajusten a este estado ideal —o a los grados arquetípicos de los Sefiroth—, así será el poder y la efectividad de la fraternidad.

19. Junto con este proceso interno, por supuesto, va el entrenamiento en técnica mágica elemental de acuerdo con el sistema usado por el grupo particular. Es la eficiencia en esto lo que se confunde a menudo con los grados esotéricos en las obras publicadas.

20. La apertura de la conciencia mística tiene su correspondencia en atravesar el Velo de Qesheth situado entre Yesod y Tifareth. Este Velo está simbolizado en los colores del arco iris, e indica la luz de Tifareth refractada a través de la esfera astral o emocional. En el lado de Yesod es como un Arco de la Promesa que vela todavía la visión directa de la conciencia mística de Tifareth, que es vista en visión directa tan pronto como se pasa el Velo.

21. El siguiente paso es importante y es llamado el «Cruce del Golfo», y es de la naturaleza de una Dedicación Sin Reservas. Se dice que toma tres encarnaciones de esfuerzo persistente alcanzar este punto. Es realmente un salto de Fe, pues significa que los valores del alma han de ser cambiados de los del mundo externo de la conveniencia a los del mundo interno del principio. Después de que este paso ha sido tomado, el iniciado ha dedicado su vida al servicio de la Jerarquía, y se convierte en el «discípulo aceptado» de un Adepto del Plano Interno. Esto implica,

en primer lugar, la dedicación por parte del iniciado; en segundo lugar, un período de probación en la que es probada su dedicación; y en tercer lugar, la posible aceptación por el Adepto del Plano Interno concernido. Debería recalcarse que las pruebas no son artificiales, sino que llegan bastante naturalmente en las circunstancias de la vida del iniciado. También, la dedicación de esta etapa es una Menor, pues se reconoce que ciertas tareas importantes, tales como el bienestar de los niños por ejemplo, tendrán precedencia sobre el Trabajo de los Misterios si ambas llegasen a entrar en conflicto.

22. Habiendo sido saltado el Golfo (y ello implica realmente el poder de actuar como individuo sin depender de otros más que un rechazo de las cosas de este mundo), se ha pasado por los procesos de Tifareth —el Niño, el Rey, el Dios Sacrificado. Estos procesos son el crecimiento y desarrollo de la percepción y la acción espirituales, hasta que finalmente la personalidad es «sacrificada», y el iniciado trabaja enteramente de acuerdo con el principio espiritual, hasta donde su karma se lo permite. Otro modo de mirar a esto sería decir que el iniciado tiene un canal de comunicación claro entre su Yo Superior y su Yo Inferior, Individualidad y Personalidad, Alma y vehículos inferiores, Krishna y Arjuna, Personalidad Evolutiva y Personalidad Encarnatoria, de acuerdo con la terminología preferida.

23. El alma procede entonces, hablando simbólicamente, hacia arriba del Sendero 22º de Ajuste Kármico hasta Geburah. Este es un proceso de encarar y deshacerse de la mayor parte del karma acumulado dentro de, groseramente, el período de tiempo histórico. Desde Geburah se recorre el Sendero lateral hasta Chesed, lo que implica el encaramiento completo del karma a lo largo de todo el pasado evolutivo del alma, de modo que cuando el iniciado está firmemente establecido en Chesed, está libre de karma, ha aceptado la responsabilidad por todas sus acciones, y está en posición de llevar a cabo su trabajo del destino en libertad completa de los resultados de errores pasados. Este es el grado de Adepto Exento, y uno así no tendría necesidad de reencarnar, y estando exento de su propio karma estaría en posición de tomar y trabajar aspectos de karma grupal, tal como fue ejemplificado por Nuestro Señor. Hablando en

general, esta tarea se hace mejor en los planos internos en el momento presente, estando las condiciones de la existencia física demasiado degeneradas como para que un ser así trabajase con eficiencia plena, y siendo tan escasos los trabajadores de alto grado en los planos internos.

24. Desde Chesed yace el «Sendero Secreto» hasta Daath, que es simbolizado por el término «La Habitación Vacía». Esto implica encarar la realidad absoluta sin los velos de los símbolos, o desde luego sin forma de naturaleza alguna. Es una aproximación hacia las verdades sin forma de los mundos espirituales, e implica un despejamiento completo de cualesquiera concepciones y ataduras de forma anteriores. Se dice que es una forma superior y suprema de la aproximación hacia Tifareth, y en el proceso puede experimentarse una terrible soledad espiritual, pues han de ser disueltas todas las concepciones previas, incluso de Dios, hasta que nada queda, y el alma siente que está en el punto de la destrucción a través del aislamiento.

25. Tal relato será sólo de interés académico para cualquiera que pueda necesitar los servicios de este libro, pero puede imaginarse que la destrucción aparente del alma antes de asumir los poderes directos del Espíritu son un análogo superior de los temores de la personalidad aproximándose al salto a través del Golfo y a la asunción de los poderes del alma, que no pueden ser creídos completamente hasta que son experimentados.

26. El Grado a través del Abismo es el Magister Templi de Binah, y uno así es maestro completo de todos los aspectos de la forma a todo nivel. Tal grado es, por supuesto, de interés inmediato solamente para un Adepto del Plano Interno, pues un grado así no es probable que pueda ser conseguido por alguien en encarnación. Similarmente, tendría poco caso especular sobre las capacidades necesarias para alcanzar los grados mucho más elevados de Magus o Ipsissimus.

27. No obstante, para los interesados en conseguir un sentido de proporción con relación al significado real de los grados, «Los Rayos y las Iniciaciones», de Alice A. Bailey, da el relato muy completo del Maestro Tibetano sobre los grados superiores de iniciación.

28. Para propósitos prácticos sin embargo, debe recordarse siempre que los grados inferiores son con mucho materias de función, también, un grado sólo se alcanza cuando han sido asimilados los poderes completos de un Sefirah. Así, aunque Geburah es solamente un Adeptus Minor hasta que «deja» la esfera de Geburah y se halla en camino hacia las iniciaciones de Chesed. También hay mucho solapamiento, pues los iniciados tendrán equilibramientos de karma que encarar, lo que concierne primariamente al Sendero entre Tifareth y Geburah, mucho antes de que se hayan aproximado siquiera al nivel de Tifareth.

29. Sería una buena cosa que se abandonasen todas las especulaciones respecto a los Grados, pues existe la tendencia muy humana y errónea de considerarlos como distintivos de rango —lo que es una tergiversación completa de todo el propósito y proceso de la iniciación. Sin embargo, se creyó conveniente incluir un capítulo sobre este asunto, pues los grados Sefirothicos han sido publicados bastante ampliamente en el pasado, conduciendo a mucha conjetura mal informada que ha tendido a ser más abundante simplemente porque cualquier ocultista genuino, conociendo las complejidades y trampas envueltas, suele hacer novillos fuera del asunto. Como resultado, ha crecido innecesariamente un elemento de misterio, y el misterio es una cosa que debería ser expelida de una vez por todas del proceso perfectamente natural de desarrollo espiritual.

CAPITULO XX

ATRIBUCIONES MISCELANEAS

1. Bajo el título de atribuciones misceláneas incluímos todas las referencias a piedras preciosas, plantas, animales reales e imaginarios, drogas y perfumes, simbolismo alquímico, los órganos del cuerpo humano, y demás.

2. Muchas de estas atribuciones están tomadas de viejos libros y, hablando en general, no son solamente arbitrarias sino caóticas. Antes de dar crédito a cualesquiera textos antiguos será bueno recordar las palabras de Thomas Vaughan, uno de los pocos primeros Qabalistas espiritualmente bien informados: «Hay muchos Platónicos —y este último siglo les ha proporcionado algunos frívolos discípulos— que discursan muy atrevidamente de las similitudes de inferiores y superiores; pero si investigamos a fondo sus ñoñerías son un paquete de pequeñas conspiraciones —a saber, del heliótropo y el sol, el hierro y la piedra imán, la herida y el alma. Es un excelente deporte el oír cómo cacarean, siendo asados sobre estos penosos particulares, como si conocieran el agente universal que ata este gran armazón y mueve todos los miembros de él a una compasión mutua. Este es un humor muy semejante al de Don Quijote, que conoció a Dulcinea pero nunca la vió.» (Coelum Terrae, 1650).

3. La clase de cosa que Vaughan tenía en mente, en su referencia al heliótropo y el sol, por ejemplo, puede verse abriendo al azar cualquiera de los viejos grimorios y libros de recetas mágicas que, aparte de ser atesorados por

los coleccionistas, son reproducidos *ad nauseam* en libros modernos sobre el asunto. El heliótropo por ejemplo, o la caléndula, era asociado con el sol por la superstición de que siempre se volvía a mirar al sol. Conducido por una extraña lógica a partir de esto, Alberto Magno declaró solemnemente que si se sacara alguno en una iglesia, ninguna mujer adúltera sería capaz de abandonar el edificio mientras permaneciera expuesto. Esta ayuda divina a la moralidad puede haber venido de la noción de que, puesto que el sol producía la vida, así cualquier planta conectada con el sol por lo que respecta al color, forma, leyenda y demás, tendría atributos similares, y podría por tanto ser usada como un estimulante sexual, o quizá como un antídoto moral para este rejuvenecimiento sexual al por mayor en los modos más sutiles arriba mencionados.

4. Pueden hacerse correspondencias entre los Sefiroth y varias plantas, animales, etc., pero debe recordarse que las correspondencias son sólo artificios psicológicos que pueden usarse como un ejercicio técnico al jugar con los conceptos del Arbol, o como un medio de concentrar el foco de la mente consciente en la meditación o magia ritual.

5. Crowley, por ejemplo, ha hecho exhaustivas listas de correspondencias en «777», pero no son realmente de utilidad para nadie, excepto para Crowley mismo, y él está muerto. El mejor uso que puede hacerse de ellas es por el ejercicio técnico de ir a través de ellas y tratar de descubrir porqué fueron atribuidas así, e incluso así uno estará aprendiendo menos sobre la Qábalah que sobre cómo trabajaba la mente de Crowley. En su lista de animales, reales e imaginarios, por ejemplo, se puede ver que Dios, Hombre y Mujer corresponden a Kether, Chokmah y Binah. La atribución del Unicornio a Chesed es menos obvia, pero el Basilisco está relacionado a Geburah sin duda porque su mirada convertía a la gente en piedra. Aunque en este caso hay un paralelo obvio con la Medusa, que es parte del mito de Perseo, y por tanto sería quizá mejor relacionarlo a Daath. A Tifareth le relaciona el Fénix, el León y el Niño. El Niño es una de las Imágenes Mágicas, y el León está ahí porque Leo es un signo astrológico Solar y también el «Rey de las Bestias», mientras que el Fénix, por

cuanto que se eleva de sus propias cenizas, corresponde al Dios Sacrificado y Resucitado de Tifareth. Crowley pudo haber incluido también al Pelícano, un obvio pájaro de Tifareth por sus asociaciones con el sacrificio; se decía que atravesaba su propio pecho con su pico a fin de alimentar a sus crías, y era comparado a menudo a Cristo. Crowley aplica el Lince a Netzach porque es un animal consagrado a Venus, mientras que el Hermafrodita es la Imagen Mágica de Hod. La relación del Chacal a Hod puede tener una base Qlifóthica. El Elefante es una de las criaturas clásicas que se decía soportaban el mundo, y por tanto es relacionado al Fundamento, Yesod, mientras que la Esfinge es situada en Malkuth porque contiene bestias relacionadas con los Cuatro Elementos, o porque estaba tradicionalmente en el portal del Templo Egipcio de Misterios situado debajo de las Pirámides.

6. Mientras que puede verse la razón para la mayoría de las atribuciones, hay muchas otras que podrían hacerse con igual validez, y, francamente, con la misma poca consistencia. Algunas de las atribuciones de Crowley están tomadas de visiones que tuvo mientras trabajaba en ciertas partes del Arbol, pero eso sólo significa que eran significativas para Crowley en ese contexto y en ese momento. Los símbolos arbitrarios no se hacen universales por el simple proceso de ponerlos en imprenta. Los escritores de ocultismo parecen gustar de volar hacia la información tabular, pero al hacerlo así hacen más daño que servicio, pues la información tabular no hace sino apelar al tipo de mente que goza haciendo viajes imaginarios con el uso de viejas guías de ferrocarril. Y aunque muchos de los viajes espirituales de la Qábalah se hacen en la imaginación, lo que se necesita para conseguir algún beneficio es la imaginación creativa, no la imaginación de segunda mano y hacer malabarismos con los datos de algún otro.

7. Todo el propósito del simbolismo es que, como las monedas, representan algo real. El simbolismo, como el dinero, tiene que usarse, y canjearse por algo de valor. Muchos cometen el error de ser numismáticos esotéricos —meros coleccionistas de símbolos.

8. Ciertas piedras preciosas e inciensos se usan en la magia ceremonial, pero aparte de la dificultad de organi-

zarlo, el ceremonial es mejor que sea dejado de lado por el principiante. Aquí de nuevo, los inciensos son mayormente arbitrarios, y son dejados mejor a la elección del operador que tenga alguna experiencia práctica de sus efectos sobre su propia conciencia. Para el trabajo general de grupo, el incienso ordinario de iglesia es quizá la mejor cosa a usar.

9. Respecto a las piedras, para propósitos generales es el color únicamente lo importante, y por tanto cualquier bisutería barata servirá. Es sólo para un trabajo avanzado de naturaleza talismánica que necesitan usarse los materiales tradicionales, esto es, el metal y la piedra preciosa asociados con un planeta particular. Las atribuciones planetarias de los metales son Saturno — plomo, Júpiter — estaño, Marte — hierro, Sol — oro, Venus — cobre o bronce, Mercurio — azogue, Luna — plata. Las piedras preciosas son asignadas generalmente de acuerdo con el color, siendo su superioridad respecto al vidrio coloreado la de que la pigmentación está en la estructura atómica y cristalina.

10. Por lo que respecta a los símbolos de la alquimia, los diferentes escritos están tan llenos de velos intencionales y corrupciones accidentales, que se requiere un alto grado de perspicacia y conocimiento a fin de sacar provecho de cualesquiera enseñanzas que puedan haber escondidas en ellos. La posición, tal como se halla al presente, es la de que si uno tiene la perspicacia requerida para cribar el trigo de instrucción espiritual del cascabillo de codificación elaborada, entonces no tiene verdadera necesidad de ello, pues habrá pasado ya a través del proceso alquímico. Por lo tanto, todo el interés resulta puramente académico.

11. Es imposible hacer un catálogo normalizado de los diferentes términos alquímicos porque varían su significado de escritor a escritor. Mientras que, por regla general, los tres principios de azufre, mercurio y sal pueden ser igualados con los Pilares positivo, medio y negativo de Manifestación, los metales con los Sefiroth de acuerdo con la atribución planetaria, y así sucesivamente, ésta no es de ningún modo una terminología universal. Vaughan, por ejemplo, que define sus términos bastante bien, llama al plano astral Mercurio —el «reino medio» de Aire; el Fuego

lo relaciona con el Espíritu; y considera que el mundo material consiste de dos elementos solamente —Tierra y Agua. Es necesario usualmente seguir los escritos de un alquimista particular desde el comienzo hasta el final a fin de entender mucho de lo que da a entender. Aunque pueda ser una alternativa fascinante a leer historias de detectives o resolver rompecabezas de palabras cruzadas, el estudio general de la alquimia envuelve tanto esfuerzo intelectual para tan poco conocimiento práctico, que es mejor dejarlo al experto o al diletante. El experto puede conseguir algunas interesantes percepciones filosóficas a partir de los alquimistas más espiritualmente orientados, mientras que el diletante es empleado mejor en jugar con la vasta masa de inofensiva literatura alquímica que en chapucear con la magia ceremonial, trances hipnóticos, posturas de Yoga, ejercicios respiratorios y demás, donde puede correr a un agua caliente que excede con mucho al desagrado de cualquier Balneum Mariae de un alquimista.

CAPITULO XXI

LOS QLIFOTH

1. La palabra Qlifoth significa «rameras» o «conchas», y como concepto filosófico Qabalístico no necesita detenernos demasiado. Cualquiera que desee ver los demonios Qlifóthicos trabajando no necesita llevar a cabo las poderosas conjuraciones de Abramelin el Mago, solo tiene que echar un vistazo por el hospital más próximo, asilo de lunáticos, prisión, burdel, o suburbio. Cuando se compara con depravaciones tales como Belsen o Auschwitz, o los productos accesorios generales de las políticas modernas tales como gases nerviosos, bombas napal, militarización total, disputa atómica, lavado de cerebro, etc., la bruja o el mago negro que buscan el placer del sexo parecen bien poca cosa.

2. Las Ordenes de Demonios de la Qábalah son generalmente personificaciones del Vicio de un Sefirah, o un principio opuesto del que el Sefirah representa. Así, las Cabezas en Lucha de Thaumiel son aplicadas a Kether como una negación de la Unidad Divina; a Chokmah se le da Ghagiel —los Obstructores— de modo semejante; y el Silencio de Binah es pervertido en Satariel —que significa «Esconder». La benevolente esfera rectora de Chesed tiene los Golpeadores, y Geburah, los Llameantes, mientras que la Armonía de Tifareth es hecha añicos por Thagirion —el Litigio. Las fuerzas de Netzach son esparcidas por el Cuervo de la Dispersión, y la Falsedad, el Vicio de Hod, es ejemplificada por Samael, el Acusador Falso. El funda-

mento de Yesod es el Asno Obsceno, y la lujuria dominante de los valores materiales es el dominio de Lilith —la Mujer de la Noche.

3. Sea lo que sea el mal, y es probablemente imposible definirlo completamente, sus manifestaciones aparecen generalmente como una negación de la unidad —las Fuerzas Duales en Lucha, el Litigio, los Obstructores, el Cuervo de la Dispersión y demás, o la Multitud de Dioses, Sin Valor e Incertidumbre aplicados a los Velos de Existencia Negativa. El aserto único y persistente de los místicos es el sentido de síntesis y unidad y el hecho de que la separación es una ilusión. Puede verse, pues, que las palabras de Cristo al dar los dos nuevos Mandamientos fueron un intento directo de sellar la puerta del mal: «El primero de todos los mandamientos es, escucha, Oh Israel: El Señor nuestro Dios es un solo Señor; y amarás al Señor tu Dios con todo tu corazón, y con toda tu alma, y con toda tu mente, y con toda tu fuerza; éste es el primer mandamiento. Y el segundo es semejante, a saber: Amarás a tu prójimo como a tí mismo. No hay otro mandamiento más grande que éstos.» Estas frases contienen la respuesta completa a todos los problemas del mundo —tan es así que cualquier otro escrito sobre moral, ética, sociología, etcétera, parece no sólo una impertinencia sino superflúo.

4. Es obvio que estas simples reglas espirituales no son más consideradas hoy en día como una base para la acción de lo que fueron el día en que se pronunciaron. Quizá son demasiado simples para ser tomadas seriamente por el orgullo de las mentes de los hombres, o la enmarañada confusión de sus emociones —pues cuanto más espiritual es una cosa, más simple es.

5. Se ha establecido que las fuerzas Qlifóthicas se generaron de un modo natural por el período de desequilibrio entre el establecimiento de un Sefirah y otro. El Arbol de la Vida es, sin embargo, un jeroglífico del Plan de Dios, y por tanto no puede haber mal alguno en él. El mal surgió de las desviaciones, por el hombre y otros seres, a partir de este Plan Divino, y por tanto cualesquiera atribuciones Sefirothicas son puramente consideraciones secundarias.

6. La mente judáica gustaba de sistematizar todas las

fuerzas del mal igual que las fuerzas del bien, pero el trabajo de meditación sobre Ordenes de Diablos, Arcedemonios y demás, es mejor dejarlo aparte. El hombre ya tiene mucho mal dentro de sí sin concentrar su potencia por un trabajo oculto sobre él. Tal trabajo es mejor dejarlo para el adepto avanzado. Para el aspirante esotérico ordinario la mejor aproximación al mal interior es, después de haberlo reconocido y encarado, matarlo de hambre, trabajando solamente sobre el desarrollo de las cualidades buenas y espirituales. Desarrollando el contacto del Espíritu, la psique se transformará tanto finalmente, que no habrá lugar para el mal dentro de ella. El trabajo directo sobre las fuerzas del mal tenderá a establecer una polaridad y un vínculo oculto con estas fuerzas, y ésta es una cosa que debe ser cuidadosamente evitada.

7. Tratar de hacer trabajo purificador sobre las fuerzas del mal a menudo hace más daño que bien. Así, está el caso en la Biblia del hombre que fue purgado de un diablo sólo para ser obsesionado por otros siete que volaron al vacío creado. La patología espiritual, como la patología médica, no es una cosa con la que bromear.

8. La ficción oculta da mucha importancia a los Magos Negros, pero éste no es sino un resultado de la necesidad ficcional dramática. El trabajo del ocultista es tan parecido a las descripciones de la mayoría de las novelas ocultas como el de un policía lo es a la mayoría de las historias de detectives. Los canijos del ocultismo Negro no han de preocuparnos pues ellos sólo se apartan para su propio bienestar, y generalmente llegan a la lamentación antes de haber avanzado lejos. Usualmente caen en tres categorías: i) los que buscan hacer dinero a partir de tontos crédulos; ii) los que buscan el autoengrandecimiento a partir de la adulación de los anteriores; iii) los que se hallan tras la droga o el sexo. De éstos, los últimos son los más nocivos de la especie, por cuanto que corrompen al joven y tienen también buenas oportunidades para extorsionar un chantaje.

9. Por lo que respecta a los peces gordos del ocultismo Negro, no deben preocupar al aspirante ordinario. Si un aspirante entra en una fraternidad esotérica de alto grado puede enfrentarse con ellos si alcanza los grados

más elevados, pero en los años primeros de su entrenamiento estará bien protegido por las fuerzas operantes detrás de su grupo. Usualmente, cuando alguien se queja de un ataque oculto, se encuentra que el problema real es una sobreimaginación o varios niveles de complejo de persecución, y usualmente el procesamiento cientológico lo aclara.

10. Si uno siente realmente que está frente a cualquier ocultismo Negro, o incluso cualquier mal que surja dentro de uno mismo, la mejor defensa reside en llamar al poder regenerativo de Cristo. Sin embargo, el mal generalmente no es tan poco sutil como para aparecer como una horrorosa visión de pesadilla —el método usual es enmascararse como bien. Los políticos han descubierto esto, y uno puede confiar a los Poderes de las Tinieblas al menos una cantidad igual de inteligencia.

11. El mal dentro de uno mismo pasa usualmente por el bien. Se ha dicho con veracidad que «la ruta hacia el infierno está pavimentada con buenas intenciones» —las piedras de pavimentación son más a menudo las buenas intenciones que llevamos a cabo que las que no.

12. La mente humana es capaz de una increíble sutileza en la esquiva de encararse con su propia iniquidad, aunque si uno es muy auto-observador puede a veces detectar al Qlifoth interno a través de la manifestación, dentro de uno, de cualquier fuerte desagrado irracional. Las larvas escondidas de la propia alma son proyectadas usualmente en justa indignación sobre otros. La viga en el ojo de otro es usualmente el reflejo de la mota en el propio —como ha sido indicado en otro contexto.

13. El modo hipócrita en que trabaja la mente puede muy bien colegirse leyendo literatura francesa relativamente moderna, que tiende a ir profundamente en esta vía de trabajo de la mente. Se recomiendan particularmente Mauriac, Marcel, Gide, Sartre, Camus y también dramaturgos tales como Duerenmatt, y los escritores existencialistas en general, desde Kierkegaarde en adelante. Esto, sin embargo, puede resultar un obstáculo formidable para cualquiera que no se halle inclinado hacia la literatura moderna; y aquellos que no se sientan inclinados a vadear a través de muchas páginas de filosofía y análisis psicoló-

gico —ficticio o no ficticio— con posterior larga introspección sobre sí mismos, harán mejor en estudiar la obra de L. Ron Hubbard. La cientología no es una panacea; sin embargo, puede aclarar los vestidos para la acción más rápidamente que la mayoría de las otras terapias, pero una persona que es «clear» no es automáticamente un Ipsissimus —es meramente un ser humano no aberrado, y esto es tan raro en estos días que parece algo verdaderamente especial.

14. Toda la estructura del hombre, y la dirección del crecimiento del hombre, está en una base espiritual —esto es, cualquier curso de acción debe ser de significación religiosa, pues el espíritu es superior a la mente o la emoción, aunque los dos últimos son los criterios humanos usuales sobre lo que es de valor y lo que no.

15. Es difícil imaginar a los tipos de mente científica o académica tragando esta verdad, pero tendrá que ser aceptada al final, más tarde si es que no más temprano. Mientras tanto lo único que uno puede hacer es poner su corazón en cosas espirituales y mantener vigilancia eterna sobre sí mismo. Sin duda que incluso Judas creyó estar en lo correcto, no siendo, obviamente, el villano de comedia del concepto medieval popular, sino un hombre muy inteligente e iluminado que creyó quizá que Cristo venía a ser Rey del Mundo y que llevándole cara a cara con las Autoridades le haría agarrar el poder mundano e instituir el Reino de los Cielos en la Tierra, ahí y entonces. Puede haber una gran lección en esta trágica figura.

CAPITULO XXII

APLICACIONES PRACTICAS

1. Se ha dado material suficiente en el texto de este libro para que cualquiera busque las claves de la sabiduría esotérica por sí mismo por medio de la meditación sobre el Arbol de la Vida.
2. Para conseguir el máximo efecto, la meditación debería convertirse en una práctica regular, diariamente si es posible. De hecho, uno que haga meditación diaria regular, incluso si no es más que por diez minutos, hará mayor progreso que uno que emplee largos períodos en meditación a intervalos irregulares. El gran enemigo en esta conexión es la inercia, pero, como en todas las cosas, el secreto del éxito yace en la inflexibilidad de voluntad y propósito —y el pusilánime hará mejor en dejar el ocultismo de lado.
3. El tiempo y lugar de meditación son importantes, pues es sabio dejar que el hábito trabaje por uno, y es más sencillo meditar en un tiempo y sitio regular cada día. Para la meditación se recomienda generalmente la mañana, cuando la mente está fresca, pero cada persona debe experimentar y escoger un tiempo que se le acomode. No es buena cosa meditar cuando se tiene frío o se está cansado.
4. Una buena actitud para la meditación es sentarse recto en una silla de respaldo vertical, con los pies sobre un apoyo de una altura tal que no haya sensación de esfuerzo. La actitud no debería ser ni tensa ni reclinada, sino equilibrada. Esto se consigue ajustando la altura del

apoyo de los pies hasta la longitud de la pierna. Un apoyo para los pies se improvisa rápidamente con libros, o una pequeña caja.

5. La libertad de la tensión corporal obtenida por aplomo es preferible, en la actitud de meditación, a la libertad de tensión corporal obtenida por relajación, porque cuando se alcanza la relajación completa la meditación está expuesta a acabar en sueño; mientras que, si el sueño llega en actitud de meditación en reposo, el reposo se pierde y el estudiante despierta al momento.

6. La meditación no debería hacerse con luz deslumbrante, pues esto tiende a hacer difícil la concentración. El ruido puede superarse por el uso de tapones para los oídos, aunque, con la práctica, el ruido tenderá a tener poco poder de distracción. Después de una larga práctica, se debería ser capaz de meditar en cualquier lugar.

7. Es importante escribir los resultados de la meditación inmediatamente después, pues esto sirve para «aterrizar» las realizaciones obtenidas.

8. El trabajo oculto práctico depende primariamente, para su realización con éxito, del poder de concentración. El estudiante debe ser capaz, sin esfuerzo, de mantener una concentración constante y clara a lo largo de períodos considerables antes de que pueda intentar cualquier trabajo avanzado, y la meditación ayudará a desarrollar esto.

9. Concebir símbolos compuestos, y llevar a cabo «viajes» en la imaginación tales como los que se pueden hacer en los Senderos del Arbol a ser descritos en el próximo volumen, constituyen el trabajo más avanzado. La clarividencia, o ver visiones, y la clariaudiencia, o escuchar voces, deberían ser el resultado de destapar la mente subconsciente, y son como un sueño producido a voluntad. Debe entenderse claramente que lo que quiera que se vea u oiga va por dentro de la propia mente. Si parece que las visiones están apareciendo ante los ojos físicos, o se oyen sonidos con los oídos físicos, puede significar que una porción de la conciencia se ha fragmentado. Es imprudente intentar cualquier trabajo práctico hasta que esta porción disociada ha sido reabsorbida.

10. Esta disociación es debida a veces a un temperamento hipersensitivo, y a veces a métodos equivocados de

desarrollo, pero en cualquier caso es muy dañina. Si se persiste, la disociación se extiende más aún a través de la mente y la personalidad entera puede resultar desorganizada.

11. Es esencial ser capaz de cerrar las facultades psíquicas a voluntad y retornar a la conciencia normal. Si no puede hacerse esto, y la conciencia psíquica se desborda en la vida diaria, el estudiante no es adecuado para las tareas que la vida impone, y es obligado a vivir la vida de un ermitaño para mantener su salud mental y física. Iniciados de alto grado llevan a cabo algunas veces tales retiros con el propósito de realizar un trabajo especial, pero en ningún caso pueden ser recomendados tales experimentos para el principiante.

12. También, mientras que se ha dicho mucho sobre símbolos y formas astrales, debe realizarse que éstos no son sino medios para un fin, y que la forma más elevada de supraconciencia, y la forma de psiquismo más digna de confianza es de la naturaleza de una intuición hiperdesarrollada.

13. Dados debajo hay tres ejercicios ocultos que pueden usarse con ventaja en adición a la disciplina de meditación.

i) Una revisión nocturna de los sucesos del día, *desde la noche hasta la mañana,* al retirarse a la cama. Los sucesos deberían ser recorridos hacia atrás como una película cinematográfica con un acompañamiento de comentario, juicio, resolución y aspiración. Si uno se duerme en el proceso —y este ejercicio es una buena cura para el insomnio— entonces mucho mejor, pues la mente continuará el proceso durante las horas de sueño y puede rendir resultados notables.

ii) Una salutación a mediodía a los Adeptos del Plano Interno, o al Señor Jesús, que es la Cabeza de la Jerarquía de Maestros. Uno debería volver los ojos en la dirección del sol a mediodía, si las circunstancias lo permiten, y saludar mentalmente al sol como la manifestación visible de la fuente de toda vida. Pensad en Dios como manifestado en la naturaleza; escuchad en la imaginación el ritmo y la oscilación del sistema solar conforme da vueltas alrededor del sol; pensad en vosotros mismos como parte de la naturaleza —como manteniendo vuestra propia posición en esta vasta maquinaria, y sentid vuestra relación con todas las otras partes. Saludad entonces a los Adeptos del Plano Interno, o Maestros, como vuestros guías y amigos. Una breve salutación mental es todo lo que se requiere, y esto puede darse en casi cualquier circunstancia. Pensando en los Adeptos del Plano Interno de este modo puede hacerse un contacto inicial con ellos, y este contacto es capaz de desarrollo conforme se avanza. Pensad en ellos como hermanos mayores, la «Compañía de Hombres Justos Hechos Perfectos», organizados en una jerarquía graduada en el servicio de Dios, el Hombre y la Tierra.

iii) Contemplación, o comunión con el Absoluto. Esto no es lo mismo que la meditación, ni un substituto para ella. Es acalmar la mente, en cualquier momento conveniente, y abrirse uno mismo a las influencias de los planos internos. Realizad la presencia y poder de las realidades invisibles, y la bondad y la perfección de Dios, el Creador y Sustentador de este Universo, en el que ese Gran Ser está siempre viniendo a la manifestación. Tratad de veros a vosotros mismos desde el punto de vista de vuestro propio Espíritu, y sentid entonces la infinitud fluyendo dentro de vosotros, pues el sol de la realidad espiritual está siempre ahí y es obscurecido solamente por las propias nubes mentales y emocionales de uno.

14. Finalmente está la cuestión de abrir y cerrar las facultades psíquicas, y esto se hace mejor por algún simple gesto ritual. Un círculo descrito alrededor de uno mismo en la imaginación junto con el signo de la cruz, es adecuado para propósitos de rutina. Al cerrar, es también una buena idea golpear con el pie en el suelo, como una indicación de retornar a las cosas del mundo.

15. Para ocasiones especiales, o incluso como un hábito, pues es un ejercicio excelente en sí mismo, se podría usar el ritual del Pentagrama. Este se ejecuta como sigue:

16. De pie, mirando al Este. Levantad la mano derecha y decid, en voz alta o mentalmente, «En Tus manos están el Reino, el Poder y la Gloria» —formando al hacerlo así el signo de la cruz con la mano derecha («El Reino» vendrá al extremo inferior de la vertical, «el Poder» al hombro derecho, «la Gloria» al izquierdo), por los siglos de

los siglos, Amén» juntanto las manos. Manteniendo recto el brazo derecho, primer y segundo dedos extendidos en línea con él, levantadlo un poco por encima de la horizontal, y dibujad en el aire ante vosotros el signo del Pentagrama o estrella de cinco puntas (Fig. 6a). El último movimiento traerá la mano derecha de vuelta a su punto de partida. Bajadlo entonces de modo que los dedos estén apuntando al centro de la estrella y decid, «En el Nombre de... (Nombre de Dios del Sefirah)..., abro el Este.»

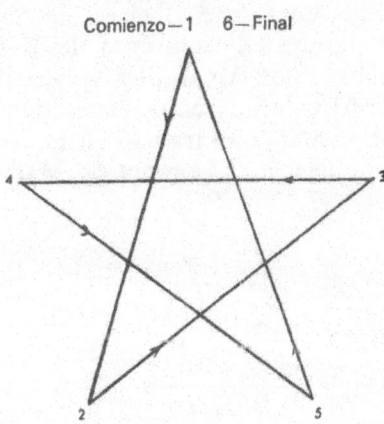

Fig. 6a. Ritual del Pentagrama. Apertura.

17. Volverse ahora hacia el Sur, manteniendo el brazo extendido de modo que los dedos describan un cuarto de círculo, y repetid entonces el Pentagrama, pero decid esta vez, «En el Nombre de..., abro el Sur.» Del mismo modo, girarse hacia Oeste y Norte, repitiendo el Pentagrama en cada uno de estos puntos. Completad el círculo retornando al Este. El Círculo y los Pentagramas deberían visualizarse como fulgiendo en el aire con luz dorada.

18. Abrid los brazos completamente, paralelos al suelo, y decid, «En el Este, Rafael; en el Oeste, Gabriel; en el Sur, Miguel; en el Norte, Uriel. A mi alrededor los Pentagramas, detrás de mí brilla la Estrella de Seis Rayos (bajad la mano izquierda y elevad la derecha para hacer el signo de la cruz como antes), y por encima de mi cabeza

está la Gloria de Dios, en cuyas manos están el Reino, el Poder y la Gloria, por los siglos de los siglos, Amén.»

19. Los Arcángeles deberían ser fuertemente visualizados en cada Cuarto cardinal en la forma más aceptable para el estudiante. Toda la operación puede realizarse en la imaginación si se desea, y éste es un ejercicio excelente para el desarrollo de la imaginación visual. La frase, «detrás de mí luce la estrella de Seis Rayos» es una de aspiración, pues se aplica de hecho solamente al Adepto que está más allá del grado de Tifareth.

20. El Ritual de Cierre es el mismo, excepto que el Pentagrama se dibuja en cada caso desde la esquina izquierda (Fig. 6b), y los Arcángeles se visualizan mirando hacia fuera del Círculo en vez de hacia dentro. Para propósitos generales, cuando el trabajo no es sobre un Sefirah específico, puede usarse el Nombre de Malkuth abreviado —Adonai.

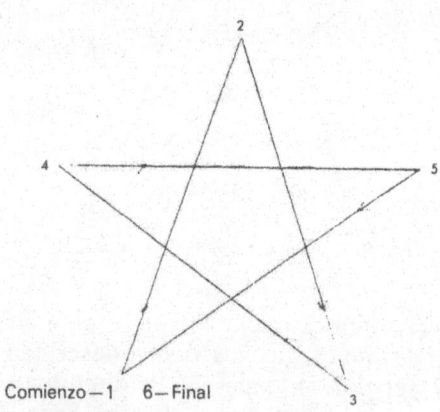

Fig. 6b. Ritual del Pentagrama. Cierre.

21. El ejercicio de dibujar el Arbol es sumamente valioso, pues ayuda a establecer el Arbol de la Vida firmemente en la mente. Puede construirse dibujando una línea vertical, y marcando longitudes iguales a lo largo de ella —digamos, de 2 pulgadas. Esto dará los puntos centrales de Kether, Daath, Tifareth, Yesod y Malkuth. Entonces, usando un par de compases, puestos a la misma distancia (esto es, ej.: 2 pulgadas) pueden encontrarse los puntos

centrales de los Sefiroth laterales. Una vez que se tienen los puntos centrales de los Sefiroth es un asunto simple completar el Arbol de acuerdo con la Fig. 1. La capacidad de construir el Arbol —y mantenerlo— en la imaginación es por supuesto también valiosa.

22. En el texto de este libro hay amplio material para la meditación sobre los Sefiroth como para mantener al estudiante ocupado por un tiempo muy largo. Nada, por supuesto, puede mejorar a la instrucción supervisada por una buena escuela esotérica o instructor, pero éstos son raros, y cuando las razones de geografía y demás hacen esto imposible puede hacerse un buen grado de avance bajo los propios esfuerzos. Y los propios esfuerzos pueden hacer los contactos que dirijan el camino hacia una escuela particular.

23. «Pedid y recibiréis, buscad y encontraréis, llamad y se os abrirá.»

TABLA I — LAS LETRAS HEBREAS

a	b	c	d	e	f
Alef	Buey	א	A, E	ALP	1
Beth	Casa	ב	B	BITh	2
Gimel	Camello	ג	G	GML	3
Daleth	Puerta	ד	D	DLTh	4
Heh	Ventana	ה	H	HH	5
Vau	Clavo	ו	V, U	VAV	6
Zain	Espada	ז	Z	ZAIN	7
Cheth	Vallado	ח	Ch	ChITh	8
Teth	Serpiente	ט	T	TITh	9
Yod	Mano	י	J, I, Y,	YUD	10
Kaf	Palma de la mano	כ ך	K	KP	20 (500)
Lamed	Aguijada de Buey	ל	L	LMD	30
Mem	Agua	מ ם	M	MIM	40 (600)
Nun	Pez	נ ן	N	NUN	50 (700)
Samekh	Puntal	ס	S	SMK	60
Ayin	Ojo	ע	O	OIN	70
Peh	Boca	פ ף	P	PH	80 (800)
Tzaddi	Anzuelo	צ ץ	Tz	TzDI	90 (900)
Qof	Parte de atrás de la cabeza	ק	Q	QUP	100
Resh	Cabeza	ר	R	RISh	200
Shin	Diente	ש	Sh	ShIN	300
Tau	Cruz Tau	ת	Th	ThU	400

La columna (a) da el nombre de la letra hebrea tal como se traduce usualmente en castellano.

La columna (b) da el significado del nombre de cada letra.

La columna (c) da la forma de la letra hebrea. Algunas de ellas tienen una forma alternativa cuando se sitúan al final de una palabra. Estas formas «finales» se dan en paréntesis. Se dice que hay mucho significado esotérico en los contornos de las letras, y se recomiendan para la meditación, aunque su significado completo se relaciona con los Senderos del Arbol.

La columna (d) da la transliteración usual del alfabeto romano.

La columna (e) da la transliteración del nombre de cada letra.

La columna (f) da la significación numerológica. Los números entre paréntesis se refieren a las finales. Ciertas letras, cuando se imprimen en grande en los textos hebreos, toman su valor x 1.000. El asunto entero de la numerología es complejo y especializado. Está por ejemplo la cuestión de los tildes en conexión con ciertas letras, una señal de acento en la forma de un puntillo. Esto, dice Israel Regardie en «A Garden of Pomegranates» («Un Jardín de Granadas»), cambia la pronunciación de la letra en cuestión. Así, establece él, la palabra «Sefiroth» debería ser transliterada y pronunciada como «Sefiros». También afirma que la omisión de este hecho ha entorpecido mucha investigación Qabalística. El quid de la cuestión parece estar en el dialecto hebrero particular usado. Puesto que la Qábalah surgió prominentemente en España, los Qabalistas tienden a usar el dialecto hispano. Regardie sugiere en «The Golden Dawn» («La Aurora Dorada») que los estudiantes serios podrían encontrar indicaciones útiles en la investigación de diferentes dialectos. Estas consideraciones se aplican principalmente al trabajo numerológico. En el trabajo mágico se ha encontrado que la pronunciación no es importante —siendo el factor principal la intención correcta y clara. En este libro se retiene la palabra «Sefiroth» porque se ha convertido en uso común en escritos Qabalísticos.

TABLA IIa — LOS SEFIROTH — Deletreación hebrea

	Título	Nombre de Dios	Arcángel	Orden de Ángeles	Chakra Mundano
1	KThR	EHIH	MTTRUN	ChIUThHQDSh	RAShITh HGLGLIM
2	ChKMH	JH o JHVH	RTzIEL	AUPNIM	MSLUTh
3	BINH	JHVH ELHIM	TzPQIEL	ARALIM	ShBThAI
4	ChSD	EL	TzDQIEL	ChShMLIM	TzDQ
5	GBURH	ELHIM GBUR	KMEL	ShRPIM	MADIM
6	ThPARTh	JHVH ALUH VDOTh	RPEL	MILKIM	ShMSh
7	NYzCh	JHVH TzBAUTh	HANIEL	ELHIM	NUGH
8	HUD	ELHIM TzBAUTh	MIKEL	BNI ELHIM	KUKB
9	YSUD	ShSI EL HI	GBRIEL	KRBIM	LBNH
10	MLKUTh	ADNI MLK	SNDLPUN	AShIM	ChLM YSUDUTh

270

TABLA IIb — LOS SEFIROTH — Versión Castellana

Título		Nombre de Dios	Arcángel	Orden de Ángeles	Chakra Mundano
1	Kether	Eheieh	Metatron	Chaioth ha Qadesh	Rashith ha Gilgalim
2	Chokmah	Jah o Jehovah	Ratziel	Aufanim	Masloth
3	Binah	Jehovah Elohim	Tzafkiel	Aralim	Shabathai
4	Chesed	El	Tzadkiel	Chasmalim	Tzadekh
5	Geburah	Elohim Gebor	Khamael	Serafim	Madim
6	Tifareth	Jehovah Aloah va Daath	Rafael	Malachim	Shemesh
7	Netzach	Jehovah Tzabaoth	Haniel	Elohim	Nogah
8	Hod	Elohim Tzabaoth	Mikael	Beni Elohim	Kokab
9	Yesod	Shaddai el Chai	Gabriel	Querubim	Levanah
10	Malkuth	Adonai Malekh	Sandalfon	Ashim	Cholem Yesodoth

TABLA IIc — LOS SEFIROTH — Traducción Usual

Título	Nombre de Dios	Arcángel	Orden de Ángeles	Chakra Mundano
1 La Corona	Yo soy o Yo llego a ser	—	Santas Criaturas Vivientes	Primeros remolinos Primum Mobile
2 Sabiduría	El Señor	—	Ruedas	La Esfera del Zodíaco
3 Entendimiento	El Señor Dios	—	Tronos	Descanso —Saturno
4 Misericordia	Dios. El Poderoso	—	Brillantes	Rectitud —Júpiter
5 Severidad	Dios de las Batallas. Dios Todopoderoso	—	Serpientes Ígneas	Fuerza vehemente —Marte
6 Belleza	Dios Manifestado en la Esfera de la Mente	—	Reyes	La Luz Solar —el Sol
7 Victoria	Señor de las Huestes	—	Dioses	Esplendor deslumbrante —Venus
8 Gloria	Dios de las Huestes	—	Hijos de Dios	La Luz Estelar —Mercurio
9 El Fundamento	El Dios Todopoderoso y Viviente	—	Los Fuertes	La Llama Lunar —la Luna
10 El Reino	El Señor y Rey	—	Almas de Fuego	Los Destructores de los Fundamentos. Los Elementos —la Tierra.